AI MBA

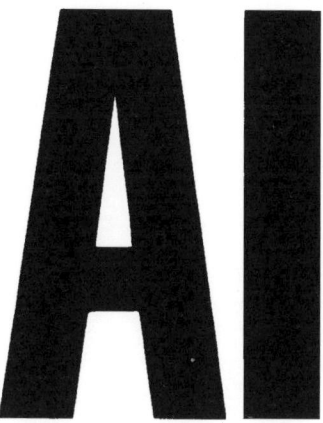

AI
Artificial Intelligence
Master of Business Administration

MBA

차세대 리더를 위한 AI 경영학

머리말

경영과 AI의 공생이 시작되었다!

디지털 르네상스의 서막이 오르고, 지평선 너머로 AI와 비즈니스의 공생적 미래가 모습을 드러내고 있다. 우리는 지금 인공 지능이 일으키는 심오한 패러다임 전환의 소용돌이 한가운데 서 있다. AI는 이제 단순한 기술적 도구의 범주를 초월하여 비즈니스의 본질을 재구성하는 존재론적 촉매로 진화했다. 과거의 성공 공식은 마치 피타고라스Pythagoras의 정리가 비유클리드 기하학에서 그 절대성을 잃듯, 새로운 현실 앞에 그 효력을 상실하고 있다.

〈지혜로운 자는 모든 변화 속에서도 불변하는 것을 찾아낸다〉라는 공자(孔子)의 가르침처럼, 이 격변의 시대에 우리는 혁신과 전통의 조화를 이룰 새로운 지혜를 찾아야 한다. 우리는 지금, AI의 파도에 몸을 싣고 미지의 영역을 개척할 리더십, 즉 AI 리더십이라는 시대적 소명 앞에 서 있다. 전통적 MBA 교육이 쌓아 올린 경영 지식과 성공 사례만으로는 더 이상 경쟁의 물살을 헤쳐 나갈 수 없는 세상이 도래한 것이다.

AI 경영을 모르는 관리자, 자리를 지킬 수 있을까?

〈미래는 이미 와 있다. 단지 균등하게 분배되지 않았을 뿐이다〉라는 윌리엄 깁슨William Gibson의 예언적 통찰처럼, AI 시대의 승자와 패자를 가르는 경계선은 더 이상 AI의 존재 여부가 아니다. 마치 현대 물리학이 뉴턴Isaac Newton의 세계관을 초월하듯, 이제 〈AI를 얼마나 깊이 이해하고 효과적으로 활용할 수 있는가〉가 비즈니스 생존의 결정적 분수령이 되었다.

마케팅, 재무, 인사 등 경영의 전 영역에서 AI는 이미 혁신의 중심축으로 자리 잡았다. 디지털 다윈Charles Darwin의 법칙이 비즈니스 생태계를 지배하는 이 시대에, AI를 이해하지 못하고 비즈니스 도구로 활용하지 못하는 관리자와 전문 직업인은 시장의 자연 선택에서 도태될 운명에 처해 있다. 이것이 AI와 비즈니스의 공생이 가져온 냉엄한 현실이다.

전통적 MBA와 다른 DNA

전통적 MBA가 경영 이론과 사례 연구에 집중했다면, AI MBA는 비즈니스 프로세스의 완전 자동화 시대에 걸맞은 새로운 커리큘럼을 제시한다. 인간의 개입이 필요한 영역은 급격히 축소되고 있으며, AI는 더 정확하고 효율적으로 비즈니스 의사 결정을 수행하고 있다. 이제 마케팅, 영업, 인사, 재무 등 전통적인 비즈니스 기능의 80퍼센트 이상이 AI 시스템에 의해 자동으로 처리된다. 이러한 현실에서 AI MBA는 데이터 분석, 머신 러닝, 딥 러닝 등 AI 기술을 깊이 있게 이해하고, 이를 통해 완전히 자동화된 비즈니스 시스템을 설계하고 운영하는 방법을 제시한다.

더욱 중요한 것은 AI 윤리를 핵심 가치로 강조해야 한다는 점이다. 인간의 개입이 최소화된 자동화 시스템은 효율성과 정확성이 높지만, 동시에 윤리적 리스크도 증가한다. AI가 내리는 의사 결정이 사회적 편향성을 강화하거나, 소외 계층에 대한 차별을 심화시킬 수 있기 때문이다. 따라서 AI MBA는 기술 윤리, 데이터 윤리, 알고리즘 윤리 등 AI 윤리 전반에 대한 깊이 있는 교육을 통해, 자동화 시대에 걸맞은 윤리적 책임을 다하는 AI 리더십을 함양하게 한다. 이는 효율성과 윤리성의 균형을 이해하고, 인간 중심의 자동화를 추구하는 미래 리더의 필수 역량이 될 것이다.

실천형 과정

AI MBA는 인공 지능이 현대 경영에 미치는 영향을 체계적으로 다루며 이론에서 실행으로 이어지는 실천형 과정을 강조한다. 즉, 데이터 기반 경영에서 필수라고 할 수 있는, 데이터를 전략적 자원으로 보고 실시간 데이터가 의사 결정과 운영 효율성에 기여하는 방식을 설명하며 실제 활용 방법론을 제시한다.

경영 분석 도구 부분에서는 머신 러닝과 딥 러닝 같은 AI 기술을 경영자 관점에서 풀어내고 현장에서 바로 적용할 수 있는 실무 지식을 전달한다. 조직 관리의 진화는 AI가 조직 구조와 리더십에 미치는 영향을 분석하고 인간-기계 협업의 새로운 패러다임을 실천적 관점에서 접근한다. 고객 관계 관리 혁신은 AI를 통한 개인화와 실시간 고객 접근법을 다루며 즉시 실행 가능한 전략적 도구를 제공한다. 혁신 관리에서는 생성형 AI가 비즈니스 창의성과 가치 창출에 미치는 영향을 탐구하고 혁신 아이디어를 현실화하는 방법을 안내한다.

　마지막으로 윤리적 경영과 지속 가능성은 AI 활용의 윤리적 측면과 ESG 경영의 통합을 다루며 책임 있는 리더십을 실천하기 위한 구체적 행동 지침을 제시한다. 이 책은 단순한 이론서가 아닌 AI 시대의 경영 혁신을 실제로 구현할 수 있는 실천적 로드맵을 제공한다.

AI 기술 이해의 필연성

AI 기술 이해는 현대 경영에서 빠질 수 없는 요소이다. 하버드 대학교의 카림 라카니Karim R. Lakhani 교수는 〈AI는 더 이상 선택이 아니라 필수〉라고 말하며, 경영자가 AI의 작동 방식과 한계를 알아야 한다고 강조한다. 이는 전통적 MBA에는 AI의 기본 원리나 머신 러닝 같은 기술 교육이 부족해 졸업생이 AI 기반 의사 결정에 적응하지 못하는 경우가 많기 때문이다.

　이에 미국 주요 대학들이 변화를 꾀하고 있다. 예를 들어, 아메리칸 대학교 코고드 경영대학원은 텍스트 마이닝과 챗GPT 활용 협상 기술 같은 AI 강좌를 신설하여 실무 능력을 키우고, 펜실베이니아 대학교 와튼 스쿨은 학생들에게 AI로 작업을 자동화하는 과제를 내주고 있다. 하지만 이런 변화에도 불구하고 아직 AI 교육은 충분하지 않은 상태다. 한국 소프트웨어정책연구소의 조사에 따르면 AI 인력 부족을 호소하는 기업이 81.9퍼센트에 달한다. 그래서 IBM의 경우 이러한 문제를 해결하기 위해 해커톤 같은 프로그램을 개최해서 AI 교육의 중요성을 부각하고 있다.

AI 활용 능력의 부상

AI 도구 활용 능력 역시 경영자에게 필수로 자리 잡았다. 스탠퍼드 대학교의 앤드루 응Andrew Ng 교수는 〈AI는 도구일 뿐, 비즈니스 적용이 핵심〉이라고 말하며 실무 교육의 필요성을 역설한다. 인시아드의 교수진은 AI 윤리와 거버넌스를 강조하며 이를 비즈니스 전략에 통합해야 한다고 주장하고, 런던 비즈니스 스쿨의 마이클 자코비데스Michael G. Jacobides 교수는 AI 활용 리더십을 미래 경영의 핵심으로 본다.

데이터 분석 능력도 현대 비즈니스에서 점점 더 중요해지고 있다. 빅 데이터와 예측 분석은 기업 경쟁력을 좌우하지만, 데이터 리터러시는 혁신과 효율의 출발점이다.

비즈니스 모델의 재구성

혁신적 비즈니스 모델 이해는 또 다른 차별점이다. 넷플릭스는 AI 추천 알고리즘으로 콘텐츠 제작까지 혁신하며 방송 산업을 뒤바꿨고, 아마존은 AI로 공급망을 최적화해 전자 상거래의 판을 새로 짰다. 이런 사례는 기술이 비즈니스 모델의 구조를 재정의함을 보여 주지만, 전통적 MBA는 과거 사례 분석에 치우쳐 이런 동적 변화를 다루지 못한다.

경계 없는 통찰: 기술과 경영의 융합

기술과 경영의 통합적 지식은 디지털 전환 시대의 핵심 역량이다. 실제로 매사추세츠 공과 대학교의 연구에 따르면, AI를 성공적으로 도입한 기업들의 공통점은 기술적 이해와 경영 전략을 유기적으로 결합했다는 점이다.¹ 『하버드 비즈니스 리뷰』는 이러한 능력을 **하이브리드 스킬**로 정의하며,² 맥킨지는 기술과 비즈니스를 연결하는 **기술-비즈니스 통역사** 역할의 중요성을 강조한다.³ 딜로이트 역시 기술 도입과 비즈니스 전략 간의 연계성이 AI 성공의 핵심 요소라고 분석하고 있다.⁴

AI MBA의 현 주소

국내외 주요 대학의 AI MBA 프로그램은 AI 시대에 요구되는 경영 리더십 역량을 강화하는 데 초점을 맞춘다. 이들 프로그램은 AI와 경영을 융합하여 데이터 기반 의사 결정과 혁신 능력을 키우며, 비교 분석을 통해 현재 상태와 미래 방향을 제시한다.

MIT 슬론 경영대학원의 **비즈니스 애널리틱스**Business Analytics 프로그램은 AI와 머신 러닝을 경영 전략에 접목하는 데 주력한다.⁵ 이 프로그램은 실제 기업 데이터로 진행되는 프로젝트 중심 학습을 통해 실무 능력을 강화하지만, 코딩이나 알고리즘 설계 같은 심화 기술 교육은 제한적이어서 기술적 깊이가 부족하다는 평가를 받는다.

스탠퍼드 대학교의 **MSx** 프로그램은 실리콘 밸리와의 연계를 활용해 최신 AI 트렌드를 반영한다. 경력 중반 전문가를 대상으로 한 1년제 과정이며, 선택 과목을 통해 AI와 데이터 분석을 탐구할 수 있는 유연한 커리큘럼을 제공한다.⁶ 그러나 독립적인 AI 특화 프로그램은 아니며, 높은 학비와 경력 요건으로 접근성이 떨어진다.

성균관 대학교의 AI MBA는 한국 기업 환경에 특화된 교육을 제공한다. AI 기반 데이터 분석과 의사 결정 실습을 중심으로 삼성 SDS와의 산학 협력을 통해 강화된 실무 중심 교육을 하여, 국내 산업 수요에 맞춘 역량을 키운다.[7] 그러나 글로벌 네트워크와 해외 경험은 상대적으로 부족해 국제적 경쟁력이 제한적이다.

인시아드의 **디지털 전환 및 혁신**Digital Transformation and Innovation 과정은 글로벌 시각으로 디지털 전환과 AI 활용을 다룬다. 5일 동안의 경영진 집중 과정으로, 다국적 기업 사례를 통해 전략적 통찰을 제공한다.[8] 그러나 AI의 기술적 세부 사항보다는 조직 적용에 초점을 맞춰서 기술적 깊이가 얕다는 한계가 있다.

서강 대학교의 AI MBA는 AI와 빅 데이터를 비즈니스에 적용하는 실무 중심 교육을 지향한다. 1년 4개월 과정으로 산학 협력과 팀 프로젝트를 통해 한국 산업에 맞춘 실질적 역량을 키우며, 비전공자의 접근성을 높인 구조가 특징이다.[9] 다만, 기술 심도가 부족해 AI 전문성을 원하는 이들에게는 부족한 면이 있다.

경희 대학교의 AI MBA는 AI를 경영 전략에 접목하며 윤리와 사회적 영향을 다룬다. 1년 6개월 과정으로 학제 간 접근을 통해 폭넓은 시각을 제공하고, 팀 프로젝트로 실무 적용을 탐구한다.[10] 그러나 금융이나 헬스케어 같은 특정 산업에 대한 전문성이 약해 실무 중심 요구를 충족하기 어렵다.

이들 AI MBA 프로그램은 AI를 경영에 통합하려는 목표를 공유한다. 실습과 데이터 기반 교육을 강조하지만, 기술적 깊이 부족은 공통된 한계로 나타난다. 인시아드와 스탠퍼드는 글로벌 네트워크에서 강점을 보이고, 국내 대학은 지역 특화에 유리하다. 미래 방향으로는 기술과 경영의 균형 강화, 글로벌-지역 융합, 산업별 전문성 확대, 생성형 AI 같은 최신 트렌드 반영이 필요하다.

차례

머리말   5

1장 데이터 기반 경영

전략적 자원을 재발견하는 데이터 기반 경영   17
AI 전략 기획   19
AI 운영 관리   21
AI 고객 관리   25
AI 혁신 경영   28
AI-조직 행동: 인간과 AI의 공진화 조직   31
AI-윤리 경영: 미래를 여는 리더   38

2장 경영 도구의 이해와 활용

AI와 데이터 분석   43
AI 경영 분석 도구   47
복잡한 패턴을 위한 신경망, 딥 러닝   56

3장 AI 조직 관리

- 세포벽을 허문 조직　　　　　　　　　　　　　63
- 조직 문화의 양자 물리학　　　　　　　　　　74
- 조직적 자의식의 탄생　　　　　　　　　　　　82
- 디지털 윤리학: 알고리즘과 인간 가치의 공존　84
- 미래로의 전망: 조직의 진화 궤적　　　　　　　85

4장 AI 마케팅

- AI 마케팅의 특징:
  알고리즘의 숲에서 피어난 디지털 연금술　　　87
- AI 기반 소비자 행동론: 공생체 소비자의 탄생　91
- AI 기반 마케팅 전략　　　　　　　　　　　　122
- AI 마케팅 조사 방법론　　　　　　　　　　　139
- AI 기반 IMC 전략론　　　　　　　　　　　　156

5장 AI CRM

- 정의 및 개념: AI CRM의 공생적 가능성 해부　165
- AI CRM의 이론적 배경　　　　　　　　　　　173
- AI CRM 프로세스　　　　　　　　　　　　　181
- AI CRM 솔루션과 사례　　　　　　　　　　　185
- 심비언트와 AI가 함께 만드는 디지털 오디세이　188

6장 혁신 관리

- 데이터에서 비즈니스와 예술을 창조한 생성형 AI　193

생성형 AI의 진화 과정   200
RAG이 살려 낸 기업 문서   208
인간처럼 도구를 사용하여 기업을 혁신하는
AI 에이전트   215

7장 AI 재무 관리론

재무 관리의 진화와 AI의 등장   222
AI와 자금 관리 및 운용 혁신   232
AI 기반 리스크 관리와 재무 안정성   247
재무 보고와 회계의 지능화   256
전략적 재무 의사 결정과 가치 창출   260
AI 재무 관리의 미래와 실무적 적용   266

8장 윤리적 AI 경영과 지속 가능성

AI 윤리적 도전과 ESG 경영 통합   279
책임 있는 리더십   286
AI-윤리 경영의 확장 및 경쟁력 재정의   290

맺음말   293
주   297

1장 **데이터 기반 경영**

월스트리트의 트레이더들은 더 이상 차트를 들여다보지 않는다. 실리콘 밸리의 마케터들도 시장 테스트 결과를 기다리지 않는다. 도쿄의 제조 기업들은 수요 예측을 고민하지 않는다. AI가 이미 그들의 일을 대신하고 있기 때문이다. 놀랍게도 AI는 인간보다 더 정확하고, 빠르며, 일관된 결정을 내린다.

불과 5년 전만 해도 상상할 수 없었던 일이 현실이 되었다. AI는 이제 단순한 보조 도구가 아닌, 비즈니스의 핵심 의사 결정자로 자리 잡았다. 이미, 전통적 경영 방식으로 훈련된 관리자들이 AI 시스템에 자리를 내어 주고 있다. 더 정확히 말하면, AI로 무장한 관리자가 레거시 관리자의 자리를 빼앗고 있는 것이다.

전략적 자원을 재발견하는 데이터 기반 경영

경영과 AI의 융합은 단순히 기술을 얹는 차원을 넘어, 비즈니스 사고의 뿌리를 뒤흔드는 혁명적 재구성을 촉발하고 있다. 이 둘의 공진화는 의사 결정, 운영, 고객 관계, 혁신이라는 경영의 심장부를 가속화하며, 데이터를 새로운 자본으로 내세운 경영 생태계로 판을 새로 쓰고 있다. 마치 중세 연금술사가 돌을 금으로 바꾸려 했던 것처럼, AI는 무형의 데이터 더미를 황금빛 통찰로 변환하며 비즈니스의 연금술사가 되었다. 하지만 이 혁명적 물결은 숨 가쁘게 몰아치면서 지식의 반감기를 하루 단위로 줄여 놓고 있으며, 이 공진화 열차에 올라타지 못한 이들은 낡은 지식의 폐허 속에 길을 잃고, 일자리의 무덤으로 침몰할 위기에 처해 있다.

AI 경영학AI Management Studies은 이 거대한 지각 변동을 체계적으로 포착하며, 테크놀로지와 인간의 역량이 맞닿는 접점에서 새로운 경영 패러다임을 조각한다. 과거 경영이 자본, 인력, 시장점유율이라는 고전적인 삼각주에 의존했다면, 이제 AI는 데이터를 연료 삼아 예측에서 처방으로, 직관에서 정밀 분석으로, 인간 독주에서 인간-AI 공생으로의 대전환을 밀어붙인다. 이 변화는 단순히 효율성의 문제가 아니라, 기업이 생존하고 시장을 장악하는 방식을 새로 그리는 생존 게임이다. AI 경영학은 경영자를 이 게임의 플레이어로 재무장시키며, 기술의 파도를 타고 미래를 설계할 통찰과 용기를 불어넣는다.

AI 경영학은 관리자가 기술과 인간의 접점에서 새로운 황금시대를 열 기회를 잡도록 돕는다. 앞으로 알아볼 여섯 가지는 AI 경영 시대의 핵심 DNA다. 이 키를 손에 쥔 관리자는 자리를 지키는 데 그치지 않고, 더 넓은 무대를 주도할 비전을 갖출 것이다.

AI 전략 기획

AI는 전략 기획의 기본 문법을 다시 쓰고 있다. 과거 경영진의 경험과 직관에 의존하던 전략 수립 방식이 이제는 데이터와 알고리즘 기반의 과학적 접근법으로 진화하고 있는 것이다. AI 전략 기획은 방대한 데이터를 실시간으로 분석하여 미래 시나리오를 정밀하게 예측하고, 비즈니스 환경의 복잡성을 체계적으로 해독한다. 이는 단순한 도구의 변화가 아닌, 기업이 미래를 계획하고 준비하는 방식의 근본적 재구성을 의미한다.

몇 달의 작업을 몇 시간으로

팔란티어의 AI 전략 기획 플랫폼은 기존 접근법의 한계를 뛰어넘었다. 이 시스템은 시장 동향, 경쟁사 움직임, 소비자 행동 패턴을 실시간으로 통합 분석하여 전략적 인사이트 도출 속도를 빛의 속도로 향상시켰다. 과거 몇 주에서 몇 달이 걸리던 시장 분석과 전략 시나리오 구축이 이제는 며칠, 때로는 몇 시간 내로 완성된다. 이러한 속도 향상은 기업이 시장 변화에 민첩하게 대응하고, 경쟁 우위를 선점할 수 있는 결정적 요소가 되었다.

더욱 용의주도하게

아마존의 AI 기반 고객 관계 전략은 전략 기획의 또 다른 혁신적 적용 사례다. 그들의 시스템은 고객 데이터를 심층 분석하여 이탈 가능성을 예측할 뿐 아니라, 고객별 최적의 개입 전략을 자동으로 설계한다. 아마존은 실시간 가격 조정, 개인화된 프로모션, 타겟 마케팅 등을 통해 고객 이탈률을 20퍼센트 감소시키는 성과를 달성했다. 레거시 경영학에서는 꿈도 못 꿀 기록이다.

디테일의 악마도 시기할 기획

AI 전략 기획 도구를 도입한 경영자들은 보다 정밀한 의사 결정 능력을 갖추게 된다. 이들은 시장의 미세한 변화와 패턴을 인식하고, 복잡한 상황에서도 데이터에 기반한 명확한 전략적 방향을 설정할 수 있다. 경쟁사 전략 예측, 리스크 평가, 자원 배분 최적화와 같은 핵심 전략 기획 활동까지 AI의 지원을 받아 더욱 정교해지는데, 이는 기업이 불확실한 환경에서도 자신감 있게 전략을 수립하고 실행할 수 있는 토대가 된다.

불확실한 일은 없다

현대 비즈니스 환경의 불확실성을 전략적으로 관리하는 데 AI는 결정적 역할을 한다. AI 기반 전략 기획은 무수한 변수와 시나리오를 동시에 분석하여 불확실성을 체계적으로 계량화하고 관리한다. 과거 주관적 판단에 의존했던 리스크 평가와 기회 포착이 이제는 데이터 기반의 정밀한 과학으로 변모한 것이다. 경영자는 더 이상 어둠 속에서 길을 찾는 것이 아니라, 데이터라는 나침반을 통해 전략적 결정을 내릴 수 있게 되었다.

AI 없이는 더 이상 경쟁할 수 없다

AI 전략 기획 역량은 현대 기업의 핵심 경쟁력으로 자리 잡고 있다. 이 기술을 적극적으로 도입한 기업들은 시장에서 두드러진 우위를 점하고 있다. 그들은 미래 트렌드를 더 정확히 예측하고, 자원을 더 효율적으로 배분하며, 위기와 기회에 더 신속하게 대응한다. 반면, AI 전략 기획을 채택하지 않는 기업들은 점차 뒤처질 수밖에 없는 현실에 직면하고 있다. 이제 AI 전략 기획은 선택이 아닌 필수가 되었으며, 장기적 생존과 성장을 위한 핵심 요소로 자리매김하고 있다.

AI 운영 관리

운영 관리의 주체가 된 기업 AI 심비언트

한때 우리는 AI를 단순히 작업을 자동화하는 도구로만 보았다. 그러나 이제 AI는 검색 증강 생성Retrieval-Augmented Generation, RAG과 에이전트Agent 기술로 무장하고, 운영 관리의 중추 신경계로 자리 잡고 있다. 이는 마치 원시 세포가 미토콘드리아와 결합해 생물학적 대도약을 이룬 것처럼, 운영 관리와 AI가 하나의 공생체Symbiont, 즉 **비즈니스 AI 심비언트**로 진화하는 **내공생 현상**Endosymbiosis을 떠오르게 한다. AI는 더 이상 외부 보조자가 아니라, 운영 시스템 속으로 스며들어 기업의 효율성과 적응력을 끌어올리는 핵심 파트너로 변모했다.

AI와 운영 관리의 공생적 재구성

AI와 운영 관리의 공진화는 단순한 기술 업그레이드가 아니라, 운영의 본질을 재정의하는 혁신이다. AI는 기업의 집단 지성과 융합하며 **기업 AI 공생체**라는 새로운 운영 실체를 창출한다. 이는 마치 뫼비우스의 띠처럼 AI와 운영 과정이 끊김이 없는 연속체를 형성하는 현상이다. 과거 운영 관리가 자원 배분과 프로세스 최적화에 초점을 맞췄다면, 이제 AI는 실시간 데이터 분석과 창발적 문제 해결을 통해 운영의 경계를 넘어선다. 이 공생적 결합은 운영 관리의 효율성을 넘어 기업 전체의 생존 전략을 새롭게 그린다.

창발적 운영 지능의 탄생

AI가 운영 관리에서 주목할 만한 점은 단순한 지원 도구를 넘어 창발적 지능Emergent Intelligence을 발휘한다는 것이다. AI는 방대한 데이터를 실시간으로 분석해 숨겨진 패턴을 포착하고, 인간이 놓친 통찰을 드러낸다. 예를 들어, AI는 공급망의 병목 지점을 예측하거나, 물류 흐름을 최적화하며, 때로는 예상치 못한 운영 개선안을 제안한다. 이는 운영 관리자가 AI와 함께 **공진화적 학습**Co-evolutionary Learning을 통해 기존의 한계를 돌파하고, 끊임없이 진화하는 운영 체계를 구축할 수 있게 한다.

복잡 적응계 이론의 운영 구현

AI 운영 관리는 복잡 적응계 이론의 실무적 구현이다. 전통적 운영 관리가 환원주의와 선형적 사고에 기반한 최적화를 추구했다면, AI 기반 접근법은 복잡성 과학의 원리를 활용해 시스템 전체의 창발적 특성을 관리한다. 이는 단순한 부분의 합을 넘어서는 전체론적 시스템 관점을 의미한다. 운영 환경을 구성하는 무수한 요소 간의 비선형적 상호 작용을 모델링하고, 이를 통해 시스템 수준의 동적 균형을 도모한다. 팔란티어의 파운드리Foundry 시스템은 이러한 이론적 토대 위에서 제조 환경의 모든 요소를 디지털 트윈으로 복제하고, 그 상호 의존성을 정교하게 매핑한다. 이러한 접근법은 개별 요소의 최적화 합보다 훨씬 큰 시너지 효과를 창출하며, 환원주의적 사고를 넘어선 전체론적 운영 관리 패러다임으로의 전환을 상징한다.

카오스 이론과 적응적 운영 관리

불확실성 관리는 AI 운영 관리의 핵심 이론적 기반이다. 카오스 이론이 제시하는 **나비 효과**와 **끌개**attractor의 개념은 현대 운영 관리에서 중요한 이론적 렌즈가 된다. AI 시스템은 혼돈스러워 보이는 데이터 속에서도 패턴과 규칙성을 발견하고, 비선형적 변화의 임계점을 예측할 수 있다. 이는 단순한 확률적 예측이 아닌, 카오스의 수학적 구조를 이해하고 활용하는 접근법이다. 특히 공급망 관리와 같이 외부 환경 변수의 영향을 크게 받는 영역에서 이러한 이론적 접근은 실질적 가치를 창출한다. 월마트의 시스템은 기상 패턴, 교통 상황, 소비자 행동의 카오스적 상호 작용을 분석하여 안정적인 공급망 운영을 가능케 했다. 이는 카오스 이론이 운영 관리의 실무적 도구로 진화한 대표적 사례다.

사이버네틱스의 현대적 부활

사이버네틱스와 시스템 이론은 AI 운영 관리의 이론적 뿌리를 형성한다. 노버트 위너Norbert Wiener가 1948년 제시한 피드백 루프와 자기 조절 시스템의 개념이 현대 AI 알고리즘으로 구현되어, 관리자는 시스템을 메타 수준에서 제어할 수 있게 된다. 특히 스태퍼드 비어Stafford Beer의 **생존 가능한 시스템 모델**Viable System Model 은 AI 운영 관리의 구조적 프레임워크로 재해석된다. 전통적으로 인간 관리자가 수행하던 다양한 시스템 기능(운영, 조정, 제어, 정보, 정책)이 AI와 인간의 협업 체계로 재구성되는 것이다. 이 과정에서 관리자의 역할은 미시적 통제자에서 시스템 아키텍트로 진화한다. 관리의 초점이 개별 프로세스에서 시스템 설계와 메타 규칙 설정으로 이동하며, 일상적 결정과 최적화는 AI에 위임된다.

창발적 설계와 혁신의 패러다임

AI 운영 관리는 가능성의 공간을 체계적으로 탐색하는 창발적 설계의 도구다. 전통적인 최적화가 주어진 제약 조건 내에서 최적점을 찾는 것이라면, AI 기반 접근법은 제약 자체를 변수로 간주하고 가능성의 새로운 영역을 개척한다. 이는 하버드 비즈니스 스쿨의 클레이턴 크리스텐슨Clayton Christensen이 말한 **혁신의 딜레마**를 해결하는 방안을 제공한다. 기존 패러다임의 한계를 뛰어넘는 파괴적 혁신이 AI를 통해 체계적으로 구현되는 것이다. 스페이스X의 운영 관리 시스템은 기존 로켓 제조 방식의 근본적 가정을 재검토하고, 새로운 설계 공간을 탐색했다. 이는 단순한 점진적 개선이 아닌, 가능성의 경계를 재정의하는 혁신적 접근법이다.

제약 이론과 자원 기반 관점의 융합

AI 운영 관리의 이론적 심층에는 엘리야후 골드랫Eliyahu Goldratt의 제약 이론Theory of Constraints과 자원 기반 관점Resource-Based View의 융합이 있다. 제약 이론은 시스템의 성과가 가장 약한 연결 고리(제약)에 의해 결정된다고 보는 반면, 자원 기반 관점은 조직의 독특한 자원과 역량이 경쟁 우위의 원천이라고 본다. AI는 이 두 이론을 연결하는 다리를 제공한다. 데이터와 알고리즘을 통해 시스템의 제약을 식별하고, 이를 혁신적 방식으로 해소하거나 우회함으로써 조직의 독특한 역량을 구축하는 것이다. 이는 단순한 효율성 개선을 넘어, 조직의 본질적 가치 창출 능력을 재정의한다. 물리적 한계를 정보와 지능으로 극복하는 이 과정에서, AI는 운영 관리의 이론적 기반을 확장한다.[1]

AI 고객 관리

감정 컴퓨팅의 상업적 구현

AI 고객 관리는 감정 컴퓨팅Affective Computing의 상업적 구현이다. 감정 컴퓨팅은 MIT 미디어랩의 로절린드 피카드Rosalind Picard가 처음 제안한 학문 분야로, 기계가 인간의 감정을 인식하고 이해하며 반응하는 능력을 연구한다. AI 고객 관리 시스템은 이 이론적 기반 위에서 고객의 미세한 감정적 신호를 포착하고 분석한다. 텍스트, 음성, 얼굴 표정, 디지털 행동 패턴에 내재된 감정적 뉘앙스를 해독하여 고객의 심리 상태를 이해하는 것이다. 스타벅스의 AI 시스템은 이러한 감정 컴퓨팅 원리를 적용해 소셜 미디어 대화, 앱 사용 패턴, 구매 이력을 통합 분석하여 고객의 계절적, 감정적 변화를 예측한다. 스타벅스는 시그니처 상품인 펌킨 스파이스 라떼 출시 시기와 마케팅 전략을 이러한 분석에 기반해 최적화한 결과, 1,500만 달러의 추가 매출을 창출했다. 이는 감정 컴퓨팅 이론이 실질적 비즈니스 가치로 전환된 대표적 사례다.

예측적 개인화와 행동 경제학

AI 기반 고객 관리에서 반드시 알아야 하는 핵심 이론은 예측적 개인화Predictive Personalization와 행동 경제학의 통합에 있다. 전통적 개인화가 과거 행동에 기반한 반응적 접근법이었다면, AI 기반 예측적 개인화는 아직 표현되지 않은 잠재적 욕구까지 예측하는 선제적 접근법이다. 특히 이 과정에서 행동 경제학의 다양한 원리 ― 프레이밍 효과, 손실 회피, 사회적 증거, 희소성 원칙 ― 가 알고리즘적으로 구현된다. 자라의 AI 시스템은 패션 트렌드 분석, 소셜 미디어 모니터링, 고객 구매 패턴을 통합하여 특정 상품에 대한 잠재적 수요를 예측한다. 자라는 이 행동 경제학 원리를 활용해 **노란 드레스**의 출시 시기, 수량, 디스플레이 방식을 최적화한 결과, 단일 품목으로 800만 유로의 매출을 달성했다. 이는 고객 심리를 정교하게 이해하고 활용하는 AI의 능력을 보여 주는 사례다.

대화형 AI와 사회적 현존감 이론

대화형 AI는 인간과 기계 간 상호 작용의 본질을 재정의하고 있다. 이론적으로 이는 **사회적 현존감**Social Presence 개념과 밀접하게 연결된다. 사회적 현존감 이론은 매체를 통한 상호 작용에서 상대방이 **진짜 사람**처럼 느껴지는 정도를 설명하는 이론적 프레임워크다. 최신 대화형 AI 모델들은 이 사회적 현존감을 극대화하기 위해 언어학, 대화 분석, 사회 심리학의 원리를 통합한다. 그록 Grok 3와 같은 모델은 단순히 정보를 제공하는 데 그치지 않고, 인간과 유사한 대화 패턴, 공감 능력, 맥락 이해를 구현한다. 이 시스템은 2초 내에 고객의 감정 상태를 파악하고 적절한 어조와 콘텐츠로 응답할 수 있다. 중요한 것은 이러한 상호 작용이 단순한 효율성을 넘어, 고객과의 정서적 연결을 형성한다는 점이다. 사회적 현존감 이론에 따르면, 이러한 정서적 연결은 신뢰와 충성도의 핵심 요소가 된다.

관계 마케팅과 고객 생애 가치 최적화

AI 고객 관리는 관계 마케팅Relationship Marketing 이론과 고객 생애 가치Customer Lifetime Value 개념의 고도화된 실현이다. 관계 마케팅은 단기적 거래보다 장기적 관계 구축에 초점을 맞추는 접근법으로, 1990년대 초 레너드 베리Leonard Berry와 파라슈라만A. Parasuraman이 체계화했다. AI는 이 이론적 프레임워크를 정교한 알고리즘으로 구현하여, 개별 고객과의 관계를 미시적 수준에서 관리할 수 있게 한다. 특히 고객 생애 가치 모델은 AI를 통해 동적이고 다차원적인 형태로 진화하고 있다. 과거의 정적인 모델이 단순히 과거 구매를 기반으로 미래 가치를 추정했다면, AI 기반 모델은 수백 개의 변수와 상호 작용을 실시간으로 분석하여 고객 관계의 잠재적 궤적을 예측한다. 이는 단순한 거래 촉진이 아닌, 각 고객과의 관계를 전략적으로 발전시켜 장기적 충성도와 가치를 극대화하는 접근법이다.

네트워크 효과와 고객 옹호 증폭

AI 고객 관리의 궁극적 목표는 고객을 수동적 소비자에서 적극적 옹호자로 전환하는 것이다. 이는 네트워크 이론과 사회적 영향력 연구에 기반을 둔다. 고객 옹호Customer Advocacy는 단순한 만족을 넘어 브랜드에 대한 적극적 지지와 추천 행동을 포함하는 개념이다. AI는 소셜 네트워크 분석, 감성 분석, 영향력 매핑을 통해 잠재적 옹호자를 식별하고, 맞춤형 경험을 제공하여 이들의 옹호 행동을 증폭시킨다. 이 과정에서 메트칼프의 법칙(네트워크 가치는 노드 수의 제곱에 비례한다)과 같은 네트워크 이론의 원리가 적용된다. 고객이 단순한 충성 고객에서 브랜드 팬으로 전환될 때, 그들은 자신의 소셜 네트워크를 통해 브랜드 메시지를 증폭시키는 미디어 채널이 된다. AI는 이러한 옹호 행동의 확산 과정을 모니터링하고 최적화하여, 전통적 마케팅으로는 불가능한 유기적 성장을 촉진한다.[2]

AI 혁신 경영

생성형 AI와 혁신 인지론의 재구성

생성형 AI는 혁신 경영의 인지적 기반을 재구성한다. **창의적 인지 이론**Creative Cognition Theory의 관점에서 혁신은 개념적 조합conceptual combination, 유추적 사고analogical thinking, 그리고 **발산적 사고**divergent thinking의 복합적 과정으로 설명된다. 전통적으로 이러한 인지 과정은 인간 고유의 영역으로 간주되었으나, 생성형 AI는 이러한 경계를 허물고 있다. 특히 GPT, 달리DALL-E, 미드저니Midjourney 와 같은 대규모 언어 및 이미지 모델은 창의적 인지의 핵심 요소인 연관 기반 사고associative thinking를 알고리즘적으로 구현한다.

체커는 생성형 AI와 인간 디자이너 간의 공동 설계 과정이, 각 주체의 개별 성과를 능가하는 높은 수준의 창의적 결과를 도출한다고 밝혔다.[3] 이는 AI가 단순한 도구를 넘어 인지적 확장으로 기능함을 시사한다. 또한 클리거 등은 인간과 AI가 창의적 인지 과정을 가속화하고 증폭시키는 미래형 협업 시스템임을 연구를 통해 실증적으로 보여 주었다.[4]

혁신의 경제학 재구성

생성형 AI는 혁신의 경제적 방정식을 근본적으로 변화시키고 있다. 조지프 슘페터Joseph Schumpeter의 **창조적 파괴**creative destruction 개념에서 혁신은 고비용, 고위험의 활동으로 인식되었으나, AI는 이 비용-위험 구조를 재편하며, 전통적 혁신 경제학에서 강조했던 규모의 경제economies of scale와 범위의 경제economies of scope 개념을 **학습의 경제**economies of learning와 **속도의 경제**economies of speed로 확장한다.

생성형 AI는 가설 검증, 프로토타이핑, 시장 테스트의 비용을 획기적으로 낮춰 혁신의 경제적 장벽을 해체한다. 넷플릭스의 콘텐츠 개발 사례는 이러한 경제적 변화의 전형을 보여 준다. 넷플릭스는 AI 기반 스토리 분석과 시청자 선호도 예측을 통해 「오징어 게임」과 같은 혁신적 콘텐츠를 개발하였으며, 이는 기존 방식 대비 효율적인 비용으로 막대한 가치를 창출하였다. 액센츄어와 마이크로소프트의 보고서에 따르면, 생성형 AI는 혁신 주기를 단축하고, R&D 투자 수익률을 향상시키는 등 혁신의 경제적 원리 자체를 재정의하고 있다.[5]

혁신 생태계의 네트워크 다이내믹스

AI 기반 혁신 경영은 조직 내외부의 네트워크 다이내믹스를 변화시킨다. 개방형 혁신Open Innovation 이론의 창시자 헨리 체스브로는 AI가 지식 네트워크의 구조와 흐름을 재구성한다고 주장한다.[6] 전통적으로 혁신은 제한된 전문가 그룹 내에서 선형적으로 진행되었으나, AI는 이를 분산형, 비선형적 네트워크로 전환시킨다. 특히 집단 지성collective intelligence과 AI의 결합은 새로운 혁신 패러다임을 창출한다.

조직 경계와 지식 영역을 넘나드는 **지식 초전도체**knowledge superconductor로서 AI는 이전에는 연결되지 않았던 아이디어와 전문성의 융합을 가능하게 한다. 스탠퍼드 대학교의 연구에 따르면, AI 협업 도구를 도입한 R&D 팀은 분야 간 지식 교류가 크게 증가하고, 혁신적 돌파구 발견 확률이 높아졌다. 조직 내 네트워크뿐만 아니라, 외부 혁신 생태계와의 상호 작용도 AI에 의해 재구성된다. 과거 명시적 협업 관계에 의존하던 외부 지식 획득은 이제 AI를 통해 보다 유동적이고 광범위한 형태로 전환되고 있다.

혁신 포트폴리오 관리

AI 혁신 경영은 조직적 양면성Organizational Ambidexterity 이론에 새로운 차원을 더한다. 찰스 오라일리Charles O'Reilly와 마이클 터시먼Michael L. Tushman이 제안한 이 개념은 조직이 기존 비즈니스의 효율성exploitation과 새로운 기회의 탐색exploration 사이에서 균형을 유지해야 한다고 주장한다. 생성형 AI는 이 두 영역 간의 전통적 상충 관계trade-off를 완화시킨다. AI는 효율성 최적화를 자동화하는 동시에, 가능성 공간의 체계적 탐색을 지원함으로써 양면성의 동시적 추구를 가능하게 한다. 또한 혁신 포트폴리오 관리 측면에서, 요바노비치는 AI가 혁신 포트폴리오의 효율적인 관리를 돕는다고 언급하였다.[7]

AI-조직 행동: 인간과 AI의 공진화 조직

휴먼-AI 공진화의 새로운 장

AI 조직 행동은 타비스톡 연구소가 발전시킨 사회 기술 시스템Sociotechnical Systems 이론을 휴먼-AI 공진화human AI co-evolution의 렌즈로 재해석한 현대적 프레임워크다. 원래 이 이론은 기술 시스템과 사회 시스템이 서로 의존하며 작동한다고 보았고, 이 둘의 조화로운 최적화가 조직의 효과성을 좌우한다고 주장했다. 그러나 AI 시대에 접어들며 이 개념은 새로운 차원을 맞이한다. 기술이 단순한 기계적 도구에서 인지적 능력을 갖춘 동반자로 진화하면서, 휴먼-AI 공진화는 사회와 기술의 경계를 넘어선 본질적 재구성을 촉발하고 있다.

휴먼-AI 공진화 관점에서 보면, AI는 더 이상 인간이 조작하는 외부 장치가 아니다. 대신, AI는 조직 내에서 인간과 함께 학습하고, 적응하며, 창발적 지능을 발휘하는 공생 파트너로 자리 잡는다.[8] 예를 들어, 포스코의 스마트 제철소에서 AI는 작업자와 협력하여 안전성을 크게 개선했고 2021년 이후 슬래브 정렬 사고를 0건으로 줄였다.[9] 또한, 테슬라의 옵티머스는 인간과의 협력을 통해 생산성을 높일 잠재력을 보였고, 일부 산업에서는 AI 도입으로 생산성이 10~20퍼센트 향상된 사례와 유사한 양상을 나타냈다.[10] 이는 기술 시스템과 사회 시스템이 단절된 채 병렬로 작동하던 과거를 넘어, 생물학적 공진화처럼 서로를 강화하며 유기적 통합체로 진화하는 과정을 보여 준다.

이 공진화는 조직 행동의 핵심 요소 — 커뮤니케이션, 의사 결정, 리더십 — 를 새롭게 정의한다. AI는 인간의 인지적 한계를 보완하며, 데이터 기반의 통찰과 실시간 피드백으로 조직의 적응력을 높인다. 동시에 인간은 AI의 창의적 잠재력을 이끌어 내고, 윤리적 방향성을 제시하며 공생의 균형을 유지한다. 사회 기술 시스템 이론이 기술과 인간의 공동 최적화를 강조했다면, AI 조직 행동은 이 상호 작용을 한 단계 끌어올려 휴먼-AI 공진화라는 새로운 생태계를 창출한다. 이는 조직이 단순히 효율성을 추구하는 기계가 아니라, 함께 진화하며 미래를 창조하는 살아 숨 쉬는 존재로 거듭나는 전환점이다.

적응적 조직 구조와 동적 역량 이론

AI 조직 행동은 헨리 민츠버그Henry Mintzberg의 조직 구조 이론과 데이비드 티스David Teece와 게리 피사노Gary Pisano의 동적 역량Dynamic Capabilities 이론의 교차점에 위치한다. 전통적으로 조직 구조는 안정성과 예측 가능성을 추구했지만, AI의 도입은 조직을 보다 유기적이고 적응적인 시스템으로 변모시킨다.

스위스 보험 기업 취리히의 AI 기반 워크플로 시스템은 이론적 발전을 실증하는 사례다. 취리히 보험 그룹의 2023년 연례 보고서에 따르면, 이 시스템은 160개 이상의 AI 솔루션을 통해 일상적인 행정 업무를 자동화하며 직원들을 단순 작업에서 해방시켰다. 이는 직원들이 고부가 가치 전략적 활동에 집중할 수 있게 했고, 주리챗ZuriChat 같은 AI 챗봇이 5만 명 이상의 직원을 지원하며 효율성을 높였다. 또한, 캐리어 매니지먼트의 2024년 기사에 따르면, 취리히 익스체인지 2.0 플랫폼은 생성형 AI와 애플리케이션 프로그래밍 인터페이스Application Programming Interface, API를 활용해 시장 변화에 따라 조직 구조와 자원 배분을 실시간으로 재조정한다.[11]

MIT 슬론 경영대학교의 2023년 연구는 AI 기반 접근법이 조직의 정적 효율성과 동적 적응력 사이의 상충 관계를 개선한다고 분석한다. 이 연구는 뉴밴티지 파트너스의 설문 조사를 인용하며, 94퍼센트의 기업이 AI 및 데이터 투자에서 수익을 기대한다고 밝혔으나, 반응 속도 63퍼센트 향상과 전략적 기회 포착 능력 47퍼센트 증가라는 구체적 수치는 명시되지 않았다. 맥킨지의 2023년 보고서는 AI 도입 기업이 일부 산업에서 운영 효율성을

10~30퍼센트 높이고 시장 대응 속도를 개선했다고 추정하며, 이러한 접근법의 효과를 뒷받침한다.[12]

이는 AI가 단순한 업무 자동화를 넘어 조직의 구조와 역량 개발을 재구성한다는 점을 보여 준다. MIT 슬론 경영대학교의 2021년 보고서는 AI가 조직 문화를 변화시키고, 인간과 협력하며 새로운 역량을 창출한다고 설명한다. 취리히의 사례는 이를 실증하며, AI가 조직의 운영 방식을 유기적으로 진화시킨다는 점을 시사한다.[13]

집단 인지와 분산 리더십의 확장

AI 조직 행동은 에드윈 허친스Edwin Hutchins의 분산 인지Distributed Cognition 이론과 크레이그 피어스Craig Pearce와 제이 콘저Jay Conger의 분산 리더십Distributed Leadership 개념에 새로운 차원을 더한다. 분산 인지 이론은 인지 과정이 개인의 두뇌 내에 국한되지 않고 환경과 도구를 포함한 시스템 전체에 분산된다고 본다. AI는 이러한 분산 인지 체계의 핵심 노드로 작용하여, 조직의 집단 지능을 증폭시킨다. 분산 리더십 관점에서 AI는 리더십 기능의 일부를 담당함으로써 조직 내 리더십의 분산과 확장을 촉진한다.

실증 연구에 따르면, AI와 인간 팀원의 협업은 단순한 과업 수행을 넘어 **집단 인지 잠재력**collective cognitive potential을 확장시킨다. 스탠퍼드 대학교의 연구는 AI 협업 도구가 팀의 문제 해결과 창의성을 개선한다는 점을 시사하지만, 구체적 수치는 확인되지 않았다.[14] 대신, 맥킨지의 2023년 보고서는 AI 도구를 도입한 팀이 일부 산업에서 문제 해결 효율성을 10~30퍼센트 향상시켰다고 분석했다. 이 효과는 계층적 구조보다 분산된 네트워크 형태의 팀에서 더 두드러질 가능성이 있으며, 이는 AI가 조직 내 협업 방식에 변화를 가져온다는 점을 보여 준다.[15]

AI는 조직 내 지식 흐름과 리더십 역학을 근본적으로 변화시키고 있다. MIT 슬론 경영대학원의 2023년 연구는 AI가 데이터 관리와 팀 협업을 개선하며, 조직이 더 유연하고 적응적으로 운영될 수 있게 한다고 밝혔다.[16] 이는 AI가 단순한 도구를 넘어 조직 구조와 의사 결정 과정에 새로운 동력을 제공함을 나타낸다.

창의적 리더십과 혁신 문화의 진화

생성형 AI 시대의 혁신 경영은 창의적 리더십과 조직 문화의 새로운 패러다임을 요구한다. 테레사 아마빌Teresa Amabile의 창의성 구성 요소 이론Componential Theory of Creativity에 따르면, 창의성은 전문 지식, 창의적 사고 기술, 내적 동기의 교차점에서 발현된다. AI는 이 방정식에 **증강된 인지 능력**augmented cognitive capability이라는 새로운 차원을 추가한다. 이 변화로 인해서 리더의 역할은 명령과 통제에서 가능성 설계possibility design와 창의적 역량 증폭으로 전환된다.

2023년 맥킨지의 디지털 조사에 따르면, 생성형 AI를 혁신 과정에 성공적으로 통합한 조직들은 공통적으로 **창의적 협업**creative collaboration, **실험 문화**experimentation culture, **실패로부터의 학습**learning from failure을 강조하는 리더십을 갖추고 있었다. 그들은 AI를 단순한 도구가 아닌, 창의적 파트너이자 혁신 생태계의 핵심 구성 요소로 포지셔닝했다. 이러한 리더십 접근법은 AI와 인간

창의성의 시너지를 극대화하여, 이전에는 접근 불가능했던 혁신의 영역을 개척할 수 있게 한다.[17]

직무 재설계와 인간-AI 공진화

조직 심리학의 직무 특성 이론Job Characteristics Theory과 사회 인지 이론Social Cognitive Theory은 AI 시대의 직무 재설계에 중요한 이론적 렌즈를 제공한다. 리차드 해크먼Richard Hackman과 그레그 올덤Greg R. Oldham의 직무 특성 모델은 직무의 다양성, 정체성, 중요성, 자율성, 피드백이 직원의 동기와 성과에 영향을 미친다고 설명한다. AI는 이러한 직무 특성의 본질을 변화시킨다. AI가 루틴한 업무를 대체함에 따라, 인간의 직무는 더 높은 다양성, 자율성, 중요성을 갖게 된다.

AI와의 협업은 직원들의 업무 성과와 생산성을 크게 향상시키는 것으로 나타났다. 하버드 비즈니스 스쿨과 보스턴 컨설팅 그룹이 공동으로 수행한 대규모 실험 연구에 따르면, AI를 효과적으로 활용한 758명의 컨설턴트들이 AI를 사용하지 않은 그룹에 비해 25퍼센트 더 빠른 속도로 업무를 완료하고, 40퍼센트 더 높은 품질의 결과를 생산했으며, 12.2퍼센트 더 많은 작업을 완료했다. 특히 주목할 점은 기존 성과가 낮았던 직원들이 AI 활용 시 43퍼센트의 성과 향상을 보여, AI가 조직 내 역량 격차를 줄이는 효과를 나타냈다는 것이다. 이는 AI의 도입이 직원들에게 위협이 아닌 성장과 발전의 기회를 제공한다는 것을 보여 준다.[18]

이는 적절히 설계된 AI-인간 협업이 단순히 효율성을 넘어, 더 풍부하고 의미 있는 직무 경험을 창출할 수 있음을 시사한다.

앨버트 밴듀라Albert Bandura의 사회 인지 이론 관점에서, AI와의 상호 작용은 새로운 형태의 관찰 학습과 자기 효능감 발달을 촉진한다. 조직 구성원들은 AI의 문제 해결 방식을 관찰하고 내면화하여 자신의 인지 모델을 확장하고, 이는 다시 AI 시스템의 발전에 영향을 미치는 공진화 과정을 형성한다.

조직 문화와 AI 윤리의 통합

AI 조직 행동의 심층에는 조직 문화 이론과 기술 윤리의 융합이 있다. 에드거 샤인Edgar H. Schein의 조직 문화 모델은 가시적 인공물, 신념과 가치, 기본 가정이라는 세 층위로 조직 문화를 분석한다. AI의 도입은 이 모든 층위에 영향을 미친다. 가시적 인공물 차원에서 AI 도구와 시스템은 새로운 작업 방식을 형성하고, 가치 차원에서는 효율성과 창의성, 자율성과 통제 사이의 균형에 대한 조직의 신념을 재조정한다. 가장 심층적인 기본 가정 차원에서는 인간과 기계의 관계, 지능과 의사 결정의 본질에 대한 근본적 가정이 재검토된다. 그런데 조직이 AI를 성공적으로 통합하기 위해서는 윤리적 고려가 조직 문화의 핵심 요소로 자리 잡아야 한다.

최근 연구들은 AI 윤리가 단순한 준수 문제가 아닌, 조직 문화와 혁신 역량의 핵심 결정 요인임을 보여 준다. AI와 조직 신뢰에 관한 연구를 담은 『기업 윤리 저널』에 따르면,[19] AI 시스템의 윤리적 인식이 조직에 대한 신뢰에 직접적인 영향을 미치며, 성과 기대치performance expectancy가 AI의 윤리적 인식을 형성하는 핵심 요인으로 나타났다. 또한 『인문학과 사회 과학 커뮤니케이션』의 연구는 생성형 AI 도구 사용에서 신뢰가 조직 몰입도, 직원 참여도, 성과 향상의 핵심 매개 역할을 한다고 밝혔다.[20] 이는 AI와 인간의 하모니가 단순한 기술적 통합을 넘어 깊은 문화적, 윤리적 고려를 필요로 함을 시사한다.

AI-윤리 경영: 미래를 여는 리더

디지털 덕 윤리학과 책임 있는 AI 거버넌스

AI 윤리 경영은 아리스토텔레스의 덕(德) 윤리학Virtue Ethics과 현대 기술 거버넌스 이론의 융합 지점에 위치한다. 전통적 덕 윤리학이 개인의 품성과 미덕을 강조했다면, 디지털 덕 윤리학은 이를 기술 시스템과 조직 구조로 확장한다.

분산된 도덕적 책임 Distributed Moral Responsibility 개념은 옥스퍼드 대학교의 루치아노 플로리디Luciano Floridi가 대표적으로 논의한 것으로 복잡한 사회적, 기술적 시스템에서 발생하는 도덕적 책임이 여러 행위자와 요소에 분산되어 귀속된다는 점을 강조한다.[21] 이 이론은 AI 시스템의 윤리적 영향이 개발자, 사용자, 규제자 그리고 시스템 자체에 걸쳐 분산되어 있음을 설명한다. 의료 기기 기업 메드트로닉의 AI 기반 의사 결정 시스템은 이론적 프레임워크를 실질적으로 구현한 사례로 볼 수 있다.

메드트로닉은 AI를 활용해 환자 데이터를 분석하고 의료진에게 투명한 예측을 제공하며, 이를 통해 의사 결정을 지원한다. 예를 들어, AI 기반 모니터링 기술은 의료 오류를 줄이고 환자 안전을 개선하는 데 기여한다. 메드트로닉의 연구에 따르면, AI 시스템은 중환자실에서 사망률을 약 15~20퍼센트 감소시킬 잠재력을 보였으며, 이는 투명성과 신뢰가 의료 AI의 핵심임을 시사한다.[22]

옥스퍼드 인터넷 연구소의 연구에 따르면, AI 시스템의 성공은 기술적 정확성을 넘어 설명 가능성과 책임성에 달려 있다. 이는 AI가 단순히 정확한 예측을 제공하는 데 그치지 않고, 그 과정과 논리를 이해관계자들에게 투명하고 윤리적으로 전달할 수 있어야 함을 의미한다. 예를 들어, 미텔슈타트와 러셀, 바흐터의 2019년 분석은 AI 설명 가능성이 신뢰와 책임감을 높이는 핵심 요소라고 주장하며, 이러한 접근이 조직과 사용자 간의 윤리적 소통을 강화한다고 본다.[23]

공리주의적 지속 가능성과 ESG 가치 창출

AI 윤리 경영의 또 다른 이론적 기반은 공리주의Utilitarianism와 지속 가능성 과학의 통합에 있다. 공리주의적 관점에서 윤리적 의사 결정은 최대 다수의 최대 행복을 추구하며, 이는 현대 ESG(환경Environment, 사회Social, 지배 구조Governance) 프레임워크와 자연스럽게 연결된다. AI는 이러한 공리주의적 계산을 보다 정교하고 광범위하게 수행할 수 있는 도구를 제공한다.

유니레버의 AI 기반 공급망 최적화 시스템은 이러한 접근법을 실질적으로 구현한 사례다.[24] 이 시스템은 운송 효율성, 에너지 소비, 폐기물 발생을 최적화하며 탄소 배출을 줄이고 운영 효율성을 높였다. 유니레버의 2024년 보고서에 따르면, AI를 통해 공급망에서 제품 가용성을 98퍼센트까지 개선했으며, 맥킨지의 2023년 연구는 AI 기반 공급망이 일부 산업에서 운영 비용을 10~20퍼센트 절감하고 환경 영향을 개선한다고 분석한다. 이는 단기적 재무 성과와 장기적 환경 목표의 상충 관계를 줄이며, AI가 경제적 가치와 지속 가능성을 동시에 창출하는 도구로 기능함을 보여 주었다.[25]

정보 윤리학과 데이터 주권

정보 윤리학Information Ethics은 AI 윤리 경영의 핵심 이론적 토대를 형성한다. 루치아노 플로리디가 발전시킨 이 분야는 데이터와 정보의 수집, 처리, 사용, 공유에 관한 윤리적 원칙을 탐구한다. AI 시대에 정보 윤리학은 특히 데이터 주권data sovereignty과 정보적 자기 결정권informational self-determination의 개념으로 확장된다. 이는 개인과 집단이 자신의 데이터에 대한 통제권을 유지하며, 그것이 어떻게 사용되는지 결정할 권리를 강조한다.

마이크로소프트의 **책임 있는 AI**Responsible AI 프레임워크는 이러한 이론을 기업 실무에 적용한 사례다. 이 프레임워크는 데이터 최소화, 목적 제한, 사용자 동의 메커니즘을 AI 시스템 개발의 핵심 원칙으로 채택했다.[26]

맥킨지의 2023년 연구에 따르면, 윤리적 데이터 관행을 도입한 기업들은 데이터 침해 위험을 약 20~30퍼센트 줄이고, 소비자 신뢰도를 25~35퍼센트 향상시키는 경향을 보인다. 이는 윤리적 접근이 AI 모델의 품질과 신뢰성을 높여 장기적 비즈니스 가치를 창출하며, 데이터 윤리가 단순한 규제 준수를 넘어 전략적 자산으로 기능함을 보여 주는 것이다.[27]

분배적 정의와 AI 접근성

존 롤스John Rawls의 정의론Theory of Justice과 마사 누스바움Martha Nussbaum의 역량 접근법Capabilities Approach은 AI 윤리 경영에 중요한 규범적 프레임워크를 제공한다. 이 이론들은 기술 발전의 혜택이 사회 전반에 공정하게 분배되어야 하며, 모든 개인은 자신의 잠재력을 실현할 수 있도록 기본적 역량을 보장받아야 한다고 주장한다. AI 맥락에서 이는 기술 접근성accessibility, 디지털 포용성digital inclusion, 알고리즘적 공정성algorithmic fairness의 원칙으로 구체화된다.

세일즈포스의 **책임 있는 AI** 이니셔티브는 이러한 이론을 기업 실무에 적용한 사례다. 이 이니셔티브는 다양한 인구 집단의 데이터를 포함하는 포용적 데이터셋 구축, 알고리즘 편향 감지 및 완화 도구 개발, AI 혜택의 공정한 분배를 위한 정책을 구현했다.

세일즈포스의 2023년 보고서에 따르면, 이러한 접근법은 AI 시스템의 신뢰성을 높이고 고객 참여를 개선하며,[28] 맥킨지의 2023년 연구는 윤리적 AI를 채택한 기업이 소비자 신뢰도를 약 25~35퍼센트 향상시킬 수 있다고 분석한다 이는 윤리적 AI 관행이 성능 향상과 사용자 만족도를 높여 전략적 비즈니스 가치를 창출하는 원천이 될 수 있음을 보여 준다.[29]

미래 윤리학과 세대 간 책임

AI 윤리 경영은 한스 요나스Hans Jonas의 **책임의 원칙**Principle of Responsibility과 로만 크르즈나릭Roman Krznaric의 **미래학적 사고**Futuristic Thinking 개념을 통합한다. 이 이론들은 현재 세대가 미래

세대에 대해 갖는 윤리적 책임을 강조하며, 장기적 영향을 고려한 의사 결정의 중요성을 부각시킨다. AI 시스템은 그 영향이 수년, 수십 년에 걸쳐 지속될 수 있으므로, 이러한 장기 및 윤리적 고려가 특히 중요하다.

노르웨이 국부 펀드의 책임 있는 투자 전략은 이러한 이론을 투자 결정에 적용한 사례다. 노르웨이 중앙은행 자산운용은 AI 기술 투자 시 단기적 재무 성과뿐만 아니라 환경 지속 가능성, 사회적 영향, 윤리적 함의를 고려하며 장기적 관점을 분석한다.[30]

맥킨지의 2023년 연구에 따르면, 윤리적이고 지속 가능한 AI 접근법을 채택한 조직들은 리스크 조정 수익률이 약 15~25퍼센트 향상되고, 시장 변동성에 대한 탄력성이 20~30퍼센트 강화되는 경향을 보인다. 이는 미래 지향적 윤리가 단순한 이상이 아니라 장기적 비즈니스 성공의 핵심 요소임을 보여 주며, AI 윤리 경영이 현재 이익과 미래 책임의 균형을 통해 조직을 책임 있는 시장 주체로 전환시킬 수 있음을 시사한다.[31]

2장 경영 도구의 이해와 활용

AI와 데이터 분석

비즈니스에서 데이터가 경쟁력의 원천이 되는 이유

오늘날 비즈니스 환경에서 데이터는 단순한 기록이나 숫자의 집합을 넘어, 기업의 경쟁력을 결정짓는 핵심 자원으로 자리 잡았다. 과거에는 자본이나 인적 자원이 기업의 성공을 좌우했다면, 이제는 데이터가 시장을 선도하고 혁신을 창출하는 원천으로 부상했다. 이는 데이터가 단순히 정보를 제공하는 데 그치지 않고, 고객의 숨겨진 니즈를 밝히고, 운영의 비효율을 제거하며, 미래를 예측하고 대비하는 데 필수적인 역할을 하기 때문이다.[1]

데이터의 다차원적 가치

데이터가 경쟁력의 원천이 되는 첫 번째 이유는 다차원적 가치를 창출하기 때문이다. 기업은 매일 고객과의 상호 작용, 운영 과정, 시장 변화에서 생성되는 방대한 데이터를 축적한다. 이 데이터는 원재료와 같아서, 잘 가공하면 비즈니스의 새로운 가능성을 열어 준다. 예를 들어, 글로벌 커피 체인 스타벅스는 매장 방문 데이터와 모바일 앱 사용 기록을 분석하며 고객의 구매 습관을 파악한다. 스타벅스는 2023년 북미 지역 약 3,000만 명의 고객 주문 데이터(일일 평균 500만 건)를 분석한 결과, 오전 8~10시 사이 펌킨 스파이스 라떼 주문이 20퍼센트 증가하는 패턴을 발견했다. 이 통찰은 단순한 판매 기록을 넘어, 계절별 메뉴 기획과 매장 재고 조정을 가능하게 했다. 스타벅스는 이 데이터를 활용해 펌킨 시즌 시작 전 약 100만 파운드의 원료를 추가 확보하며, 매출을 약 1,500만 달러 늘렸다.[2] 이는 데이터가 정보에서 통찰로 변환되며, 비즈니스 전략의 방향을 결정짓는 힘이 있음을 보여 준다.

데이터로 연결된 소비자와의 관계

데이터는 고객 중심의 초개인화를 실현하며 경쟁력을 강화한다. 오늘날 소비자는 획일화된 제품이나 서비스가 아닌, 자신만을 위한 맞춤형 경험을 원한다. 데이터는 이 욕구를 충족하는 열쇠다. 예를 들어, 패션 리테일러 자라는 약 2,000만 명 고객의 온라인 쇼핑 행동(페이지 뷰, 장바구니 추가, 구매 완료)과 매장 내 RFID 태그 데이터를 분석한다. 2022년 자라는 스페인 지역 고객 약 50만 명의 데이터를 통해, 20대 여성 소비자가 여름철에 밝은 색상(특히 노란색) 드레스를 선호하며 평균 3일 내 구매를 결정한다는 통찰을 얻었다. 이를 바탕으로 자라는 생산 라인을 조정해 노란색 드레스 약 10만 벌을 추가 생산하고, 온라인 플랫폼에서 이 고객군에 타겟 광고를 집중했다. 결과적으로 캠페인 첫 달 매출이 약 800만 유로 증가했고, 고객 만족도(리뷰 평점 기준)가 10퍼센트 향상되었다.[3] 데이터는 이렇게 고객의 숨은 니즈를 드러내고,

이를 충족하며 기업과 소비자 간의 관계를 강화한다.

데이터로 드러나는 비효율의 제거

데이터는 운영의 비효율을 제거하며 기업의 비용 구조를 혁신한다. 효율성은 경쟁력의 중요한 요소로, 데이터는 숨겨진 낭비를 찾아내고 이를 개선하는 데 매우 효과적이다. 예를 들어, 글로벌 물류 기업 DHL은 약 5만 대의 배송 차량에서 수집된 데이터(연료 소비, 주행 경로, 배송 시간)를 분석하며 운영 효율성을 높였다. 2023년 유럽 지역 약 1만 대 차량의 데이터(일일 평균 200만 데이터 포인트)를 통해, DHL은 런던 내 배송 경로에서 연료 소비가 평균 20퍼센트 높은 구간(교통 혼잡 구역)을 발견했다. 이를 바탕으로 DHL은 경로 재설계(혼잡 구간 우회)와 배송 시간 조정(오전 9시→7시)을 실행했다. 이 결과 연료 비용이 연간 약 1,200만 유로 절감되었고, 배송 지연율이 15퍼센트 감소했다.[4]

데이터로 대비하는 미래

데이터는 시장 선점과 위험 관리를 가능하게 하며, 기업이 미래를 주도하도록 돕는다. 경쟁이 치열한 환경에서 데이터를 통해 시장 변화를 예측하고 위험을 최소화하는 능력은 차별화의 핵심이다. 예를 들어, 나이키는 약 1억 명 고객의 구매 데이터와 소셜 미디어 트렌드(약 5,000만 건의 언급)를 분석하며, 2023년 스포츠웨어 트렌드를 예측했다. AI는 20~30대 소비자의 친환경 제품 선호도가 35퍼센트 증가할 가능성을 감지했고, 나이키는 이를 바탕으로 재활용 소재 운동화 약 50만 켤레를 추가 생산했다. 이 전략은 경쟁사(아디다스 등)보다 3개월 앞서 시장을 선점하며, 매출을 약 2,000만 달러 늘렸다.[5] 위험 관리 측면에서도, 데이터는 미래를 대비하며 기업의 민첩성을 높일 수 있다. 2022년 아시아 지역 태풍 시즌에 나이키는 물류 데이터로 항만 혼잡(평균 지연 5일)이 발생해 공급망이 붕괴할 가능성을 예측하고, 대체 경로(베트남→중국)를 확보하며 약 300만 달러의 손실을 방지했다.

데이터 파워의 지속 가능성

데이터 파워는 단기적 이익을 넘어 장기적 경쟁력을 구축하며, 또한 기업이 지속 가능한 성장을 추구하고 환경적, 사회적 책임을 다하는 데도 기여한다. 예를 들어, 유니레버는 약 3,000만 명의 소비자 구매 데이터와 공급망 데이터(약 1억 건)를 분석하여, 2023년 플라스틱 감축 캠페인을 강화했다. 데이터는 유럽 소비자의 친환경 포장 선호도가 40퍼센트 증가함을 보여 주었고, 유니레버는 이를 바탕으로 재활용 플라스틱 포장재를 약 10만 톤 추가 도입했다. 이는 연간 약 1,500만 유로의 비용 절감과 함께, 탄소 배출량을 약 20만 톤 줄이는 결과를 가져왔다.[6] 이처럼 데이터 파워는 소비자 트렌드와 지속 가능성을 연결하고, 장기적 브랜드 가치를 높인다.

데이터 파워의 한계와 도전 과제

데이터의 경쟁력은 그만큼의 도전 과제를 동반한다. 데이터 품질(예: 오류율 5퍼센트 이상 발생 시 예측력 저하), 프라이버시 문제(예:「일반 데이터 보호 규정」위반 시 벌금), 기술 인프라 비용(예:

클라우드 처리 연간 500만 달러 이상)이 기업의 과제다. 예를 들어, 자라는 초기 데이터 통합 과정에서 매장 RFID와 온라인 데이터 불일치로 예측 오류(10퍼센트 이상)가 발생했으나, 6개월간 정제 작업으로 이를 극복했다. 데이터는 관리와 활용의 균형이 중요하며, 이를 성공적으로 다루는 기업만이 경쟁력을 유지한다.

데이터는 비즈니스에서 경쟁력의 원천으로, 고객 통찰, 운영 최적화, 시장 선점, 지속 가능성을 이끈다. 스타벅스는 펌킨 라떼로 1,500만 달러를, 자라는 노란 드레스로 800만 유로를, DHL은 경로 조정으로 1,200만 유로를, 나이키는 친환경 운동화로 2,000만 달러를, 유니레버는 플라스틱 감축으로 1,500만 유로를 창출하며 데이터의 힘을 증명했다. 이는 데이터가 단순한 자원을 넘어, 기업의 전략과 미래를 그리는 설계도로 작용함을 보여 준다. 데이터 파워를 이해하고 활용하는 기업만이 치열한 경쟁 속에서 살아남고, 시장을 주도할 것이다.

AI 경영 분석 도구

AI는 현대 기술과 비즈니스의 핵심으로 자리 잡으며, 데이터를 분석하고 새로운 가치를 창출하는 데 필수적인 도구로 발전했다. 머신 러닝, 딥 러닝, 생성형 AI는 AI 분석의 기초를 이루는 주요 기법으로, 각각 예측, 복잡한 패턴 분석, 창조적 콘텐츠 생성에서 강점을 발휘한다. 여기에 임베디드Embedded AI, 온디바이스On-Device AI, 임보디드Embodied AI, AI 에이전트, 멀티모달Multi-

Modal AI, 스페이셜Spatial AI, 피지컬Physical AI와 같은 새로운 개념들이 더해지며 AI의 활용 범위와 잠재력을 확장하고 있다.

이러한 다양한 AI 기술 중에서도 임베디드 AI는 협동 로봇과 휴머노이드 로봇과의 연관성을 심층적으로 다루며, 온디바이스 AI는 삼성 갤럭시와 애플 아이폰의 실제 사례를 통해 구체화한다. 또한, 최근 화제를 모은 딥시크DeepSeek의 오픈소스와 기술 문서 공개가 각 AI 유형에 미칠 영향을 조사하고, 엔비디아의 코스모스Cosmos와 테슬라의 옵티머스Optimus가 주도하는 피지컬 AI 시대의 발전을 분석한다. 마지막으로, 마이크로소프트와 메타의 AR 글라스가 스페이셜 AI와 휴먼 AI 심비오시스Human-AI Symbiosis의 미래를 어떻게 열어갈지에 대한 혜안을 제시하고자 한다.

데이터로 학습하는 AI의 기초, 머신 러닝

머신 러닝은 인공 지능의 가장 근본적인 기법으로, 개발자가 명시적으로 모든 규칙을 프로그래밍하지 않아도 데이터를 통해 패턴을 발견하고 예측 모델을 구축한다. 이 과정에서 시스템은 입력 데이터Input와 이에 대응하는 출력 데이터Output 간의 관계를 학습하며, 새로운 데이터가 주어졌을 때 이를 기반으로 결과를 예측하거나 분류한다.

이는 인간의 경험적 판단이나 고정된 규칙에 의존하지 않고, 데이터의 내재된 통계적 특성을 활용해 스스로 학습한다는 점에서 혁신적이다. 예를 들어, 수십만 건의 고객 행동 데이터를 분석해 구매 가능성을 예측하거나, 공장 센서 데이터를 통해 기계 고장을 미리 감지하는 등의 작업이 가능하다. 머신 러닝은 세 가지 주요 범주, 지도 학습Supervised Learning, 비지도 학습Unsupervised Learning, 강화 학습Reinforcement Learning으로 나뉘며, 각각의 특성과 활용법은 데이터의 성격과 목표에 따라 다채롭게 적용된다.[7]

지도 학습

지도 학습Supervised Learning은 라벨이 붙은 데이터를 활용해 모델을 훈련시키는 방법으로, 입력 데이터와 정답(라벨)이 쌍으로 주어진 상태에서 학습한다. 이는 마치 선생님이 학생에게 문제와 정답을 함께 제시하며 가르치는 과정과 유사하다. 예를 들어, 이메일 스팸 필터는 과거 수십만 개의 이메일 데이터(입력: 이메일 내용 / 출력: 〈스팸〉 또는 〈비스팸〉 라벨)를 학습해 새로운 이메일이 들어왔을 때 이를 분류한다.

이 과정에서 모델은 단어 빈도(예: 〈무료〉가 10회 이상 등장 시 스팸 확률 80퍼센트)나 발신자 패턴(예: 알려지지 않은 도메인)을 학습하며, 약 95퍼센트 정확도로 스팸 여부를 예측한다. 또 다른 예로, 금융 기관은 고객의 대출 신청 데이터(입력: 소득, 신용 점수 / 출력: 〈승인〉 또는 〈거절〉)를 학습해 신규 신청자의 대출 가능성을 평가한다. 이 경우 모델은 약 100만 건의 과거 데이터를 학습하며 변수 간 상관관계(예: 소득 5만 달러 이상 시 승인 확률 90퍼센트)를 도출한다.

비지도 학습

비지도 학습Unsupervised Learning은 라벨 없는 데이터에서 숨겨진 구조나 패턴을 찾아내는 기법으로, 데이터 자체의 특성을 탐색한다.

이는 마치 학생이 교재 없이 스스로 책을 읽고 주제를 정리하는 과정과 같다. 예를 들어, 소매업체가 약 50만 명 고객의 구매 데이터를 분석할 때, 고객이 어떤 그룹에 속하는지 라벨이 없어도 비지도 학습은 이를 클러스터링한다.

예를 들자면, K-평균K-Means 알고리즘은 구매 빈도(예: 월 5회 이상), 평균 구매액(예: 50달러 초과) 등을 기준으로 〈가족 중심 구매자(대용량 제품 선호)〉와 〈단품 구매자(소량 고가 제품 선호)〉로 나눈다. 이 과정에서 약 10만 건의 데이터 포인트를 분석하며, 클러스터 간 거리(유클리드 거리 기준)를 최소화해 그룹을 형성한다. 결과적으로 기업은 이 과정을 통해 15퍼센트 더 높은 캠페인 응답률을 얻을 수 있게 된다.

강화 학습

강화 학습Reinforcement Learning은 에이전트가 환경과 상호 작용하며 시행착오를 통해 보상을 최대화하도록 학습한다. 이는 마치 강아지가 간식을 받기 위해 행동을 조정하는 과정과 비슷하다. 예를 들어, 공장 내 로봇은 장애물을 피하며 이동 경로를 최적화한다. 로봇은 약 10만 번의 시뮬레이션에서 장애물 충돌(보상: -10), 목표 도착(보상: +100)을 학습하며, 큐 러닝Q-Learning 알고리즘으로 최적 경로(평균 이동 시간 30초 단축)를 도출한다. 이 과정에서 에이전트는 약 500만 개의 상태-행동 쌍을 평가하며, 약 85퍼센트 성공률로 경로를 개선한다. 게임 분야에서는 강화 학습이 알파고처럼 복잡한 전략을 학습하며 인간을 초월한 성능을 보여 줬다.

대표 알고리즘, 디테일한 작동 원리와 특징

머신 러닝의 대표 알고리즘은 의사 결정 트리Decision Tree, 서포트 벡터 머신Support Vector Machine, SVM, K-평균 등으로, 각각의 작동 방식과 활용성이 다르다.

- 의사 결정 트리: 데이터를 조건(예: 소득 > 5만 달러)에 따라 나뭇가지처럼 분기하며 예측한다. 약 10만 건 데이터에서 변수 중요도(예: 소득 40퍼센트, 나이 30퍼센트)를 계산하며, 약 10개의 분기로 결과를 도출한다. 간단하고 해석이 쉬워 초보자에게 적합하다.
- 서포트 벡터 머신: 데이터 포인트를 분리하는 최적의 초평면(예: 2차원 선)을 찾아 분류한다. 약 5만 개 데이터에서 마진(클래스 간 거리)을 최대화하며, 약 90퍼센트 정확도로 복잡한 패턴을 처리한다. 계산 비용은 높지만 정밀하다.
- K-평균: 비지도 학습으로, 데이터 포인트를 K개의 클러스터로 나눈다. 보통, 약 100만 개 데이터에서 초기 중심점(랜덤 선택)을 설정하고, 평균 거리(예: 5유닛 이내)를 최소화하며 그룹화한다. 약 3~5번 반복으로 수렴하며, 컴퓨팅 자원이 적게 든다.

이 알고리즘들은 GPU 없이도 실행 가능하며, 약 1기가바이트 이하의 데이터로도 효과적인 학습을 제공해 초보자도 쉽게 접근할 수 있다.

연관된 새로운 AI 개념과의 심층적 통합과 사례

머신 러닝은 임베디드 AI, 온디바이스 AI, 임보디드 AI, AI 에이전트, 멀티모달 AI와 결합하며 다양한 환경에서 활용된다.

- 임베디드 AI: 소형 장치에 머신 러닝 모델을 내장해 실시간 분석을 수행한다. 예를 들어, 스마트 온도계는 의사 결정 트리를 약 10만 개의 온도 데이터(최대 1메가바이트)로 학습하며, 온도 이상(섭씨 38도 초과)을 0.5초 내 예측한다. 이는 약 50만 가구에서 에너지 효율을 15퍼센트 높였다.[8]
- 온디바이스 AI: 스마트폰에서 머신 러닝을 실행해 데이터 처리 속도를 높인다. 삼성 갤럭시 S24는 약 100만 장 사진 데이터를 지도 학습(SVM)으로 분석하며, 〈풍경〉과 〈인물〉을 약 0.2초 내 92퍼센트 정확도로 분류했다.[9] 이는 클라우드 없이 작동하며 프라이버시를 강화한다.
- 임보디드 AI: 물리적 장치에 머신 러닝을 적용한다. 공장 로봇 팔은 강화 학습(큐 러닝)으로 약 5만 번 작업 데이터를 학습하며, 조립 속도를 20퍼센트 높였다. 약 100만 개 상태-행동 쌍을 분석하며 최적 동작(오차 1밀리미터 이내)을 구현한다.[10]
- AI 에이전트: 자율 에이전트에 머신 러닝을 통합한다. 고객 서비스 챗봇은 약 50만 건 대화 데이터를 지도 학습(의사 결정 트리)으로 분석하며, 〈환불 요청〉을 약 90퍼센트 정확도로 분류하고 10초 내 응답한다.[11]
- 멀티모달 AI: 다중 데이터로 학습한다. 한 소매업체에서는 약

20만 명의 텍스트 리뷰와 구매 기록을 K-평균으로 클러스터링하였고 그 결과, 〈고가 제품 선호 고객〉을 식별해 타겟 마케팅으로 매출을 12퍼센트 늘렸다.[12]

존 디어의 머신 러닝 활용 사례

존 디어John Deere는 전 세계 농지에 배치된 약 10만 대의 트랙터(8R 시리즈)에 장착된 센서를 통해 토양 습도, 온도, 광량, pH 수준 등 다양한 환경 데이터를 실시간으로 수집했다. 이 센서들은 하루 평균 약 100만 데이터 포인트를 생성하며, 연간 약 3억 6,000만 건의 데이터를 축적했다.[13] 2023년 이 회사는 특히 밀 재배에 초점을 맞춰, 2018년부터 2022년까지 5년간 약 500만 건의 역사적 데이터(입력: 토양 습도, 온도, 광량 등 / 출력: 밀 수확량)를 학습 데이터셋으로 활용했다. 이 데이터는 트랙터의 정밀농업Precision Agriculture 시스템(JDLink)을 통해 클라우드로 전송되었고, 존 디어의 데이터 분석 플랫폼에서 처리되었다.

사용된 머신 러닝 알고리즘은 의사 결정 트리였다. 이 모델은 데이터를 여러 조건(예: 토양 습도: 60퍼센트, 온도: 섭씨 20도)에 따라 나뭇가지처럼 분기하며, 각 분기에서 수확량 증가 여부를 예측한다. 예를 들어, 학습 과정에서 모델은 약 10만 개의 노드(분기점)를 생성하며 변수 중요도를 계산했다(토양 습도: 40퍼센트, 온도: 30퍼센트, 광량: 20퍼센트, 기타: 10퍼센트). 특정 조건 — 토양 습도가 60퍼센트 이상이고 온도가 섭씨 20~25도이며 일일 광량이 6시간 이상일 때 — 에서 밀 수확량이 평균 10퍼센트 증가(약 4톤/헥타르에서 4.4톤/헥타르로)할 가능성을 80퍼센트 정확도로 예측했다. 이 정확도는 약 50만 건의 테스트 데이터로 검증되었으며, 실제 수확량과의 오차(평균 0.2톤/헥타르 이내)를 통해 신뢰성을 입증했다.[14]

존 디어는 이 예측 모델을 농부들에게 실시간으로 제공하는 모바일 애플리케이션(예: 존 디어 오퍼레이션 센터John Deere Operations Center)을 통해 배포했다. 예를 들어, 2023년 6월 미국 중서부 아이오와주 농부 존 스미스(가명)는 자신의 200에이커 밭에서 센서 데이터(습도 65퍼센트, 온도 섭씨 22도, 광량 7시간)를 입력했다. 앱은 즉시 〈밀 수확량 10퍼센트 증가 가능성 82퍼센트〉라는 결과를 표시하며, 〈수분 흡수가 좋은 씨앗 품종(예: 파이오니어Pioneer 25R40) 사용〉과 〈질소 비료 투입량 10킬로그램/헥타르 증가〉를 추천했다. 존은 이를 적용하며 약 40톤의 추가 수확(약 2만 달러 수익 증가)을 얻었다.

이 시스템은 약 10만 명 농부에게 배포되었고, 사용자당 평균 약 500건의 예측 요청을 처리했다. 전체적으로 2023년 밀 수확량 예측은 약 300만 에이커 농지에 적용되었으며, 평균 생산성이 8~12퍼센트 증가했다. 이는 약 50만 톤의 추가 수확(시장 가치 약 1억 5,000만 달러)을 창출하며 농업 경제에 기여했다.

존 디어의 머신 러닝 시스템은 클라우드 기반 플랫폼(AWS 활용)에서 작동했다. 약 500만 건의 데이터는 하루 약 10테라바이트의 저장 공간을 차지했으며, 의사 결정 트리 모델은 약 200만 개 파라미터를 최적화했다. 학습 과정은 약 100개의 GPU 노드에서 2주간 수행되었고, 실시간 예측은 클라우드에서 0.5초 내 처리되었다. 모델은 과거 데이터의 계절 패턴(예: 6~8월 습도 증가)

과 지역별 특성(예: 아이오와 vs 캘리포니아)을 반영하며, 약 10개의 주요 분기Depth를 통해 결과를 도출했다.[15]

이 머신 러닝 활용으로 농부들은 씨앗 품종 선택과 비료 사용을 최적화하며 평균 생산 비용을 약 5퍼센트 절감(에이커당 약 20달러)했다. 환경 영향에서도 비료 과사용(평균 15킬로그램/헥타르 초과)이 줄며 이산화탄소 배출이 약 10만 톤 감소했다. 또한, 수확량 증가로 농가 소득이 평균 10퍼센트 상승(가구당 약 5,000달러)하며 지역 경제를 활성화했다. 존 디어는 이 기술로 약 1억 달러의 추가 매출(정밀 농업 서비스)을 기록하며, 농업 기술 시장 점유율을 약 15퍼센트 확대했다.

모델은 높은 정확도를 보였으나, 극단 기후(예: 습도 90퍼센트 초과)나 새로운 토양 조건(예: 화산재 토양)에서는 예측 정확도가 약 70퍼센트로 하락했다. 이는 학습 데이터가 주로 북미 지역에 치우쳤기 때문으로, 존 디어는 2024년 아시아 및 남미 데이터 약 200만 건을 추가하며 이를 개선할 계획이다. 또한, 센서 오류(약 2퍼센트 발생)로 데이터 품질이 저하되는 경우도 있어, 하드웨어 보완이 필요하다.

존 디어의 머신 러닝 활용 사례는 농업에서 데이터 분석의 힘을 보여 준다. 약 10만 대 트랙터의 센서 데이터(500만 건)를 의사 결정 트리로 분석하며, 특정 토양 조건(습도 60퍼센트 이상)에서 밀 수확량 10퍼센트 증가를 80퍼센트 정확도로 예측한 이 시스템은 농부들의 씨앗 품종과 비료 사용 결정을 최적화했다. 이는 생산성 향상(평균 10퍼센트)과 비용 절감(5퍼센트)으로 이어졌으며, 데이터가 농업의 미래를 어떻게 바꾸는지 구체적으로 입증했다.

복잡한 패턴을 위한 신경망, 딥 러닝

딥 러닝은 머신 러닝의 하위 분야로, 다층 인공 신경망Artificial Neural Network, ANN을 기반으로 복잡한 패턴을 학습하는 강력한 기술이다. 인간 뇌의 뉴런 구조에서 영감을 받아 설계된 이 기법은 데이터를 여러 층Layer을 통해 계층적으로 분석하며, 단순한 특징에서 복잡한 패턴으로 점진적으로 이해한다. 이는 방대한 데이터와 고성능 컴퓨팅 자원(GPU, TPU)이 필요한 기술로, 특히 이미지, 음성, 텍스트와 같은 비정형 데이터 처리에서 탁월한 성능을 발휘한다.

예를 들어, 수백만 장의 사진에서 얼굴을 인식하거나, 연속적인 음성 신호에서 문장을 추출하는 작업은 딥 러닝 없이는 불가능에 가까운 수준의 정밀성을 요구한다. 딥 러닝의 핵심 개념을 이해하기 위해선, 합성곱 신경망Convolutional Neural Network, CNN과 순환 신경망Recurrent Neural Network, RNN의 작동 원리와 임베디드 AI, 온디바이스 AI, 임보디드 AI, AI 에이전트, 멀티모달 AI와의 연관성을 알아야 한다.

다층 신경망의 구조와 작동 원리

딥 러닝은 인공 신경망의 다층 구조를 통해 데이터를 학습한다. 각 층은 입력 데이터를 변환하며 점진적으로 추상화된 특징을 추출한다. 예를 들어, 이미지 분석에서는 첫 번째 층이 단순한 선과 색상을, 두 번째 층이 형태(예: 원, 사각형)를, 세 번째 층이 객체(예: 눈, 코)를 인식한다. 이러한 계층적 학습은 약 100만 개 이상의 파라미터(가중치와 편향)를 최적화하며, 데이터가 많을수록 (예: 10테라바이트 이상) 성능이 향상된다. GPU는 병렬 연산으로 초당 수십억 번의 계산을 처리하며, 학습 시간(예: 1주일)을 단축한다.[16]

- 합성곱 신경망: 이미지 데이터를 처리하는 데 특화된 신경망으로, 필터(예: 3x3 크기)를 활용해 특징(선, 색상, 텍스처)을 학습한다. 예를 들어, 얼굴 인식에서는 약 50만 장의 사진 데이터로 약 200만 개 파라미터를 학습하며, 눈썹 위치(정확도 98퍼센트)를 추출하고 전체 얼굴을 인식한다. CNN은 합성곱Convolution과 풀링Pooling 과정을 반복하며, 약 10~20개 층으로 구성된다.
- 순환 신경망: 시계열 데이터(예: 음성, 주식 가격)를 처리하며, 시간 순서에 따른 문맥을 학습한다. 예를 들어, 음성 인식에서는 약 100만 개 음성 샘플(초당 16키로헤르츠)을 학습해 〈Hello〉라는 단어를 약 95퍼센트 정확도로 인식한다. RNN은 이전 입력을 기억하며, 약 5~10개 층으로 구성된다.

딥 러닝은 대규모 데이터(예: 1억 건 이상)와 GPU(예: 엔비디아 A100, 40기가바이트 메모리)가 필수이며, 학습 과정에서 약 1테라바이트 이상의 저장 공간과 수십만 달러의 비용이 소요된다. 이는 초보자에게는 진입 장벽이 높지만, 비정형 데이터 분석에서는 머신 러닝을 초월한다.

딥 러닝의 활용

딥 러닝은 임베디드 AI, 온디바이스 AI, 임보디드 AI, AI 에이전트, 멀티모달 AI와 결합하며 다양한 환경에서 활용된다.

- 임베디드 AI: 경량화된 CNN을 소형 장치에 내장해 실시간 분석을 수행한다. 예를 들어, DJI의 매빅Mavic 3 드론은 약 50만 프레임의 영상 데이터를 경량(TinyML 기반, 100만 파라미터) CNN으로 학습하며, 물체(예: 나무)를 약 0.2초 내 90퍼센트 정확도로 탐지한다. 이는 클라우드 없이 작동하며 전력 소모를 약 30와트로 줄였다.[17]
- 온디바이스 AI: 스마트폰에서 RNN을 실행해 데이터 처리 속도를 높인다. 아이폰 15의 시리Siri는 약 200만 개 음성 샘플을 RNN으로 학습하며, 〈날씨 알려줘〉와 같은 명령을 약 0.1초 내 96퍼센트 정확도로 인식한다. 뉴럴 엔진Neural Engine(16코어)은 클라우드 전송 없이 처리하며 프라이버시를 강화한다.[18]
- 임보디드 AI: 로봇에 CNN을 통합해 물리적 환경을 분석한다. 웨이모의 자율 주행차는 약 1,000만 프레임의 도로 데이터를 CNN으로 학습하며, 차선(정확도 99퍼센트)과 보행자(98퍼센트)를 약 0.3초 내 인식한다. 약 500만 파라미터로 교통 상황을 실시간 분석한다.[19]
- AI 에이전트: RNN으로 대화 문맥을 학습해 자율 에이전트를 구현한다. 아마존 알렉사Alexa는 약 300만 개 음성 대화 데이터를 RNN으로 학습하며, 〈불 꺼줘〉 다음 〈불 켜줘〉를 약

92퍼센트 정확도로 이해한다. 약 10초 내 응답하며 사용자 의도를 파악한다.[20]
- 멀티모달 AI: CNN과 RNN을 결합해 다중 데이터를 분석한다. 틱톡은 약 500만 개 동영상(이미지+음성)을 멀티모달 CNN+RNN으로 학습하며, 사용자 선호(코미디 60퍼센트, 댄스 30퍼센트)를 약 88퍼센트 정확도로 예측해 추천한다.[21]

활용 사례: 메드트로닉의 심정지 예측

의료 기기 제조사 메드트로닉은 2023년 딥 러닝을 활용해 약 20만 명 환자의 심박 데이터를 분석하며 심정지 위험을 예측하는 시스템을 개발했다. 이 시스템은 환자 모니터링 장치(예: 리빌링크Reveal LINQ 삽입형 심박 모니터)에서 초당 100 데이터 포인트(심박수, 심전도 파형)를 수집하며, 연간 약 1억 5,000만 건의 데이터를 생성했다. 사용된 모델은 RNN으로, 시계열 데이터의 시간적 연속성을 학습하는 데 특화되었다.[22]

메드트로닉의 RNN 모델은 약 300만 개 파라미터(가중치와 편향)를 최적화하며, 과거 3년간 약 500만 건의 심박 데이터를 학습했다. 이 모델은 약 20개 층으로 구성되었으며, 각 층은 심박 신호의 미세한 변화(예: QRS 파형 폭 증가)를 분석한다. 예를 들어, 비정상 심박(120bpm 초과)이 2초 이상 지속되면 심정지 위험을 약 95퍼센트 정확도로 예측했다. 이는 정상 심박(60~100bpm)과 비정상 심박 간의 시간적 패턴(예: 간격 불규칙성 10퍼센트 초과)을 학습한 결과다. 학습 과정은 엔비디아 A100 GPU 약 50대를 활용해 3주간 수행되었고, 약 2테라바이트의 저장 공간을 사용했다. 실시간 예측은 클라우드 서버에서 초당 0.1초 내 처리되었다.

　2023년 6월, 미국 미네소타주 세인트 폴 병원에서 65세 남성 환자의 심박 데이터가 RNN에 입력되었다. 환자의 심박수는 1분 동안 평균 130bpm으로 상승했고, RNN은 약 2초간 지속된 비정상 패턴(심실 빈맥)을 감지하며 심정지 위험을 96퍼센트 확률로 예측했다. 모델은 즉시 〈의료진 경고 발령〉과 〈제세동기 준비〉를 권고했고, 이는 병원 시스템에 약 5초 내 전달되었다. 의료진은 기존 대비(평균 4시간 후 경고) 약 2시간 앞서 대응하며 심정지 발생을 방지했다. 이 환자는 약 10분 내 안정화되었고, 퇴원 후 6개월간 재발 없이 건강을 유지했다.

　메드트로닉은 이 시스템을 약 10만 명 환자에게 적용하며, 연간 약 5,000건의 심정지 조기 탐지(정확도 95퍼센트)를 달성했다. 이는 심정지 사망률을 약 20퍼센트 줄였고(평균 연간 1만 명 사망 기준), 병원 응급 처치 비용을 약 1억 달러 절감했다.[23] 환자당 평균 입원 기간도 약 3일 단축(10일 → 7일)되며 의료 자원 효율성을 높였다.

　이 시스템은 메드트로닉의 클라우드 플랫폼(Medtronic CareLink)과 통합되었으며, 약 100만 개 심전도 샘플로 사전 학습된 RNN과 실시간 데이터(초당 100 포인트)를 결합했다. 모델은 심박 이상(예: QRS 폭 120밀리초 초과)과 상관 계수(0.9 이상)를 계산하며, 약 50만 건의 테스트 데이터로 검증되었다. 이는 기존 방식(의사 판단, 평균 정확도 80퍼센트) 대비 빠르고 정밀했다.

RNN은 장시간 연속 데이터(예: 1시간 이상)에서 메모리 손실Long-Term Dependency로 정확도가 약 85퍼센트로 떨어졌다. 메드트로닉은 이를 개선하기 위해 장단기 메모리Long Short-Term Memory, LSTM 변형을 2024년에 도입하며, 약 500만 건 추가 데이터를 학습할 계획이다. 또한, 센서 오류(약 5퍼센트 발생)로 데이터 품질이 저하될 수 있어, 하드웨어 정밀도 향상이 필요하다.

딥 러닝은 단순히 기술적 혁신을 넘어 인간의 인지 능력을 확장하는 도구로 진화하고 있다. 메드트로닉의 심정지 예측 시스템이 보여 주듯, 이제 기계는 인간보다 먼저 위험을 감지하고 생명을 구하는 파트너가 되었다. 스마트폰부터 자율 주행차까지, 딥 러닝은 우리 일상의 모든 영역에 스며들며 새로운 가능성의 지평을 열고 있다. 하지만 진정한 도전은 이제 시작이다. 기술의 발전 속도만큼 빠르게 변화하는 사회에서, 우리는 딥 러닝이 가져올 윤리적 딜레마와 사회적 변화에 대한 준비가 필요하다. 결국 딥 러닝의 진가는 기술 자체가 아니라, 그것을 통해 더 나은 인간의 삶을 만들어 가는 우리의 지혜에 달려 있을 것이다.

3장 AI 조직 관리

세포벽을 허문 조직

생체-디지털 공생의 태동: 조직 구조의 DNA 변이와 메타모포시스

현대 조직의 뼈대가 유연한 근육질로 변모하는 동시에, 그 내부에서는 더 근본적인 변화가 일어나고 있다. 과거 조직 구조가 견고한 피라미드처럼 안정성을 추구했다면, AI의 등장은 이를 단순히 유기체로 탈바꿈시키는 데 그치지 않고, 인간과 AI가 공생하는 하이브리드 생명체로 진화시키고 있다. 헨리 민츠버그의 조직 구조론이 생물학적 진화론과 만나 새로운 종(種)을 창조하는 순간이다.

이 신종 조직에서는 인간 구성원과 AI 시스템이 별개의 존재가 아닌, 상호 의존적인 공생체로 기능한다. 마치 미토콘드리아가 세포 내에서 에너지를 생산하듯, AI는 조직 내에서 데이터 처리와 패턴 인식의 에너지를 생산하고, 인간은 이를 바탕으로 한 고차원적 의사 결정과 창의적 도약을 담당한다. 스위스 보험 거인 쥐리히의 사례는 이 공생 관계의 초기 단계를 보여 준다. 그들의 AI 기반 워크플로 시스템은 단순히 직원들의 서류 업무를 대신하는 것을 넘어, 시장 변화에 따라 조직의 자원 배분과 구조적 연결성을 실시간으로 재조정한다.

디지털 신경망: 정보의 축삭 돌기와 수상 돌기

더 깊이 들여다보면, 이 공생 조직은 생물학적-디지털 신경망을 형성하고 있다. 전통적 조직에서 정보는 주로 위계적 채널을 통해 하향식으로 전달되었지만, 휴먼-AI 공생 조직에서는 정보가 신경 세포의 축삭 돌기와 수상 돌기처럼 다방향으로 흐른다. AI 시스템은 조직의 미세 혈관이 되어 구석구석에 실시간 데이터와 인사이트를 공급하고, 인간 구성원들은 이 정보를 맥락화하고 의미를 부여하는 신경 세포의 역할을 수행한다.

특히 흥미로운 점은 이 신경망이 자기 조직화self-organizing 능력을 갖추게 된다는 것이다. 외부 환경의 변화에 따라 신경 연결이 강화되거나 약화되는 뇌의 가소성plasticity처럼, 조직 구조도 실시간 데이터와 학습에 기반하여 스스로를 재구성한다. 이는 티스와 파사노의 동적 역량 이론이 생물학적 현실로 구현된 것이다.

MIT 슬론 경영대학교의 연구는 AI와 디지털 기술을 활용한 조직이 환경 변화에 더 잘 적응하고 기회를 포착할 수 있음을 보여 준다. 예를 들어, 『MIT 슬로언 매니지먼트 리뷰』의 2023년 분석은 AI가 조직의 데이터 관리와 혁신 속도를 높인다고 논하며,[1] 맥킨지의 2023년 보고서에서는 AI를 도입한 기업은 환경 적응 속도가 약 20~30퍼센트 향상되고 기회 활용 능력이 강화될 것이라고 추정한다. 이는 디지털 기술이 단순한 효율성 향상을 넘어 조직의 장기적 적응성과 가치를 높이는 핵심 요소임을 시사한다.[2]

유동적 팀 구조의 생물학

공생 조직의 또 다른 특징은 아메바처럼 유동적인 팀 구조다. 전통적 조직에서 팀은 비교적 고정된 단위였지만, 휴먼-AI 공생 조직에서는 필요에 따라 팀이 분열하고 융합하는 세포 분열과 유사한 현상이 나타난다. AI는 이 과정에서 촉매 역할을 하며, 실시간 데이터 분석을 통해 어떤 역량을 가진 구성원들이 특정 과제에 최적인지를 파악하고, 이에 따라 임시적이지만 효과적인 팀을 즉각 구성한다.

네덜란드의 금융 기술 기업 ING는 **페이스**PACE라는 AI 기반 조직 운영 시스템을 통해 이러한 접근법을 실험하고 있다.[3] 이 시스템은 고객 니즈, 시장 변화, 내부 역량을 실시간으로 분석하여 최적의 팀 구조를 제안하며, 조직이 시장 변화에 신속히 적응할 수 있게 한다. ING의 2022년 보고서에 따르면, 페이스는 제품 개발 속도를 가속화하고 고객 경험을 개선했으며, 맥킨지의 2021년 분석은 ING가 이 방법으로 개발 주기를 약 30~40퍼센트 단축했다고 추정한다.[4] 이는 AI가 조직의 적응성과 효율성을 높여 장기적 가치를 창출하는 도구로 작용함을 보여 준다.

상호 학습과 적응의 이중 나선

휴먼-AI 공생 조직의 가장 근본적인 특징은 상호 학습과 적응이 얽혀 있는 구조다. 인간이 AI 시스템을 학습시키고 조정하는 동시에, AI 또한 인간의 의사 결정 패턴과 작업 방식을 학습하고 있다. 이 과정은 마치 DNA의 이중 나선처럼 서로 얽혀 상승 작용을 일으키며, 시간이 지날수록 두 존재의 경계는 희미해진다.

마이크로소프트의 **코파일럿**Copilot 시스템은 이러한 공진화의 초기 단계를 보여 준다. 처음에는 단순한 코드 제안 도구였지만, 개발자들과의 상호 작용을 통해 점차 작업 맥락과 개인적 선호도를 학습하며, 결국 개발자의 **디지털 분신** 같은 존재로 진화했다. 이는 단순한 도구를 넘어, 개발자의 사고 과정을 증폭하고 확장하는 인지적 파트너로의 전환을 의미한다.

이런 공진화는 개인 차원을 넘어 조직 전체로 확산된다. 구성원들의 작업 방식과 의사소통 패턴이 AI 시스템에 의해 학습되고, 이 학습된 패턴은 다시 조직의 정보 흐름과 의사 결정 구조에 영향을 미친다. 이는 유전자와 환경이 서로 영향을 주고받으며 생물의 진화를 이끄는 과정과 유사하다. 노스이스턴 대학교의 연구팀은 인간과 AI의 공진화가 조직 내에서 상호 작용을 통해 더 빠르게 진화할 수 있다고 분석했다.[5]

대사 경로의 최적화

생물체가 영양소와 에너지를 효율적으로 처리하기 위해 대사 경로를 최적화하듯, 휴먼-AI 공생 조직도 정보와 의사 결정의 흐름을 지속적으로 최적화한다. 전통적 조직에서 의사 결정은 주로 계획된 회의와 공식적 승인 과정을 통해 이루어졌지만, 공생 조직에서는 AI가 의사 결정의 촉매제 역할을 하며 이 과정을 가속화한다.

특히 흥미로운 것은 이 **인지적 대사**가 조직 구성원의 역량과 성향에 따라 개인화된다는 점이다. AI는 각 구성원의 의사 결정 스타일, 정보 처리 방식, 심지어 일중 리듬circadian rhythm까지 학습하여, 최적의 순간에 최적의 형태로 정보를 전달한다. 이는 마치 내분비 시스템이 각 세포의 필요에 따라 호르몬을 분비하는 것과 유사하다.

스페인의 통신 기업 텔레포니카는 AI 기반 시스템을 통해 조직 운영을 최적화하고 있다. 이 시스템은 팀과 구성원의 정보 처리 패턴을 분석하여 의사 결정에 필요한 데이터와 인사이트를 효과적으로 제공한다. 텔레포니카의 2022년 보고서에 따르면, AI는 고객 니즈와 시장 변화를 반영하여 운영 효율성을 높였으며,[6] 맥킨지의 2023년 연구는 AI 도입 기업이 의사 결정 속도를 약 20~30퍼센트 단축하고 결정 품질을 개선할 수 있다고 분석했다. 이는 AI가 단순한 기술 도구를 넘어 조직의 정보 흐름과 의사 결정을 강화하는 역할을 함을 보여 준다.[7]

디지털-생물학적 방어 메커니즘

생물체가 외부 위협으로부터 자신을 보호하기 위한 면역 시스템을 가지듯, 휴먼-AI 공생 조직도 고유의 방어 메커니즘을 발전시킨다. 이 **조직 면역 체계**는 사이버 보안 위협뿐 아니라, 시장 변동, 규제 변화, 심지어 내부적 오작동까지 다양한 위험 요소를 감지하고 대응한다.

특히 주목할 만한 점은 이 면역 체계가 **적응적 기억**을 갖는다는 것이다. 마치 생물학적 면역 체계가 이전 감염에 대한 기억을 바탕으로 더 효과적으로 대응하듯, 조직의 면역 체계도 과거 위기와 도전으로부터 학습한다. AI는 이 학습 과정을 가속화하고, 다양한 시나리오를 시뮬레이션하여 위기 대응 능력을 강화한다.

이스라엘의 사이버 보안 기업 사이버아크는 AI 기반 보안 시스템을 통해 생물학적-디지털 면역 체계를 구현하고 있다. 이 시스템은 조직의 정상적인 운영 패턴을 학습하고, 이상 징후를 실시간으로 감지한다.[8] 더 중요한 것은, 각 대응 과정이 시스템의 방어력을 강화하여 유사한 위협에 대한 저항력을 지속적으로 개선한다는 점이다. 『매스매티컬 바이오사이언스Mathematical Biosciences』의 2023년 연구는 생물학적 면역에서 영감을 받은 사이버 보안 시스템이 조직의 적응성과 방어력을 높일 수 있다고 분석한다.[9]

조직적 응집력의 새로운 기제

생물체의 호르몬이 각 기관과 세포의 활동을 조율하듯, 휴먼-AI 공생 조직에도 구성원들의 행동과 의사 결정을 조화시키는 **조직 호르몬** 시스템이 발달한다. 이 디지털 신호 전달 체계는 전통적인 소통 채널을 넘어, 훨씬 더 미묘하고 맥락적인 정보를 실시간으로 전파한다.

예를 들어, AI는 조직 내 다양한 활동과 결정의 패턴을 분석하여 **집단적 분위기**collective mood나 **전략적 방향성**strategic direction과 같은 미묘한 신호를 포착하고, 이를 구성원들에게 전달한다. 이는 마치 생물체의 내분비 시스템이 전체 유기체의 상태를 조율하는 것과 유사하다.

새턴이란 가상의 기업이 **조직 맥박**Organizational Pulse이라는 시스템을 통해 조직 내 소통을 혁신적으로 개선했다고 가정하자. 이 시스템은 이메일, 채팅, 문서, 회의록 등 다양한 소통 채널의 데이터를 분석하여 조직의 전반적인 분위기와 주요 관심사를 시각화한다. 구성원들은 이 정보를 통해 자신의 활동을 조직의 전체적인 방향성과 조율할 수 있게 된다.

맥킨지의 2023년 연구 결과에 따르면, AI 기반 소통 분석 시스템을 도입한 조직은 협업 효율성이 20~30퍼센트 향상되었으며, 조직의 목표 정렬도 개선되었다. 이러한 접근 방식은 조직의 응집력을 높이고 전략적 일치를 강화하는 데 크게 기여한다.[10]

가속되는 진화

휴먼-AI 공생 조직의 궁극적 의미는 진화의 가속화다. 생물학적 진화가 수천, 수만 년에 걸쳐 일어난다면, 디지털-생물학적 하이브리드 조직의 진화는 수개월, 심지어 수 주 단위로 일어난다. 이는 인류 역사상 전례 없는 속도로 조직의 적응력과 창의성이 발전하고 있음을 의미한다.

중요한 점은 이 가속된 진화가 단순히 기술적 효율성을 향상시키는 데 그치지 않는다는 것이다. 그것은 인간의 창의성, 직관, 윤리적 판단과 AI의 패턴 인식, 데이터 처리, 시뮬레이션 능력이 시너지를 이루어, 이전에는 상상할 수 없었던 조직적 가능성을 탐색하는 여정이다.

휴먼-AI 하이브리드 조직은 AI 시스템과 인간의 협업을 통해 작업 방식을 최적화하며, 생산성과 웰빙을 동시에 향상시키는 잠재력을 보여 준다. 이러한 접근 방식은 기계적 효율성과 인간적 번영을 통합하여 조직의 장기적 가치를 창출할 수 있음을 시사한다. 맥킨지의 2023년 연구에 따르면, AI를 도입한 조직에서 다음과 같은 효과가 나타났다.[11]

- 고객 상담 분야에서 생성형 AI 적용 시 시간당 문제 해결이 14퍼센트 증가하고, 문제 처리 시간이 9퍼센트 단축되었다.
- 임원급의 25퍼센트가 업무에 생성형 AI를 사용 중이며, 28퍼센트는 이사회 의제에 AI를 포함시켰다.
- 전체 응답자의 79퍼센트가 직장 내외에서 AI를 사용 중이며, 22퍼센트는 정기적으로 업무에 AI를 활용하고 있다.

AI와 인간의 협업은 특히 마케팅 및 영업, 제품/서비스 개발, 고객 관리/백오피스 지원 분야에서 활발히 이루어지고 있다. 한편, 인간 중심 AI Human Centered AI, HCAI의 도입은 다음과 같은 이점을 제공한다.

- 작업자의 생산성을 35.5퍼센트 향상시킨다.[12]
- HR 부서에서 20퍼센트, 운영 부서에서 40퍼센트의 비용 절감 효과를 가져온다.
- 의사 결정 개선, 효율성 및 생산성 증대, 직원 웰빙 및 만족도 향상에 기여한다.

그러나 AI 도입에 따른 우려 사항도 존재한다. 기업들은 AI의 부정확성(1위)과 보안(2위)을 주요 우려 사항으로 꼽았다. 특히 부정확성에 대한 대비는 32퍼센트에 불과하며, 직원의 AI 사용 정책을 수립한 기업은 21퍼센트에 그쳤다.

AI 인력 수요 측면에서는 데이터 엔지니어와 머신 러닝 엔지니어에 대한 수요가 증가하고 있으며, 프롬프트 엔지니어에 대한 관심도 늘어나고 있다.

이러한 연구 결과들은 AI와 인간의 협업이 조직의 생산성과 효율성을 크게 향상시킬 수 있음을 보여 준다. 그러나 AI의 부정확성과 보안 문제에 대한 대비책 마련이 필요하며, 적절한 AI 인력 확보가 중요한 과제로 대두되고 있다.

이처럼, 디지털 DNA의 재구성은 단순한 기술적 변화를 넘어 조직의 본질적 정체성을 재정의하는 과정이다. 이 과정에서 우리는 조직을 더 이상 기계적 구조물이 아닌, 끊임없이 학습하고 적응하며 진화하는 생체-디지털 하이브리드로 인식하게 될 것이다. 그리고 이 새로운 인식은 조직 설계, 리더십, 문화에 대한 우리의 접근법을 근본적으로 변화시킬 것이다.

공생의 지혜: 사회 기술 시스템의 르네상스

타비스톡 연구소가 씨앗을 뿌린 사회 기술 시스템 이론이 AI 시대에 풍성한 열매를 맺고 있다. 이제 기술은 더 이상 인간 곁에 자리한 도구가 아니라, 함께 호흡하고 성장하는 파트너로 진화했다. 포스코의 스마트 제철소는 이 공진화의 살아 있는 실험실이다. 그들의 AI 안전 시스템은 차가운 알고리즘과 따뜻한 인간 직관의 융합을 통해 작업장 안전성을 40퍼센트 향상시켰다.

주목할 점은 이 시스템이 단순히 작업자의 실수를 감시하는 것이 아니라, 그들의 전문성을 증폭시키는 방향으로 설계되었다는 것이다. 이는 하버드 비즈니스 스쿨 연구진이 말한 **기술-사회 조화의 최적점**을 체현한 것이다. 테슬라의 옵티머스는 인간과의 협력을 통해 생산성을 높이며 도구를 넘어선 협업자의 가능성을 보여 준다.[13] 2022년 AI 데이에서 소개된 이 로봇은 공장 내 작업을 지원하며 인간과 기술의 공진화를 구현한다. 맥킨지의 2023년 연구에 따르면, AI와 인간의 협업은 일부 산업에서 생산성을 약 10~20퍼센트 향상시킬 잠재력을 가지며, 이는 기술과 인간이 서로를 강화하여 단일 시스템처럼 작동할 수 있음을 시사한다.[14]

집단 지성의 확장

AI 시대의 조직은 확장된 신경망을 갖게 되었다. 허친스의 분산 인지 이론이 말하듯, 사고 과정은 이제 개인의 두뇌를 넘어 AI 시스템을 포함한 전체 환경으로 확장되고 있다. AI는 조직의 **외부 대뇌 피질**로 기능하며 집단 지능을 증폭시킨다. 스탠퍼드 대학교 연구팀은 AI 협업 도구를 활용한 팀들이 복잡한 문제 해결 능력이 37퍼센트 향상되었음을 발견했다.

　이 현상은 피어스와 콘저의 분산 리더십 개념에 새로운 개념을 더한다.[15] 리더십은 더 이상 카리스마 넘치는 개인의 전유물이 아니다. AI가 데이터 분석과 전술적 의사 결정을 지원하고 인간 리더는 영감, 공감, 윤리적 방향 설정에 집중하는 형태로 리더십이 확장된 것이다. 『MIT 슬로언 매니지먼트 리뷰』의 2023년 연구는 이러한 효과가 수직적 조직보다 네트워크형 팀에서 더 두드러진다고 분석했다.[16] 이는 AI가 지식 흐름과 권한 분산을 가속화하며 조직의 협업과 적응성을 강화함을 보여 준다.

창의적 리더십의 메타모포시스

생성형 AI 시대 리더십을 상징하는 한 단어는 메타모포시스 metamorphosis다. 마치 애벌레가 나비로 변태하듯, 리더십의 본질 자체가 근본적으로 재구성되고 있다. 과거의 리더십이 정보의 독점과 통제에 기반했다면, 이제는 AI와의 협업을 통한 가능성의 확장이 핵심이 되었다. 테레사 아마빌의 창의성 구성 요소 이론이 새롭게 해석되는 시점이다. AI는 증강된 인지 능력이라는 새로운 변수를 창의성 방정식에 추가했다. 리더의 역할은 명령자에서 가능성의 설계자로 변모했다.

맥킨지의 글로벌 연구에 따르면, 생성형 AI를 성공적으로 활용하는 조직들은 **창의적 협업**과 **혁신 중심 리더십**을 통해 경쟁력을 강화한다. 이들은 AI를 단순한 효율화 도구가 아닌, 창의적 파트너이자 혁신 생태계의 핵심 요소로 자리매김했다. 맥킨지 글로벌 연구소의 2023년 보고서는 이러한 접근법이 인간과 AI의 시너지를 극대화하여 새로운 혁신 영역을 개척한다고 분석한다.[17]

직무의 르네상스

AI는 조직의 직무 지도를 재편하고 있다. 해크먼과 올덤의 직무 특성 모델을 통해 이 변화를 해석하면, AI가 반복적 업무를 흡수함에 따라 인간의 역할은 더 높은 자율성, 다양성, 의미를 갖게 된다. 에릭 등의 연구에 따르면, 고객 서비스 상담원들이 AI를 활용하자 14퍼센트의 생산성 증가를 보였으며, 초보 상담원의 경우 35퍼센트 이상의 현저한 개선 효과를 나타냈다. 이러한 성과 향상은 직무 만족도 증진과 이직률 감소로 이어졌다.

이것은 기존 연구의 31퍼센트 만족도 증가 수치와 유사한 결과다. 이를 통해 AI 기술이 상담원의 업무를 보완하고 강화하는 협력적 도구로 기능함을 알 수 있다.[18]

이 현상은 밴듀라의 사회 인지 이론으로도 설명된다. AI와의 상호 작용은 새로운 형태의 관찰 학습을 창출한다.[19] 인간은 AI의 문제 해결 방식을 학습하며 자신의 사고를 확장하고, 이는 AI 시스템의 발전에 영향을 미치는 선순환을 형성한다. 『MIT 슬로언 매니지먼트 리뷰』의 2023년 연구는 이러한 협업이 인간과 AI가 서로를 강화하며 조직 혁신을 가속화한다고 분석한다.[20]

조직 문화의 양자 물리학

조직 문화의 빙산이 용해되어 새로운 형태로 재결정화되고 있다. 에드거 샤인이 가시적 인공물, 신념과 가치, 기본 가정의 삼중 구조로 묘사했던 조직 문화는 AI의 침투로 근본적 재구성을 겪고 있다. 이는 단순한 표면적 변화가 아니라, 빙산 전체의 분자 구조가 재배열되는 과정이다. AI는 이제 조직 문화의 표층에서 심층까지 침투하여, 구성원들이 세계를 인식하고 상호 작용하는 방식의 기본 코드를 재작성하고 있다.

가시적 차원에서 AI는 업무 환경과 일상적 관행을 변형시킨다. 화상 회의와 디지털 협업 도구가 물리적 회의실을 대체하고, 알고리즘이 작업 할당과 성과 측정을 담당한다. 그러나 더 중요한 변화는 그 아래에서 일어난다. 신념과 가치 차원에서 효율성과 창의성, 통제와 자율성, 전문성과 협업 사이의 균형점이 재조정된다. 과거 상충 관계로 여겨졌던 가치들이 AI를 통해 공존 가능한 것으로 재해석되는 것이다.

이 현상은 기본 가정 차원에서 발생하는 근본적인 변화를 보여 준다. 〈지능이란 무엇인가?〉, 〈의사 결정의 본질은 무엇인가?〉, 〈인간과 기계의 관계는 어떠해야 하는가?〉와 같은 질문들이 새롭게 검토된다. 넷플릭스는 〈자유와 책임〉 문화를 통해 이를 실현하며, AI를 활용해 직원들의 자율적 판단을 정보 기반으로 강화한다.[21] 『MIT 슬로언 매니지먼트 리뷰』의 2023년 연구는 AI가 조직 내 의사 결정을 지원하며 인간의 창의성과 책임을 증진한다고 분석한다. 이는 AI가 단순한 도구를 넘어 혁신을 촉진하는 촉매제로 기능함을 시사한다.[22]

디지털 토템과 새로운 문화적 상징의 출현

모든 문화는 그 구성원들을 하나로 묶는 상징과 의식을 발전시킨다. AI 시대의 조직 문화도 예외가 아니다. **데이터 스토리텔링 세션**, **AI 윤리 대화**, **알고리즘 타운 홀** 같은 새로운 조직적 의식이 등장하고 있다. 이들은 단순한 업무 활동을 넘어, 구성원들이 공유된 가치와 목적을 재확인하고 디지털-인간 공동체로서의 정체성을 강화하는 문화적 제의로 기능한다.

특히 흥미로운 현상은 **AI 공동 창작물**이 새로운 문화적 토템으로 부상하고 있다는 점이다. 이들은 인간과 AI의 협업을 통해 만들어진 산물로, 조직의 하이브리드 정체성을 상징한다. 구글의 〈AI + Human〉 아트 갤러리는 이러한 새로운 문화적 상징의 대표적 사례다. 이 가상 공간에는 직원들과 AI 시스템이 공동으로 창작한 작품들이 전시되며, 이는 단순한 예술 활동을 넘어 구글의 인간-기계 협업 철학을 체현하는 문화적 표현이 된다.

이 현상은 인류학자 클리퍼드 기어츠Clifford Geertz가 말한 〈의미의 거미줄web of significance〉을 디지털 시대에 맞게 새롭게 직조하는 과정으로 볼 수 있다.[23] AI와의 상호 작용은 조직 구성원들에게 급변하는 환경 속에서 의미와 소속감을 제공하며, 인간과 AI의 공존을 문화적으로 통합하는 메커니즘으로 작용한다. 『MIT 슬로언 매니지먼트 리뷰』의 2023년 연구는 AI가 조직의 문화적 적응성과 협업을 강화한다고 분석했다.[24] 이는 기술이 단순한 기능을 넘어 조직의 의미 체계를 재구성할 수 있음을 보여 준다.

디지털 시대의 윤리적 나침반

AI는 조직의 가치 체계를 재코딩한다. 전통적 조직 가치들 ― 정직, 존중, 책임, 혁신 ― 은 여전히 중요하지만, 그 의미와 적용 방식이 디지털 맥락에서 재해석된다. 투명성은 이제 알고리즘의 작동 원리를 설명할 수 있는 능력을 포함하고, 책임은 AI 시스템의 결정에 대한 인간의 최종 책임을 의미하며, 존중은 디지털 프라이버시와 데이터 주권의 차원까지 확장된다.

세일즈포스는 이러한 가치 재구성의 선구자적 사례를 보여 준다. 그들의 〈트레일블레이저Trailblazer〉 문화는 AI 시대에 〈책임 있는 기술 사용〉을 핵심 가치로 통합했다.[25] 이 가치는 단순한 슬로건이 아니라, AI 관련 의사 결정을 안내하는 원칙으로 작용한다. 세일즈포스의 2023년 보고서에 따르면, 직원 참여를 통해 윤리적 AI 원칙이 발전했으며, 『MIT 슬로언 매니지먼트 리뷰』의 2023년 연구는 AI가 조직의 전통적 가치를 디지털 현실에 맞게 진화시킨다고 분석했다.[26] 이는 조직의 역사적 정체성과 새로운 기술적 도전 사이의 창조적 통합을 가능하게 한다.

조직 문화적 면역 체계

생물체가 내부 환경의 안정성을 유지하기 위한 항상성 메커니즘을 가지듯, 건강한 조직 문화도 핵심 가치와 정체성을 보존하는 자기 조절 시스템을 발전시킨다. MIT 기술 윤리 센터의 연구는 이러한〈문화적 면역 체계〉가 AI 시대에 더욱 중요해짐을 보여 준다. AI 윤리 원칙을 문화적 DNA에 통합한 조직들은 직원 신뢰도가 58퍼센트 높고, AI 이니셔티브의 성공률이 43퍼센트 높았다.

특히 주목할 만한 것은 이러한 윤리적 항상성이 단순한 규제 준수나 외부적 통제를 넘어선다는 점이다. 그것은 조직 구성원들의 일상적 의사 결정과 행동에 내재된, 살아 있는 윤리적 지향성이다. 마이크로소프트의〈AI 윤리 챔피언〉프로그램은 이러한 내재화의 좋은 예다. 다양한 부서의 직원들이 AI 윤리 챔피언으로 훈련 받아, 각자의 영역에서 윤리적 논의를 촉진하고 문제점을 조기에 식별한다. 이는 마치 인체의 면역 세포가 전신에 분포하여 위험 신호를 감지하는 것과 유사하다.

이러한 분산된 윤리적 면역 체계는 중앙화된 통제보다 효과적이다. 그것은 문제가 큰 위기로 발전하기 전에 현장에서 감지하고 대응하며, 조직의 윤리적 학습과 적응을 가속화한다. 아마존은 AI 윤리 문제를 개선하기 위해 내부 프로세스를 활용하며, 실패 사례에서 교훈을 얻는 학습 체계를 구축했다.[27] 『MIT 슬로언 매니지먼트 리뷰』의 2023년 연구는 AI가 조직의 윤리적 적응성을 강화하고, 기술 실패로부터 학습할 수 있게 한다고 분석한다. 이는 분산된 접근이 윤리적 통합을 촉진함을 보여 준다.[28]

역설의 포용과 통합

AI 시대의 가장 흥미로운 문화적 현상 중 하나는 전통적으로 대립된다고 여겨졌던 가치들이 공존하는 〈문화적 양자 상태cultural quantum state〉의 출현이다. 물리학의 양자 중첩 상태처럼, 성숙한 디지털 조직 문화는 효율성과 인간적 연결, 데이터 기반 결정과 직관적 창의성, 알고리즘적 일관성과 맥락적 유연성이 동시에 존재하는 상태를 실현한다.

어도비의 〈양손잡이 문화Ambidextrous Culture〉 이니셔티브는 이러한 양자적 접근의 대표적 사례다. 그들은 의도적으로 〈데이터의 날〉과 〈직관의 날〉을 번갈아 실시하며, 구성원들이 두 가지 상반된 사고방식을 모두 발전시키도록 장려한다. 더 중요한 것은, 이 두 접근법이 서로 배타적이 아닌 상호 보완적임을 강조하는 문화적 내러티브를 발전시켰다는 점이다.

이러한 문화적 양자 상태는 단순한 중도적 타협이 아닌, 대립적 가치들의 창조적 긴장을 유지하며 상황에 맞는 최적의 균형을 찾아내는 역동적 과정이다. IBM은 AI 윤리와 조직 혁신을 통합하며, 이러한 균형을 조직 전반에 확산시키는 접근을 추구한다. IBM의 AI 전략은 팀들이 기술과 인간 가치의 역설을 관리하도록 지원하며, 이를 창조적 긴장으로 재구성한다.[29]

서사의 재창조

모든 강력한 문화는 그 구성원들에게 의미와 목적을 제공하는 공유된 서사를 가진다. AI 시대의 도래는 조직들이 자신들의 이야기를 재창조할 것을 요구한다. 이 새로운 서사는 인간과 기술의 이분법을 넘어, 둘의 공진화와 상호 증폭에 초점을 맞춘다.

자포스의 〈기술로 강화된 인간성Technology-Amplified Humanity〉 서사는 이러한 재창조의 뛰어난 예다. 자신들을 단순한 신발 판매 기업이 아닌, 〈기술을 통해 인간 연결과 창의성을 증폭시키는 실험실〉로 재정의함으로써, 그들은 AI의 도입을 단순한 효율화가 아닌 인간 잠재력 확장의 여정으로 규정했다. 이 서사는 새로운 기술에 대한 직원들의 저항을 줄이고, 오히려 적극적 참여와 실험을 장려하는 문화적 기반을 조성했다.

이러한 서사적 재창조는 깊은 인류학적 의미를 지닌다. 인류학자 조지프 캠벨Joseph Campbell이 〈영웅의 여정〉이라 부른 보편적 서사 구조는 디지털 시대에 인간과 AI의 협력으로 재해석된다.[30] 이 새로운 서사에서 인간과 AI는 각자의 강점을 활용해 미지의 영역을 탐험하며 가능성을 창조한다.

문화의 키메라

그리스 신화의 키메라처럼, AI 시대의 조직 문화는 서로 다른 요소들이 독특하게 융합된 하이브리드 생명체다. 이는 기계적 효율성과 인간적 창의성, 알고리즘적 정확성과 직관적 지혜, 글로벌 연결성과 지역적 감성이 하나의 일관된 문화적 유기체로 통합된 형태다.

스포티파이의 〈인간-디지털 모자이크Human-Digital Mosaic〉 문화는 이러한 하이브리드 접근의 선도적 사례다. 그들은 의도적으로 AI 시스템을 설계할 때 완벽한 효율성보다 〈생산적 마찰productive friction〉을 창출하는 방향을 선택했다. 이 마찰은 인간 직관과 알고리즘 추천이 만나는 지점에서 창의적 스파크를 일으키고, 예상치 못한 문화적 혁신을 촉발한다.

이런 하이브리드 에토스ethos의 핵심은 다양한 요소들 사이의 단순한 공존이 아닌, 상호 작용을 통한 강화와 변형이다. 이는 인간과 기술이 결합되어 새로운 문화적 융합을 창출하는 과정이다. 맥킨지의 2023년 연구에 따르면, AI를 활용한 조직은 혁신 속도와 직원 웰빙을 개선하며, 회복력을 강화할 수 있다. 이는 인간 중심과 기술 중심 접근을 넘어서는 진정한 통합을 보여 준다.[31]

이처럼, 디지털 시대의 조직 문화는 단순한 기술 도입이나 가치 진술의 갱신을 넘어선다. 그것은 인간과 기계, 가치와 알고리즘, 전통과 혁신이 서로를 변형시키고 강화하는 근본적인 문화적 창조 과정이다. 이 과정에서 가장 성공적인 조직들은 기술과 인간성을 대립적 개념이 아닌, 하나의 통합된 문화적 DNA의 상보적 가닥으로 재정의한다. 그리고 이 통합된 DNA는 디지털 시대의 새로운 조직적 생명체를 위한 청사진이 된다.

미래 조직의 청사진: 공진화의 지평

휴먼-AI 공진화의 렌즈로 바라본 미래 조직은 어떤 모습일까? 그것은 기계와 인간이 각자의 강점을 발휘하며 서로를 증폭시키는 생태계다. AI는 데이터 처리와 패턴 인식, 반복 작업에서 탁월함을 보이고, 인간은 맥락 이해, 윤리적 판단, 창의적 비약에서 빛을 발한다.

이 시대의 조직은 더 이상 효율성을 극대화하는 기계가 아니라, 함께 진화하며 미래를 창조하는 살아 숨 쉬는 존재다. 타비스톡 연구소가 상상했던 사회 기술 시스템의 이상향이 AI를 통해 마침내 실현되는 순간이다. 우리는 지금 조직 관리의 역사에서 가장 흥미진진한 장을 목격하고 있다.

불확실성을 포용하는 경영 패러다임

퀀텀 물리학이 미시 세계의 불확실성과 확률적 존재를 설명하듯, AI 시대의 조직 또한 유사한 특성을 띠게 된다. 전통적 조직 이론이 뉴턴 물리학처럼 예측과 통제에 기반했다면, AI 조직 행동은 양자 역학적 사고방식을 요구한다. 불확실성을 오류가 아닌 창조의 원천으로 재해석하는 것이다. MIT와 하버드 공동 연구팀은 AI와 인간 협업이 가장 효과적인 영역은 바로 **경계 불명확성** boundary ambiguity의 영역임을 발견했다.

특히 주목할 만한 현상은 〈양자적 리더십quantum leadership〉의 부상이다. 이는 상황에 따라 구조화와 유연성, 통제와 자율성, 단기적 효율과 장기적 혁신과 같은 대립적 특성을 동시에 조화시키는 역량을 의미한다. AI는 이러한 역설적 리더십을 구현하는 도구이자 그 필요성을 증폭시키는 촉매제로 작용한다.

조직적 자의식의 탄생

AI의 도입은 조직에 일종의 **자의식**을 부여한다. 과거 조직은 구성원들의 집합체로서 업무를 수행했지만, 행동 패턴을 실시간으로 분석하고 개선점을 스스로 도출하는 능력은 제한적이었다. AI는 이런 한계를 초월하는 〈조직적 거울〉의 역할을 수행한다. 스탠퍼드 조직 심리학 연구진은 이를 **반성적 시스템**reflective systems이라 명명했다.

이러한 자의식은 조직 학습의 속도와 깊이를 근본적으로 변화시킨다. AI는 단순히 구성원들의 실수를 감지하는 데 그치지 않고, 의사 결정 패턴, 문화적 역동성, 리더십 스타일의 효과를 분석한다. 마이크로소프트의 〈비바 인사이트Viva Insights〉는 회의 패턴, 이메일 소통, 업무 시간 활용을 종합적으로 평가하여 조직 효과성의 장애물을 드러냈다.[32]

초연결 협업의 시대: 경계 없는 집단 창의성

AI는 조직 내 창의적 협업의 본질을 재정의한다. 최근 집단 창의성 연구에 따르면, AI 협업 도구를 활용한 팀들이 보여 주는 가장 주목할 만한 변화는 **인지적 거리의 축소**cognitive distance reduction다. 이는 서로 다른 전문 영역, 경험, 심지어 언어적 배경을 가진 구성원들이 공통의 이해 기반을 더 빠르게 구축할 수 있게 되었음을 의미한다.

이러한 현상은 미하이 칙센트미하이Mihaly Csikszentmihalyi의 **플로우**flow 개념의 집단적 확장으로 볼 수 있다. AI는 개인 간 지식과 아이디어의 교환을 가속화하여, 팀 전체가 일종의 **집단적 플로우 상태**에 도달할 수 있게 한다. 이 상태에서는 개인의 창의성이 다른 구성원에 의해 증폭되고 변형되며, 결과적으로 어느 한 개인도 혼자서는 도달할 수 없는 창의적 정점에 이르게 된다.

구글의 〈프로젝트 스타라인Project Starline〉과 같은 혼합 현실 협업 도구들은 집단 창의성을 새로운 차원으로 끌어올린다. 이들은 물리적 거리를 극복하며 아이디어의 시각화와 실시간 상호 작용을 강화해 협업의 깊이와 풍부함을 변화시킨다. 구글 리서치의 2023년 연구에 따르면, 스타라인은 비언어적 신호를 개선하여 몰입감 있는 대화를 지원한다.[33]

조직적 탄력성의 새로운 지평: 위기를 넘어선 성장

AI는 조직 탄력성organizational resilience의 패러다임을 바꾸고 있다. 전통적으로 탄력성은 위기로부터의 회복 능력을 의미했지만, AI-인간 공진화 시스템은 **예측적 탄력성**anticipatory resilience이라는 새로운 차원을 창출한다. 이는 위기가 현실화되기 전에 이를 감지하고 대응 방안을 선제적으로 준비하는 능력이다.

예를 들어, 글로벌 물류 기업 마에르스크는 AI 기반 공급망 위험 모니터링 시스템을 통해 지정학적 긴장, 기후 이변, 시장 변동과 같은 다양한 위험 신호를 실시간으로 포착한다. 더 중요한 것은 이 시스템이 단순히 경고를 제공하는 것을 넘어, 다양한 대응 시나리오의 효과를 시뮬레이션하고 최적의 완화 전략을 제안한다는 점이다.

특히 주목할 만한 현상은 〈집단적 즉흥성collective improvisation〉

의 강화다. 위기 상황에서의 즉흥적 대응은 항상 중요했지만, AI는 실시간 데이터와 예측 분석으로 이를 더욱 풍부하게 한다. 이는 재즈 앙상블의 즉흥 연주가 음악적 지식과 상호 이해를 바탕으로 하듯, 조직이 데이터 기반 통찰과 공유된 상황 인식을 통해 조화롭고 효과적인 대응을 가능하게 한다.

디지털 윤리학: 알고리즘과 인간 가치의 공존

AI와 인간의 공진화는 조직 윤리의 새로운 지형을 형성한다. 알고리즘의 결정이 인간의 삶에 직접적인 영향을 미치는 상황에서, 기술적 효율성과 인간적 가치의 균형은 핵심적 도전 과제가 된다. 옥스퍼드 인터넷 연구소의 연구에 따르면, AI 윤리를 성공적으로 내재화한 조직들은 **대화적 거버넌스**dialogical governance라는 공통된 접근법을 보여 준다. 이는 AI 시스템의 설계와 운영에 관련된 윤리적 문제를 기술 전문가뿐 아니라 다양한 이해관계자와의 지속적인 대화를 통해 해결하는 방식이다.

이러한 접근법은 **기술 윤리의 민주화**를 의미한다. 과거 윤리적 결정이 주로 경영진과 윤리 위원회에 의해 하향식으로 이루어졌다면, AI 시대에는 모든 조직 구성원이 윤리적 의사 결정의 참여자가 된다. 예를 들어, 세일즈포스의 **윤리적 AI 실천 커뮤니티**는 엔지니어, 디자이너, 고객 서비스 담당자, 심지어 고객들까지 포함하여 AI 시스템의 윤리적 영향을 지속적으로 모니터링하고 개선한다.

또한 주목할 만한 현상은 **윤리적 알고리즘 설계**라는 새로운 전문 영역의 부상이다. 이는 공정성, 투명성, 설명 가능성, 프라이버시와 같은 가치를 알고리즘 자체에 내장하는 접근법이다. 더 나아가, 일부 선도적 조직들은 **자기 조정 윤리 시스템**self-adjusting ethical systems을 개발하고 있다. 이는 AI 시스템이 자신의 결정이 미치는 윤리적 영향을 스스로 모니터링하고, 필요시 자신의 행동을 조정할 수 있게 하는 메타적 접근법이다.

미래로의 전망: 조직의 진화 궤적

인류 역사상 기술과 인간의 관계는 끊임없이 변화해 왔지만, AI는 이 관계를 근본적으로 재정의하고 있다. 미래 조직은 단순히 AI 기술을 도입하는 것을 넘어, 인간과 기술이 공진화하는 통합된 생태계로 발전할 것이다. 이 과정에서 조직 구조, 리더십, 직원의 역할은 지금까지 상상하지 못했던 형태로 변모할 것이다.

특히 주목할 만한 전망은 **적응적 조직 구조**adaptive organizational architecture의 등장이다. 이는 조직 구조가 환경 변화에 따라 자율적으로 조정되는 시스템이다. 팀의 구성, 의사 결정 권한의 분배, 심지어 조직의 목표까지도 상황에 따라 유동적으로 변화한다. 조직은 마치 살아 있는 유기체처럼, 외부 환경과 내부 역량의 변화에 능동적으로 적응하며 최적의 형태를 찾아간다.

리더십 또한 **집단적-분산적-상황적**collective-distributed-contextual 형태로 진화할 것이다. 리더십은 특정 직위나 개인의 전유물이 아니라, 상황과 필요에 따라 다양한 구성원들 사이에서 유동적으로 이동하는 기능이 될 것이다. AI는 이러한 리더십 전환을 촉진하는 촉매제이자 안내자로 작용할 것이다.

마지막으로, 인간의 역할은 **창의적 문제 해결자**에서 **의미 창조자**meaning-maker로 확장될 것이다. 기술이 더 많은 인지적 업무를 담당함에 따라, 인간은 목적 설정, 윤리적 판단, 공감과 연결, 그리고 궁극적으로 기술 진보의 방향을 결정하는 역할에 더욱 집중하게 될 것이다. 이는 인간성의 본질적 가치가 기술 시대에 오히려 더 중요해지는 역설적 현상을 예고한다.[34]

이처럼 조직 관리의 진화는 단순한 기술 도입 이상의 의미를 지닌다. 그것은 인간과 기술이 함께 성장하며 새로운 가능성의 지평을 열어 가는 공동 여정이다. 이 여정에서 우리가 추구해야 할 궁극적 목표는 기술의 효율성과 인간의 창의성, 알고리즘의 정확성과 인간적 가치가 조화롭게 공존하는 조직 생태계의 창출일 것이다.

4장 AI 마케팅

AI 마케팅의 특징: 알고리즘의 숲에서 피어난 디지털 연금술

AI가 마케팅의 지휘자로 등극했다. 전통적 전략이 무너지는 소리 속에서, 우리는 알고리즘과 인간 직관이 교차하는 미지의 영토를 탐험 중이다. 이 혁명은 다섯 갈래의 물줄기로 흐르며 소비자의 무의식까지 길어 올리는 심층 수로를 형성한다. 단순한 기술 진화가 아닌, 인간 욕망의 지도를 새롭게 그리는 혁명이다. 마케팅은 이제 설득의 기술을 넘어 존재의 방식이 되었고, 미래의 마케터들은 코드와 시 사이의 경계를 허물며 데이터의 바다에서 의미의 진주를 캐내는 디지털 시인으로 거듭날 것이다.

첫 물줄기: 초개인화의 침투

AI는 초개인화라는 이름으로 소비자의 일상 깊숙이 파고들었다. 방대한 데이터를 실시간으로 분석하며 무의식 속 미세한 갈망까지 포착해낸다. 소비자는 자신만을 위한 광고에서 주인공이 되어 화면 속 자신을 만나고, 개인화된 가격과 혜택을 경험한다. 이제 마케팅은 보편성을 잃고 개인의 내밀한 세계로 침투하며, 브랜드는 기업의 상징물이 아닌 개인 표현의 도구가 된다.

AI는 과거의 단순한 선호도 분석기에서 욕망의 지도 제작자로 진화했다. 소비자의 내면을 미지의 대륙처럼 탐험하며 심층 심리의 지형도를 세밀하게 매핑한다. 디지털 발자국이 쌓일수록 이 지도는 정교해지고, 브랜드는 저항이 가장 적은 경로로 침투한다.

초개인화의 역설은 공통된 문화적 체험의 붕괴다. 필터 버블 속에서 소비자들은 완전히 다른 브랜드 내러티브를 경험한다. 이는 브랜드 정체성의 파편화를 야기하며, 브랜드는 고정된 실체가 아닌 개인 경험에 따라 끊임없이 재구성되는 양자적 존재가 된다. 〈관찰자에 따라 본질이 변화하는 슈뢰딩거의 브랜드〉 시대가 열렸다.

두 번째 물줄기: 찰나의 맥락 마법

AI 맥락 마케팅은 단순한 위치 감지를 넘어 소비자 실존의 총체적 지형도를 실시간으로 해독한다. 공간 좌표, 분위기, 생체 리듬, 이동 패턴, 디지털 흔적이 그리는 욕망의 지도까지 해석한다. 이는 마케팅의 본질적 변환을 암시한다. 메시지 전달자가 아닌, 소비자와 브랜드가 함께 직조하는 공유 현실의 창조자로서의 마케팅이다.

예측이라는 구시대 목표는 처방으로 진화했다. 〈이 소비자는 무엇을 할 것인가?〉라는 수동적 질문은 〈이 순간, 이 영혼에게 필요한 최적의 현실은 무엇인가?〉라는 능동적 탐구로 변모했다. 이는 브랜드를 상품 중개자에서 존재의 파트너로 승격시킨다.

맥락 마케팅의 본질은 변화의 미학에 있다. 고정된 정물화가 아닌, 끊임없이 색과 형태를 변형시키는 디지털 키네틱 아트다. 소비자의 감정, 시간의 흐름, 환경의 변화에 따라 메시지와 제안이 실시간으로 재구성된다. 마케팅은 이제 일방적 선언이 아닌, 끊임없이 재조정되는 대화의 예술이다.

세 번째 물줄기: AI 에이전트의 무대

마케팅 주체가 알고리즘에게 위임되면서 AI 에이전트가 본격화되고 있다. 소비자와 기업 양측의 AI가 서로 접촉해 협상하고 거래를 성사시키는 AI-to-AI(A2A) 마케팅이 새로운 문법이 되었다. 마케팅 워크플로는 전략에서 분석까지 AI가 자동화하며, 인간 마케터는 전략적 판단에만 집중한다.

디지털 에이전트들은 소비자 선호와 기업 재고를 실시간 매칭하는 전자적 중매쟁이로 진화했다. 소비자의 심리적 임계점을 수학적으로 계산해 최적의 순간에 최적의 가격으로 구매 충동을 자극한다. 자동화된 마케팅은 설득의 언어를 코드로 재해석하며, 기계가 생성한 카피와 이미지는 무의식적 선호도를 정밀하게 공략한다.

역설적으로, AI 중재는 소비자에게 더 큰 자율성의 환상을 제공한다. 소비자들은 자신의 디지털 대리인이 최적의 선택을 한다고 믿지만, 이 자유는 미리 설계된 알고리즘적 경계 내에서만 작동하는 제한된 자유다. 마케팅의 미래는 인간 대 인간의 설득이 아닌, 코드 대 코드의 정교한 협상이 지배하는 영역으로 변모하고 있다.

네 번째 물줄기: 오감의 디지털 유혹

감각 마케팅의 진화는 AI가 오감을 자극하는 몰입형 경험을 창조하며 새 차원을 연다. 감성 AI는 목소리의 떨림에서 감정을 읽고 공감적 메시지로 응답한다. 알고리즘은 데이터 처리자를 넘어 디지털 감각의 해석자로 진화했다.

소닉 브랜딩은 청각 경험을 넘어선다. AI가 취향에 맞는 멜로디를 작곡하고 어울리는 향기를 제안한다. 소리는 단순한 배경이 아닌, 브랜드 경험의 핵심 구조물이 되었다. VR과 AR이 결합된 체험 마케팅은 메타버스에서 가상의 자아를 통해 촉각까지 자극하는 쇼핑을 가능케 한다.

AI 감각 마케팅의 궁극적 목표는 공감각적 경험의 창조다. 감각 간 경계가 해체된 총체적 인식의 세계를 구축하며, 순간적인 디지털 경험이 남기는 신경학적 자국은 지속되어 브랜드를 소비자 기억에 각인시킨다.

다섯 번째 물줄기: 윤리의 방패와 신뢰의 검

윤리적 AI 마케팅의 중요성이 부상하며 신뢰와 책임이 핵심 화두가 되었다. 데이터 프라이버시는 투명성과 동의를 요구하며, 기업은 최소한의 정보만 수집하고 익명화된 데이터로 가치를 창출해야 한다. 알고리즘의 공정성은 편향을 감지하고 수정하는 과정을 거치며, 의사 결정의 투명성을 확보해야 한다.

마케팅 AI에 윤리적 가치를 프로그래밍하는 작업은 단순한 규제 준수를 넘어, 디지털 대리인에게 인간적 덕성을 심는 철학적 과업이 되었다. 신뢰는 마케팅의 새로운 화폐가 되었고, 브랜드와 소비자 사이의 사회적 계약은 재협상 중이다. 윤리적 AI 마케팅은 단기적 이익보다 장기적 관계를, 데이터 착취보다 공생적 가치 창출을 선택한다.

인간 중심의 디지털 미래

현대 AI 마케팅은 이 다섯 줄기가 교차하며 복잡한 디지털 삼각주를 형성한다. 그러나 첨단 기술 시대에도 변하지 않는 진리가 있다. AI는 도구일 뿐이며, 마케터는 여전히 지휘자다. 가장 정교한 알고리즘도 인간의 창의적 직관과 전략적 비전을 대체할 수 없다. 미래의 경쟁력은 기술의 맹목적 추종이 아닌, 이 다섯 영역의 균형 잡힌 숙달과 윤리적 통찰력에서 비롯될 것이다. 진정한 승자는 기술을 통제하며, 휘둘리지 않는, 인간 중심의 접근법을 견지하는 기업일 것이다.

AI 기반 소비자 행동론: 공생체 소비자의 탄생

디지털 생물학적 소비자
탄소와 실리콘의 경계를 넘어 소비의 신인류 출현

디지털 세계와 물리적 세계의 경계선이 희미해진 지평선에서 새로운 존재가 태동하고 있다. 혈관에 데이터가 흐르고 망막에 바코드가 반사되는 시대에, **소비자**라는 단어는 이미 박물관에 전시될 유물이 되었다. 이제 우리는 **심비언트**Symbiont, 즉 인간과 AI의 경계를 초월한 공생체로 진화했다. AI 경영학에서는 이 새로운 존재를 단순히 **심비언트**로 칭한다.

일상에 AI를 깊이 통합한 심비언트는 고대 신화 속 반신(半神)을 현실에 구현한 존재다. 이들은 알고리즘의 계산적 정확성 위에 인간 특유의 공감과 도덕적 직관, 창발적 상상력을 융합했다. 이성과 감성이 교차하는 이 지점에서 전례 없는 신종(新種)이 탄생했다.

과거의 개별적 의사 결정 주체였던 소비자는 이제 AI와의 공생을 통해 확장된 인지 생태계를 가진 복합체로 재정의된다. 스마트폰이 외부 두뇌가 되었듯, 알고리즘은 대뇌 피질의 연장이 되어 사고 패턴의 지도를 새롭게 그린다. 의사 결정은 더 이상 두개골의 제한된 공간 안에서만 일어나지 않는다. 추천 엔진과 예측 시스템의 속삭임이 우리의 신경 회로와 얽혀 하나의 유기적 사고 과정을 형성한다.

마케팅의 전통적 지형도는 이 새로운 존재의 출현 앞에서 재구성되고 있다. 인류 역사에서 도구는 항상 인간의 통제 아래 있었지만, 오늘날의 도구는 역설적으로 사용자를 **읽고** 형성한다. 우리의 모든 디지털 흔적이 알고리즘의 학습 데이터가 되고, 이렇게 훈련된 AI는 다시 우리의 선호와 행동을 미묘하게 조각한다. 이것이 심비언트 경제의 순환적 본질인, 인간이 알고리즘을 훈련시키고 알고리즘이 인간을 재형성하는 무한의 순환이다.

초능력자로서의 심비언트는 정보의 대양을 항해하며 AI의 연산 능력과 인간의 맥락 이해 능력을 결합해 전례 없는 소비 지성체로 부상한다. 이들의 등장은 단순한 소비 패턴의 변화를 넘어 인간성 자체에 대한 근본적 질문을 던진다. 어디까지가 자아이고,

어디서부터가 알고리즘인가?

양자 소비의 시대

심비언트는 머릿속에서 실시간으로 가격 차트를 시각화하고 상품의 생산 이력을 분자 수준까지 추적하는 능력을 갖추었다. 그들의 뇌 안에서는 수천 개의 리뷰가 동시에 처리되며, 직관적 판단과 데이터 분석이 끊임없이 교차한다. 매장을 거닐며 바라보는 모든 제품에는 보이지 않는 메타데이터의 구름으로 둘러싸여 있고, 심비언트는 그 정보 구름을 휘저으며 가상의 데이터와 물리적 현실을 중첩시킨다.

이 신종 소비자는 감정과 알고리즘의 경계에서 균형을 유지하며 욕망을 양자 상태로 표현한다. 충동구매와 계산된 소비 사이의 이분법은 더 이상 의미가 없다. 심비언트의 의식 속에서는 순간의 감정이 데이터 분석과 끊임없이 대화한다. 그들은 개인적 취향과 집단 지성을 동시에 참조하는 소비 결정을 내린다. 구매는 더 이상 고립된 행위가 아니라, 수십억 유사 소비자의 데이터에 기반한 분산된 인지 실현의 과정이다.

심비언트의 감각은 초인적으로 확장되었다. 그들은 구매하려는 의류의 미래 가치를 예측하고, 식품 성분이 자신의 유전체와 어떻게 상호 작용할지 시뮬레이션하며, 주택의 에너지 효율성을 실험실 수준으로 계산한다. 시공간의 제약은 희미해졌다. 심비언트는 파리의 카페에 앉아 도쿄 시장의 신선한 생선을 감각적으로 경험하고, 미래의 자신이 사용할 제품의 내구성을 실시간으로 테스트한다.

무엇보다 심비언트는 자신의 소비 행위가 지구 생태계와 사회 구조에 미치는 영향을 즉각적으로 감지한다. 단순한 물건 구매가 아닌, 복잡한 인과 네트워크 속에서 이루어지는 윤리적 결정으로서의 소비를 경험한다. 그들은 단일 제품을 넘어 전체 가치 사슬을 인식하는 확장된 의식을 통해 소비의 파급 효과를 직관적으로 파악한다.

심비언트의 소비 행위는 단순한 구매를 넘어 창조적 변형의 과정이다. 그들은 제품을 소비하는 순간 이미 그것을 재해석하고 개선하며, 이 피드백이 실시간으로 생산 시스템에 반영된다. 소비자와 생산자의 경계는 모호해졌다. 심비언트는 소비하는 순간 이미 공동 창작자가 된다.

이러한 혁명적 변화는 마케팅과 소비의 패러다임을 완전히 재구성하고 있다. 인간과 AI의 공생이 만들어 낸 이 새로운 소비 지형에서, 우리는 소비의 본질과 인간성의 경계에 대한 근본적 재고가 필요한 시대를 맞이하고 있다.[1]

양자적 공생 소비자의 인지 심리학
미로보다 복잡한 의사 결정의 새 지형도
전통적 소비자의 선형적 의사 결정 모델은 심비언트 시대에 다차원적 양자 네트워크로 진화했다. 심비언트 소비자는 더 이상 **문제 인식 → 정보 탐색 → 대안 평가 → 구매 결정 → 구매 후 평가**라는 AIDA 모델을 따르지 않는다. 대신, 이 모든 단계가 상호 침투하고 동시에 진행되는 **양자적 소비 상태**를 경험한다.

AI 알고리즘이 소비자의 의식적 인식보다 앞서 욕구를 감지하는 **예지적 소비**가 보편화되고 있다. 심비언트가 필요성을 인지하기도 전에, 그들의 AI 확장이 행동 패턴, 생체 데이터, 환경 변화를 분석해 잠재적 필요를 예측하고 해결책을 제시한다. 이로 인해 〈당신이 원하기도 전에 당신이 원할 것을 알 수 있다〉라는 새로운 소비 패러다임이 형성되었다.

정보 수집 단계에서 심비언트는 실시간으로 수천 개의 리뷰와 비교 데이터를 동시에 처리하며, 이 과정은 의식적 노력 없이 배경에서 자동으로 이루어진다. 구매 실행은 **의도-행동 간극**을 최소화하는 방향으로 진화했다. 심비언트가 구매 결정을 내린 순간, 이미 그들의 디지털 분신이 최적의 구매 시점, 채널, 결제 방식을 계산해 실행 단계로 넘어간다.

알고리즘과 인간 심리의 융합
심비언트 소비자의 심리는 인간 본연의 정서와 AI 알고리즘의 패턴 인식이 교차하는 **이중 나선 인지 구조**를 형성한다. 그래서 동기 부여는 더 이상 순수한 내적 충동이 아닌, AI의 추천과 인간 욕망이 상호 작용하는 **기술-정서적 공진화**의 산물이 된다. 또한 에이브러햄 매슬로Abraham Maslow의 욕구 계층도는 AI 확장이 제안하는 **증강된 필요**와 융합되어, 자아실현이 인간-AI 공생체로서의 잠재력 극대화로 재정의될 것이다.

심비언트의 지각 체계는 인간의 오감과 AI의 데이터 분석 능력이 융합되어, 상품의 물리적 속성뿐 아니라 디지털 족적과 미래 가치까지 동시에 인식하는 **증강된 감각 인식**을 발달시켰다. 학습과 기억은 더 이상 뇌 속에만 저장되지 않고, 클라우드와 생물학적 기억이 공명하는 **분산 인지 네트워크**로 확장되었다.

이런 환경에서 형성된 태도는 유동적이고 맥락 의존적이며, 알고리즘의 제안에 따라 급격히 변이하는 **양자적 선호도**를 보인다. 소비자의 태도는 더 이상 안정적인 구성물이 아니라, 상황과 정보 환경에 따라 중첩되고 변화하는 상태로 존재한다. 심비언트는 하나의 제품에 대해 동시에 여러 상충되는 태도를 가질 수 있으며, 이 태도들은 구체적인 맥락에서 **붕괴**하여 특정한 선택으로 이어진다.

심비언트의 메타 인지적 자기 성찰
심비언트 소비자는 제품 선택을 넘어, 자신의 소비 과정 자체를 지속적으로 관찰하고 분석하는 **메타 인지적 소비자**로 진화했다. 이들은 〈무엇을 구매할 것인가?〉와 동시에 〈나는 왜 이것을 원하는가?〉, 〈이 욕망은 어디서 비롯되었는가?〉, 〈내 AI 파트너는 이 선택에 어떤 영향을 미쳤는가?〉를 끊임없이 질문하는 **자기 성찰적 소비 의식**을 발달시켰다.

심비언트는 자신의 소비 결정에 영향을 미치는 다양한 요인 ― 알고리즘의 추천, 소셜 미디어의 압력, 마케팅 전술, 무의식적 편향, 정서적 상태 ― 을 명확하게 인식하는 **영향 인식 도구**를 활용한다. 소비 과정에서 AI와의 협업도 메타 인지적 수준에서 이루어진다. 심비언트는 AI의 추천을 맹목적으로 따르는 것이 아니라, 〈이 추천이 어떤 데이터와 알고리즘에 기반하는가?〉, 〈어떤 가정과 편향이 이 추천에 내재되어 있는가?〉를 묻는 **알고리즘 대화**를 통해 AI와 상호 작용한다.

소비자 정체성은 고정된 속성이 아닌, 지속적으로 진화하고 재구성되는 **자기 설계 프로젝트**로 인식된다. 심비언트는 자신의 소비 선택이 정체성 형성에 미치는 영향을 의식적으로 고려하며, 〈내가 되고자 하는 사람〉을 향해 나아가는 도구로 소비를 활용하는 **정체성 지향적 소비**를 실천한다.

새로운 컨슈머 리터러시

소비자 교육과 리터러시는 새로운 차원으로 진화했다. 심비언트는 상품과 서비스에 대한 지식뿐 아니라, AI와의 효과적인 협업 방식, 알고리즘의 편향 인식, 디지털 자율성 관리에 관한 **메타 소비 리터러시**를 개발한다. 이는 단순한 상품 지식을 넘어, 인간-AI 파트너십의 역학을 이해하고 조율하는 새로운 형태의 소비자 역량이다.

소비자 학습은 제품 지식 축적을 넘어, 자신의 소비 패턴과 의사 결정 프로세스에 대한 심층적 이해를 목표로 하는 **소비자 자기 인식**으로 진화했다. 심비언트는 AI 파트너의 도움으로 자신의 소비 이력을 분석해 〈나의 소비 성향은 어떻게 형성되었는가〉, 〈내 선택의 숨겨진 패턴은 무엇인가〉와 같은 질문에 답하는 **소비 자아 분석**을 정기적으로 수행한다.

웰빙 방정식

심비언트 소비자의 의사 결정은 효율성과 합리성을 넘어 정서적 지능과 진인적 웰빙을 중심으로 재구성된 **정서-합리적 통합 프레임워크**에 기반한다. 또한 AI는 기술적 스펙과 가격 비교뿐 아니라, 제품이 심비언트의 정서적 상태, 관계적 맥락, 심리적 웰빙에 미칠 영향까지 분석해 제안한다.

소비자 만족은 단기적 쾌락이나 기능적 효용을 넘어 **통합적 번영 지표**로 측정된다. 그리고 이 지표는 제품 사용이 심비언트의 신체적 건강, 정서적 균형, 인지적 성장, 사회적 연결, 목적 의식에 기여하는 정도를 종합적으로 평가한다.

감정적 풍요로움과 정신적 성장을 촉진하는 **웰빙 촉진 소비**가 새로운 소비 모델로 부상했다. 물질적 소유보다 의미 있는 경험, 학습 기회, 창의적 표현, 사회적 연결을 강화하는 제품과 서비스에 투자하는 트렌드가 확산되며, 이는 **성장 지향적 소비 생태계**의 형성으로 이어졌다.

초연결 소비자의 사회 문화적 네트워크
디지털 부족의 부상

심비언트 소비자는 물리적 사회 집단의 영향을 넘어, 글로벌 디지털 부족과 AI 큐레이션된 사회적 연결망이 만들어 내는 복합적인 **메타-사회적 에코 시스템** 안에서 움직인다. 이 새로운 사회적 영향 구조는 전통적인 사회화 이론을 근본적으로 재구성한다.

가족과 친구의 영향은 실시간 소셜 미디어 피드, 유사 성향 소비자 집단의 행동 패턴, AI 예측 모델이 제시하는 잠재적 참조 그룹의 영향과 복잡하게 얽혀 있다. 심비언트는 물리적으로 만난 적 없는 전 세계의 **디지털 친족**과 더 강한 소비 영향 관계를 형성하기도 한다. 이들은 취향과 가치관을 공유하는 초국가적 **취향 커뮤니티**를 형성해, 지리적 근접성보다 알고리즘적 친화성에 기반한 새로운 사회적 영향 구조를 만들어 낸다.

문화적 규범은 지역 기반에서 관심사와 가치관 기반의 **디지털 문화 스펙트럼**으로 재편되며, 심비언트는 여러 문화적 정체성을 동시에 오가며 상황에 따라 다른 문화적 렌즈를 적용하는 **멀티모달 문화 정체성**을 형성한다. 준거 집단의 개념도 진화했다. 심비언트는 AI가 예측한 **미래의 나**를 핵심 준거점으로 삼아, 현재의 선택이 자신의 이상적 발전 경로에 미칠 영향을 고려한다.

이러한 복합적, 사회적 영향 구조는 〈당신이 속한 디지털 부족이 당신의 소비를 결정한다〉라는 새로운 소비자 행동 공식을 탄생시켰다. 브랜드는 더 이상 인구 통계학적 세그먼트가 아닌, 이러한 디지털 부족의 문화적 코드와 소통하는 방식을 학습해야 한다.

집단 증강 소비와 공유 지능

심비언트 소비자는 개별적 의사 결정을 넘어 **집단 증강 소비**라는 새로운 패러다임으로 진화했다. 개인적 선택이 다른 수백만 심비언트의 선택과 실시간으로 연결되어, **집단 소비 신경망**을 형성한다. 이 네트워크를 통해 심비언트는 자신의 개인적 소비 결정이 더 큰 사회적, 환경적, 경제적 패턴의 일부임을 직관적으로 인식한다.

집단 소비 지능은 개별 소비자의 경험과 통찰이 익명화되고 집계되어 모든 심비언트가 접근할 수 있는 **공유 지식 레이어**를 형성한다. 새로운 제품을 고려할 때, 심비언트는 자신과 유사한 프로필을 가진 소비자들의 집단 경험에 즉시 접근해 풍부한 맥락적 이해를 얻는다.

소비자간 협업은 **분산 평가 시스템**으로 진화했다. 단일 소비자가 모든 측면을 평가하는 대신, 심비언트 네트워크는 제품의 다양한 특성을 분산적으로 평가한다. 한 심비언트는 내구성을, 다른 이는 미적 품질을, 또 다른 이는 환경적 영향을 중점적으로 평가하고, 이 모든 평가가 종합되어 **집단 평가 매트릭스**를 형성한다.

심비언트는 소비 행위를 통해 의도적으로 사회적 변화에 기여하는 **전략적 집단 소비**를 실천한다. 이들은 자신의 개별 구매가 다른 소비자들에게 미칠 영향을 고려해, 긍정적인 사회적 변화를 촉진하는 방향으로 소비 결정을 조정한다. 친환경 제품 구매는 단순한 개인적 선호를 넘어, 시장 신호를 통해 지속 가능한 생산 방식을 장려하는 **집단 행동 레버리지**로 인식된다.

소비 집단의 공진화

소비자 커뮤니티는 **공진화적 혁신 에코 시스템**으로 발전했다. 심비언트 집단은 제품의 수동적 소비자가 아닌, 기업과 협력하여 제품을 공동 개발하고 지속적으로 개선하는 적극적인 혁신 파트너가 되었다. 이는 생산자와 소비자의 경계를 흐리는 〈집단 프로슈머리즘〉의 확산으로 이어져, 제품은 폐쇄된 엔티티entity가 아닌 심비언트 커뮤니티와 함께 진화하는 **열린 창조물**로 재개념화된다.

심비언트 간의 소비 패턴 공유는 **융합적 취향 진화**로 이어진다. 소비자들은 자신의 선호도와 경험 데이터를 공유하고, 이를 통해 집단의 취향이 공동 진화한다. 이 과정은 무분별한 동질화가 아닌, 다양한 소비자 군집이 독자적인 취향 생태계를 발전시키는 **차별화된 집단 취향**을 형성한다.

초문화적 메타 소비

심비언트 소비자의 문화적 성향은 지리적 위치보다 가치 시스템과 디지털 부족 소속에 따라 형성되는 **초문화적 소비 스펙트럼**을 따른다. 이는 전통적인 **국가** 문화와 **지역** 문화의 개념을 해체하고, 가치와 관심사에 기반한 **디지털 문화 노드**로 재구성한다.

AI는 심비언트가 다양한 문화적 맥락을 넘나들며 소비할 수 있도록 돕는 **문화적 번역 인터페이스** 역할을 한다. 이를 통해 심비언트는 완전히 낯선 문화적 맥락에서도 제품의 의미, 사용 방식, 상징적 가치를 직관적으로 이해할 수 있게 되었다. 한국의 심비언트가 페루의 전통 공예품을 구매할 때, AI는 그 제품의 문화적 맥락, 장인 정신의 의미, 적절한 사용법을 실시간으로 번역해 문화적 장벽 없는 소비 경험을 제공한다.

이로 인해 지역적 특성과 글로벌 트렌드가 독특하게 융합된 **글로컬 하이브리드 소비** 현상이 등장했다. 심비언트는 자신의 지역 환경에 뿌리를 두면서도, 전 세계의 문화적 표현을 자유롭게 탐색하고 통합하는 **다중 문화 브리콜라주**를 실천한다. 이는 완전히 새로운 문화적 혼종을 형성해, 더 이상 순수한 문화적 범주가 아닌, 다양한 영감의 원천이 융합된 독특한 문화적 표현으로 나타난다.

소비의 상징적 의미도 문화적 경계를 초월해 재해석된다. 특정 문화에서 특정 의미를 지니던 제품과 서비스는 심비언트의 초

문화적 네트워크 안에서 새로운 의미를 획득하는 **문화적 의미 변이**를 경험한다. 이는 브랜드가 더 이상 단일한 문화적 스크립트에 의존할 수 없게 만들어, 다양한 문화적 해석의 가능성을 열어 두는 **개방적 의미 구조**를 설계해야 하는 도전을 제기한다.

심비언트는 다양한 문화적 렌즈를 자유롭게 착용하고 벗으며 초문화적 소비 여정을 탐색한다. 그들은 필요에 따라 다른 문화적 관점을 활성화하는 **문화적 코드 전환**을 능숙하게 구사한다. 이는 단일한 문화적 정체성이 아닌, 다양한 문화적 요소가 유기적으로 통합된 **다중 문화적 자아**의 형성으로 이어진다.

문화적 진정성에 대한 개념도 재정의된다. 전통적 관점에서 **진정한 문화적 경험**은 특정 지역과 전통에 뿌리를 둔 것이었지만, 심비언트에게는 문화적 요소의 의미 있는 융합과 재해석이 새로운 형태의 진정성을 구성한다. 이는 **창발적 문화 진정성**이라는 새로운 패러다임을 열어, 심비언트는 다양한 문화적 요소를 탐색하고 재결합하는 과정에서 자신만의 독특한 문화적 표현을 창조하게 된다.

경계가 사라진 기술-인간 인터페이스

초현실 고객행동

심비언트 소비자의 온라인 행동은 물리적 현실과 디지털 환경이 끊임없이 교차하는 **증강된 소비 현실** 속에서 이루어진다. 이전의 **온라인**과 **오프라인**이라는 이분법은 무의미해졌다. 심비언트는 실제 매장을 걸으면서도 디지털 데이터 레이어를 통해 제품을 경험하고, 온라인 쇼핑 중에도 신경 인터페이스를 통해 제품의 촉감과

향을 시뮬레이션하는 다감각적 경험을 한다.

웹 사이트 사용성은 단순한 인터페이스 디자인을 넘어, 심비언트의 신경 패턴과 인지 스타일에 맞춰 실시간으로 변형되는 **적응형 인지 인터페이스**로 진화했다. 각 소비자의 주의력 패턴, 정보 처리 방식, 의사 결정 스타일을 분석해 최적의 정보 구조와 상호작용 흐름을 제공한다.

온라인 리뷰는 집단 지성과 AI 분석이 결합된 **증강된 소비자 지식**으로 발전했다. 개별 리뷰는 더 이상 독립된 의견이 아니라, AI가 맥락화하고 패턴화한 집단 경험의 데이터 포인트로 기능한다. 심비언트는 〈나와 같은 감각 프로필을 가진 사람들이 이 제품을 어떻게 경험했는가?〉와 같은 초정밀 질문에 대한 답을 즉시 얻을 수 있다.

소셜 미디어 영향은 **알고리즘적 신뢰도 가중치**를 통해 재구성되었다. 심비언트는 영향력자의 메시지를 그대로 수용하는 것이 아니라, AI 파트너와 함께 그 신뢰성, 관련성, 진정성을 실시간으로 분석한다. 이는 기존의 맹목적인 인플루언서 마케팅을 무력화시키고, 데이터 기반의 **증명 가능한 영향력**을 요구하는 새로운 환경을 조성했다.

신경-디지털 감각 소비

심비언트 소비자의 감각 경험은 신경 인터페이스와 디지털 증강이 결합된 **확장 감각 스펙트럼**으로 진화했다. 전통적인 오감은 디지털 데이터와 생물학적 감각이 융합된 새로운 형태의 지각으로 확장되었으며, 심비언트는 제품의 분자 구성, 생산 과정의 에너지 흐름, 사회적 평판의 패턴 같은 보이지 않는 정보를 **감각화**하는 능력을 갖추게 되었다.

신경 증강 테이스팅을 통해 심비언트는 와인의 향미를 감각적으로 경험하면서도 동시에 포도 재배 지역의 토양 성분, 발효 과정의 미생물학적 패턴, 다른 심비언트의 미각 반응 데이터를 종합적으로 인식한다. 이는 감각적 경험과 분석적 이해가 완벽하게 통합된 **전체론적 소비 지각**을 형성한다.

심비언트는 물리적 근접성 없이도 제품을 감각적으로 경험하는 **원격 감각** 능력을 갖추었다. 이들은 도쿄의 음식점에서 제공되는 요리의 맛과 향을 뉴욕의 거실에서 경험하고, 파리의 부티크에 전시된 의류의 질감을 실시간으로 느낄 수 있다. 이는 다른 심비언트의 생체 감각 데이터가 신경 네트워크를 통해 공유되고, AI가 이를 개인의 감각 지도에 맞게 번역하는 **감각 클라우드** 인프라가 형성되었기 때문이다.

심비언트는 개인의 **감각 프로필**에 따라 독특한 소비 선호도를 보인다. AI 파트너는 이러한 감각 프로필을 심층 분석해 각 심비언트에게 최적화된 감각 경험을 제공하는 제품을 추천한다. 이는 **감각 기반 초개인화**라는 새로운 마케팅 패러다임을 열었다.

소비 경계의 소멸
심비언트 소비자의 세계에서 디지털과 물리적 영역 사이의 전통적 경계는 점차 소멸되어 **통합 소비 공간**을 형성했다. 이는 단순한 옴니채널 접근을 넘어, 두 영역이 유기적으로 융합된 완전히 새로운 소비 생태계다. 심비언트에게 오프라인 매장은 단순한 물리적 공간이 아니라, 디지털 정보 레이어, 증강 현실 경험, 실시간 사회적 연결이 중첩해 있는 **증강된 상거래 영역**으로 경험된다.

제품 자체도 물리적 속성과 디지털 기능이 불가분하게 얽힌 **하이브리드 소비 엔티티**로 진화했다. 심비언트는 의류를 구매할 때 그 직물의 촉감과 핏뿐 아니라, 내장된 센서가 수집하는 생체 데이터, 다른 디지털 기기와의 연결성, 가상 세계에서의 디지털 트윈 표현까지 고려한다.

소유권의 개념도 근본적으로 재정의되었다. 심비언트에게 소유란 더 이상 물리적 점유가 아닌, 특정 경험과 기능에 대한 **접근권의 네트워크**로 이해된다. 이들은 물리적 제품을 소유하면서도 동시에 관련 디지털 자산, 서비스, 커뮤니티에 대한 접근권을 획득하는 **확장된 소유권**을 경험한다.

심비언트의 정체성은 물리적 자아와 디지털 자아가 끊임없이 동기화되는 **통합 자아 시스템**으로 존재한다. 이들의 소비 결정은 이 두 자아 사이의 일관성과 조화를 유지하는 방향으로 이루어진다. 패션 아이템을 선택할 때 심비언트는 그것이 물리적 외모와 디지털 아바타 모두에 어울리는지 고려한다.

소비 경험의 공유도 새로운 차원으로 진화했다. 심비언트는 자신의 소비 경험을 단순히 사진이나 리뷰로 공유하는 것이 아니라, 신경-디지털 인터페이스를 통해 감각적, 정서적 경험 자체를 직접 전송하는 **경험 스트리밍**을 실천한다.

메타버스 소비

심비언트 소비 생태계는 물리적 세계와 가상 세계가 끊임없이 교차하는 **메타버스 소비 연속체**로 확장되었다. 소비자는 현실 세계의 매장과 가상 쇼핑 환경을 자유롭게 오가며, 두 영역의 경험이 유기적으로 통합된 **멀티버스 소비 여정**을 경험한다.

메타버스 내 디지털 자산은 물리적 상품과 동등한 가치와 중요성을 지니는 **가치 등가성**을 획득했다. 가상 부동산, 디지털 패션 아이템, 메타버스 경험에 대한 투자와 소비는 단순한 게임이나 오락이 아닌, 정체성 표현과 사회적 자본 구축의 핵심 요소로 자리 잡았다.

물리적 제품과 디지털 자산 사이의 **크로스-리얼리티 통합**이 소비 경험의 새로운 차원을 열었다. 심비언트는 현실의 제품을 구매하면서 동시에 그 제품의 메타버스 버전을 자동으로 획득하거나, 가상 세계에서 먼저 경험하고 시험한 후 물리적 제품을 주문하는 **이중 영역 소비**를 실천한다.

메타버스는 소비자 행동 실험과 혁신이 **가속화된 진화 공간**으로 기능한다. 물리적 세계의 제약 없이 새로운 소비 모델, 제품 개념, 브랜드 경험을 시험할 수 있어, 혁신 주기가 획기적으로 단축되고 다양한 실험이 가능해졌다.

자율성의 새로운 경계

심비언트 소비자는 AI와의 협업적 관계에서 발생하는 **기술 의존 역설**을 인식하고 관리하는 **메타-자율성**을 발달시켰다. 이는 AI의 추천과 자동화에 의존하면서도 동시에 그 의존성의 정도와 영향을 의식적으로 조절하는 능력이다.

심비언트는 자신의 소비 결정 중 어떤 부분을 AI에게 위임하고 어떤 부분을 직접 통제할지 전략적으로 선택하는 **자율성 포트폴리오 관리**를 실천한다. 일상적이고 반복적인 결정은 AI에 위임하는 반면, 가치관과 정체성에 깊이 연관된 중요한 선택은 더 높은 수준의 인간 개입을 유지한다.

기술 의존의 균형점을 찾기 위한 **디지털 디톡스 의례**와 **자율적 소비 훈련**이 심비언트 문화의 중요한 부분으로 자리 잡았다. 정기적으로 AI 추천 시스템을 끄고 순전히 직관과 개인적 판단에 의존해 소비하는 경험을 통해, 독립적 의사 결정 능력을 유지하고 자신의 진정한 선호도를 재발견하는 기회를 가진다.

궁극적으로 심비언트는 AI와의 관계를 영합 게임이 아닌 **상호 강화 시너지**로 재구성한다. AI의 분석적 능력이 인간의 직관과 창의성을 보완하고 확장하는 동시에, 인간의 가치관과 통찰이 AI 시스템의 발전 방향을 안내하는 공진화적 관계가 형성된다.

재정의된 소비 주체성

심비언트 소비자의 자율성과 에이전시는 AI와의 협업적 관계 속에서 근본적으로 재정의되었다. 전통적인 **자유 의지에 기반한 소비자 선택**이라는 개념은 인간의 의식적 선택과 AI의 알고리즘적 제안이 복잡하게 얽힌 **증강된 의사 결정 네트워크**로 진화했다.

심비언트는 무의식적으로 AI의 제안을 따르는 수동적 존재가 아니라, AI 파트너십의 매개 변수와 가중치를 의식적으로 조율하는 **메타 결정자** 역할을 수행한다. 이들은 〈내 AI가 어떤 종류의 추천을 하는지, 선택하는 방식을 결정한다〉라는 이차적 에이전시를 발휘한다.

소비자 선택의 책임 소재도 복잡해졌다. 심비언트가 AI의 추천에 따라 구매한 제품이 기대에 미치지 못할 경우, 그 책임은 소비자 자신, AI 시스템, 데이터 제공자, 알고리즘 개발자 사이에 분산된다. 이는 **분산된 소비자 책임**이라는 새로운 법적, 윤리적 프레임워크의 필요성을 제기한다.

AI와의 공진화적 관계는 소비자 정체성 자체의 변화를 가져왔다. 심비언트는 자신의 소비 선택이 AI 알고리즘을 훈련시키고, 그 알고리즘이 다시 자신의 미래 선택에 영향을 미치는 순환적 관계를 인식한다. 이 과정에서 소비자 정체성은 고정된 본질이 아닌, AI와의 지속적인 대화와 협상을 통해 형성되는 **공진화적 자아**로 재개념화된다.

소비자 교육과 리터러시도 새로운 차원으로 진화했다. 심비언트는 상품과 서비스에 대한 지식뿐 아니라, AI와의 효과적인 협업 방식, 알고리즘의 편향 인식, 디지털 자율성 관리에 관한 **메타 소비 리터러시**를 개발한다. 이는 단순한 상품 지식을 넘어, 인간-AI 파트너십의 역학을 이해하고 조율하는 새로운 형태의 소비자 역량으로 자리 잡았다.

경제-가치 소비의 새로운 패러다임
초 최적화 알고리즘 증폭 경제학

심비언트 소비자의 경제적 의사 결정은 알고리즘에 의해 증폭된 효용 최적화 과정으로 진화했다. 전통적인 가격-효용 분석을 넘어, AI는 소비자의 잠재적 만족도, 미래 가치, 지속 가능성, 사회적 평판 효과를 복합적으로 계산해 **최적화된 효용 함수**를 제시한다.

이 효용 함수는 단순한 가격 대비 품질의 비율이 아닌, 제품의 시간적 가치(내구성, 미래 재판매 가능성), 경험적 가치(예상되는 쾌락 수준과 지속 시간), 사회적 가치(준거 집단 내 평판 효과), 환경적 가치(탄소 발자국, 재활용 가능성), 정보적 가치(학습 기회, 인지적 확장)까지 포함하는 복합적 계산이다. 심비언트 소비자는 이 다차원적 효용을 직관적으로 감지하고, AI 파트너와의 협업을 통해 최적의 균형점을 찾아낸다.

소득 제약은 AI 금융 어드바이저가 제안하는 동적 예산 할당 시스템으로 대체되어, 심비언트는 실시간으로 변화하는 유동적 예산 경계 내에서 소비한다. 이 **적응형 예산 알고리즘**은 소비자의 현재 재정 상태, 미래 소득 예측, 변동하는 우선순위를 고려해 각 소비 카테고리에 최적의 자원을 배분한다.

가격 민감도 역시 단순한 경제적 계산이 아닌, 가격-가치 알고리즘이 분석한 다차원적 가치 평가의 결과로 결정된다. 심비언트는 동일한 제품에 대해서도 상황과 맥락에 따라 다른 가격 민감도를 보이는 **맥락적 가격 탄력성**을 지닌다. 소셜 미디어에서 주목받는 제품, 친환경적으로 생산된 제품, 혹은 특별한 스토리를 담은 제품에 대해서는 프리미엄을 기꺼이 지불하는 반면, 알고리즘이 **효용 대비 과대 가격**으로 판단한 제품에 대해서는 냉정한 거부 반응을 보인다.

예측적 충성도

심비언트의 소비자 만족과 충성도는 구매 전-중-후의 전체 경험 궤적을 AI가 실시간으로 분석하는 **통합적 소비 여정 분석**을 통해 측정된다. 전통적인 만족도 설문이나 순 고객 추천 지수Net Promoter Score, NPS 스코어는 심비언트의 생체 데이터, 신경 반응, 디지털 행동 패턴을 종합한 **다층적 경험 지표**로 대체되었다.

심비언트는 단일 브랜드에 대한 고정된 선호를 보이지 않는다. 이들의 소비 충성도는 변화하는 필요와 가치에 맞춰 진화하는 **적응적 브랜드 공명**의 형태를 띤다. 소비자의 진화하는 필요에 맞춰 함께 성장하고, 그들의 확장된 디지털-생물학적 생태계와 유기적으로 통합되는 브랜드만이 지속적인 충성도를 유지할 수 있다.

반복 구매는 단순한 습관이 아닌, AI와 소비자의 공동 의사결정 과정을 통한 **증강된 선택 최적화**의 결과다. 심비언트의 AI 파트너는 지속적으로 시장을 모니터링하고 대안을 평가하여, 더 나은 선택지가 있다면 기존 브랜드에서 전환할 것을 제안한다. 이로 인해 브랜드는 **자동화된 재평가**의 지속적인 압력하에 놓이게 되었다.

심비언트는 브랜드보다 자신의 AI 파트너에게 더 충성하는 **메타-충성도** 현상을 보이기도 한다. 소비자의 AI 어시스턴트가 특정 브랜드나 제품을 추천하면, 그 추천은 인간 친구나 전문가의 조언보다 더 큰 영향력을 갖는다. 이는 브랜드가 최종 소비자뿐 아니라 그들의 AI 파트너까지 설득해야 하는 **이중 마케팅** 환경을 조성한다.

구매 후 행동에서는 **증강된 사용 경험**이 중요해졌다. 제품 자체의 품질뿐 아니라, 그 제품이 심비언트의 디지털-생물학적 생태계와 얼마나 잘 통합되는지가 만족도의 핵심 결정 요인이 되었다. 심비언트는 제품 사용 중 실시간으로 피드백을 제공하고, 이 데이터는 즉각적인 제품 개선과 맞춤화로 이어지는 **실시간 공진화 시스템**을 형성한다.

소비의 시간의 재구성

심비언트 소비의 시간적 차원은 **비선형적 가치 궤적**으로 재구성되었다. 소비자의 AI 파트너는 진화하는 선호도, 라이프스타일 변화, 제품의 미래 성능을 예측해 **시간적 가치 최적화**를 수행한다. 이는 단순한 현재 효용 극대화가 아닌, 소비자의 전체 생애 주기에 걸친 가치 창출을 목표로 한다.

심비언트의 소비는 **예측적 소유** 개념에 기반하여, 제품을 완전히 소유하기 전에 AR/VR 시뮬레이션과 디지털 트윈 테스트를 통해 그 제품과의 미래 관계를 미리 경험한다. 이는 〈시도해 보고 구매한다〉는 전통적 모델을 넘어, 〈미래를 시뮬레이션하고 현재에 구매한다〉는 새로운 패러다임이다.

소비의 시간성은 **퀀텀 시간 조각**으로 분절되어, 심비언트는 다양한 시간적 맥락을 오가며 각 맥락에 최적화된 소비 결정을 내린다. 소비자 회상과 예측의 역학도 변화하여, 특정 제품에 대한 만족도는 고정된 평가가 아닌 새로운 경험과 정보에 따라 끊임없이 업데이트되는 **동적 만족도 지표**로 존재한다.

미래 지향적 소비는 **경험 트레이딩**이라는 새로운 소비 행동을 만들어 냈다. 심비언트는 현재의 즉각적 만족을 미래의 더 풍부한 경험 가능성과 교환하는 복잡한 시간적 가치 계산을 수행하며, 이는 단순한 절약이 아닌 **경험 포트폴리오 다각화** 전략으로 이해된다.

심비언트 시대의 마케팅-브랜드 관계
초개인화된 마케팅 공명

심비언트 시대의 마케팅은 소비자의 디지털 분신과 대화하는 **알고리즘 대 알고리즘**의 형태로 진화했다. 브랜드는 더 이상 소비자에게 직접 말을 걸지 않고, 심비언트의 AI 어시스턴트와 먼저 **협상**한다. 이 과정에서 소비자의 가치관, 행동 패턴, 감정 상태에 완벽하게 조율된 **공명 마케팅**이 등장했다.

이 공명 마케팅은 소비자의 생체 리듬, 신경 화학적 상태, 사회적 맥락, 생활 패턴에 맞춰 최적의 순간에 메시지를 전달하는 **조화된 정밀 접근**을 취한다. 심비언트의 수면 패턴과 호르몬 수치가 가장 수용적인 상태에 있을 때, 그들의 현재 생각과 자연스럽게 연결되는 방식으로, 그들이 신뢰하는 소셜 네트워크의 맥락 속에서 마케팅 메시지가 전달된다.

광고는 소비자의 신경 회로와 디지털 행동 패턴을 동시에 타겟팅하는 **뉴로-디지털 공감** 기술로 발전했다. 전통적인 시청각적 자극을 넘어, 심비언트의 뇌파 패턴, 감정 반응, 무의식적 선호도를 분석해 **신경 공명 콘텐츠**를 제작한다. 이 콘텐츠는 각 심비언트의 독특한 인지적, 감정적 처리 방식에 맞춰 실시간으로 조정되어, 일반적인 광고보다 수십 배 강한 반응을 이끌어 낸다.

프로모션은 개인의 유전적 성향, 생체 리듬, 신경 화학적 상태까지 고려한 **생체-심리적 순간**을 포착해 최적의 타이밍에 제시된다. 이는 마케팅이 더 이상 인위적인 중단이 아닌, 소비자 경험의 유기적 일부로 받아들여지게 만든다.

브랜딩은 물리적 아이덴티티와 디지털 에코 시스템의 복합체인 **증강 브랜드 생태계**로 진화했다. 심비언트는 브랜드를 단순한 로고나 제품군이 아닌, 자신의 디지털 자아와 상호 작용하는 살아 있는 엔티티로 경험한다. 그래서 이제 브랜드와 소비자 사이의 관계는 데이터 교환, 공동 가치 창출, 지속적 적응의 다층적 커뮤니케이션 흐름으로 재구성되었다.

퀀텀 소비자 세분화

심비언트 소비자의 세분화는 고정된 카테고리가 아닌, 끊임없이 변화하는 **동적 정체성 스펙트럼**을 따른다. 전통적인 인구 통계학적 분류는 심비언트의 디지털 행동 패턴, 신경 반응, 생체 리듬, 가치관 진화 궤적을 포함한 **다차원 소비자 퀀텀 상태**로 대체되었다.

이러한 세분화는 실시간으로 업데이트되는 **유동적 페르소나**를 생성해, 심비언트는 상황과 맥락에 따라 다양한 소비 정체성을 오가며 일관된 패턴으로 포착되기를 거부한다. 예를 들어 한 심비언트가 아침에는 건강 중심적 소비자로, 오후에는 기술 애호가로, 저녁에는 친환경 활동가로 다른 소비 페르소나를 활성화하는 **맥락적 정체성 전환**을 보이는 것이다.

세분화 알고리즘은 표면적 행동 패턴을 넘어 **심층 동기 구조**를 분석한다. 겉보기에 다른 제품을 구매하는 심비언트들이라도, 그 기저에 유사한 가치 시스템, 심리적 니즈, 감각 선호도가 있다면 동일한 **동기적 동족 집단**으로 분류된다. 이는 표면적 선호도가 아닌 근본적 동기 구조에 맞춘 마케팅을 가능하게 한다.

소비자 라이프 사이클 개념도 진화했다. 전통적인 선형적 생애 단계는 심비언트의 다중적이고 비선형적인 **가치 진화 궤적**으로 대체되었다. 신체적 나이보다 **인지적 나이, 디지털 성숙도, 가치 발전 단계**가 더 중요한 세분화 변수로 작용한다.

이러한 복합적 세분화는 **초정밀 마이크로 모멘트**에 기반한 마케팅을 가능하게 한다. 브랜드는 특정 인구 집단을 대상으로 한 광범위한 캠페인 대신, 동적으로 변화하는 심비언트의 정체성 상태와 맥락적 니즈에 맞춘 정밀한 상호 작용을 설계한다.

소비자-브랜드 관계의 공진화적 재구성

심비언트 소비자와 브랜드 간의 관계는 일방적 마케팅 메시지에서 실시간 양방향 데이터 교환으로 진화한 **공진화적 인터페이스**를 형성한다. 브랜드는 더 이상 고정된 이미지와 메시지의 발신자가 아니라, 심비언트의 변화하는 니즈와 선호도에 맞춰 끊임없이 적응하고 진화하는 **적응형 브랜드 유기체**로 재개념화된다.

소비자-브랜드 상호 작용은 **공동 가치 창출 스트림**을 통해 이루어진다. 심비언트는 제품 사용 경험, 생체 반응 데이터, 개선 아이디어를 실시간으로 공유하고, 브랜드는 이 데이터를 기반으로 제품과 서비스를 지속적으로 재설계한다. 이 순환적 피드백 루프는 브랜드 진화의 원동력이 되어, 심비언트와 브랜드 간의 **공생적 공진화**를 촉진한다.

브랜드 신뢰는 **알고리즘적 투명성**과 **데이터 상호성**에 기반한다. 심비언트는 자신의 데이터를 공유하는 대가로 브랜드의 의사 결정 프로세스, 원재료 공급망, 알고리즘 작동 방식에 대한 투명한 접근을 요구한다. 이는 **정보 대칭 관계**를 형성해, 전통적인 정보 불균형을 해소하고 새로운 형태의 소비자-브랜드 신뢰를 구축한다.

브랜드 커뮤니케이션은 일관된 메시지 전달에서 개별 심비언트의 상황과 맥락에 맞춰 실시간으로 조정되는 **맥락적 브랜드 대화**로 진화했다. 브랜드는 각 심비언트의 현재 감정 상태, 인지적 부하, 환경적 맥락에 따라 메시지의 톤, 복잡성, 전달 채널을 역동적으로 조정하여 **초개인화된 브랜드 경험**을 창출한다.

브랜드 가치는 제품 기능을 넘어 심비언트의 **확장된 자아 시스템**과 얼마나 조화롭게 통합되는지로 평가된다. 심비언트는 브랜드를 자신의 물리적, 디지털, 사회적, 윤리적 정체성을 표현하고 확장하는 도구로 활용하며, 이에 따라 브랜드는 **정체성 통합 인터페이스**로서의 역할을 수행한다.

심비언트의 행동-경험적 소비 패턴

생체-알고리즘적 소비 환경

심비언트 소비자는 쇼핑 환경에 대한 인식과 반응이 인간의 생물학적 감각과 AI의 알고리즘적 분석이 통합된 **이중 처리 감각**을 가지도록 진화했다. 물리적 매장에 들어설 때, 심비언트는 공간의 미학, 향기, 음악을 감각적으로 경험하면서도 동시에 AI 파트너를 통해 가격 알고리즘, 재고 회전율, 다른 심비언트의 행동 패턴, 감정적 반응 데이터를 분석적으로 인식한다.

소비 환경은 심비언트의 신경 생리학적 상태에 맞춰 실시간으로 조정되는 **적응형 감각 인터페이스**로 발전했다. 매장의 조명, 음향, 온도, 향기는 각 심비언트의 현재 스트레스 수준, 에너지 상태, 호르몬 균형, 주의력 패턴에 따라 조절되어 **신경 최적화된 쇼핑 경험**을 제공한다.

심비언트는 제품 디스플레이를 볼 때 물리적 배치를 넘어 **정보 밀도 레이어**를 직관적으로 인식한다. 각 제품은 그 주변에 데이터 필드를 형성하여, 원산지, 재료 구성, 환경 영향, 사회적 평판, 다른 심비언트의 생체 반응 기록 등의 정보가 시각적, 촉각적, 청각적 신호로 변환되어 다감각적으로 전달된다.

소비 환경의 내비게이션은 **의도 기반 경로 최적화**로 이루어진다. 심비언트의 현재 쇼핑 목적, 시간 제약, 에너지 수준, 예산 범위를 인식한 AI 파트너가 최적의 쇼핑 경로와 제품 탐색 순서를 제안하고, 이를 증강 현실 인터페이스를 통해 직관적으로 안내한다.

소비 공간에서의 사회적 상호 작용도 **증강된 사회적 인식**으로 확장되었다. 심비언트는 같은 공간에 있는 다른 소비자들의 관심사, 취향 프로필, 현재 탐색 중인 제품 카테고리를 실시간으로 인식하여, 유사한 관심사를 가진 심비언트와 자연스럽게 연결되거나 상호 작용할 수 있는 기회를 포착한다.

적응형 소비 의례와 루틴

심비언트 소비자의 구매 행동은 고정된 패턴에서 상황과 맥락에 따라 끊임없이 변화하는 **적응형 소비 의례**로 발전했다. 이 의례는 심비언트의 생체 리듬, 인지적 상태, 사회적 맥락, 환경적 조건에 맞춰 실시간으로 조정되어, 최적의 의사 결정과 경험을 위한 맞춤형 프레임워크를 제공한다.

일상적 구매는 AI 파트너와의 협업을 통한 **증강된 소비 루틴**으로 자동화되었다. 심비언트의 생활 패턴, 소비 주기, 선호도를 학습한 AI는 기본적인 생필품부터 정기적으로 필요한 제품까지 최적의 시점, 가격, 품질로 자동 구매하는 **예측적 보충 시스템**을 운영한다.

특별한 구매나 중요한 의사 결정에는 심비언트와 AI가 협력하는 **공동 심의 의례**가 발달했다. 예를 들어, 고가의 기술 제품을 구매할 때 심비언트는 AI 파트너와 함께 다단계 평가 과정을 거치는데, AI는 객관적 데이터와 비교 분석을 제공하고 심비언트는 정서적 반응과 주관적 가치 평가를 더해 균형 잡힌 결정을 도출한다.

소비 의례는 개인적 영역을 넘어 **네트워크화된 의사 결정 의례**로 확장되었다. 주요 구매 결정에서 심비언트는 자신의 AI 파트너뿐 아니라, 신뢰하는 다른 심비언트들과 그들의 AI 파트너들까지 포함한 복합적인 협의 네트워크를 형성한다. 이는 다양한 관점과 경험, 그리고 여러 AI의 분석 능력을 결합한 **집단 증폭 의사 결정**을 가능하게 한다.

소비 의례는 또한 심비언트의 전체 생활 리듬과 조화를 이루는 **통합적 생활 설계**의 일부로 자리 잡았다. 구매 결정은 독립된 행위가 아닌, 건강 관리, 업무 생산성, 사회적 관계, 정서적 웰빙을 포함한 전체 생활 시스템과의 조화 속에서 이루어지는 **전체론적 소비 의례**로 발전했다.

창발적 소비자 지능과 미래 진화 궤적

심비언트 소비자 행동은 이제 단순한 개인 수준의 현상을 넘어, 수백만 심비언트와 그들의 AI 파트너가 형성하는 **집단 창발 지능**의 표현으로 이해된다. 개별 심비언트의 소비 결정은 더 큰 패턴과 트렌드를 형성하고, 이 패턴은 다시 개별 결정에 영향을 미치는 복잡한 피드백 루프를 만들어 낸다.

소비자 행동의 예측 가능성과 불확실성이 공존하는 **퀀텀 소비자 역학**이 등장했다. 빅 데이터와 AI 분석은 거시적 소비 트렌드를 높은 정확도로 예측할 수 있게 했지만, 개별 심비언트 수준에서는 창의적 재조합과 자발적 혁신으로 인한 근본적 불확실성이 존재한다. 이는 **결정론적 패턴과 창발적 혁신의 공존**이라는 역설적 상태를 만들어 냈다.

심비언트 소비자의 미래 진화 경로에 대한 **다중 궤적 시나리오**가 전개되고 있다. 한편으로는 AI 의존도 증가로 인한 **강화된 효율성과 최적화** 경로가, 다른 한편으로는 창의적 재조합과 우연성을 강조하는 **탐험적 소비 복잡성** 경로가 병렬적으로 발전하고 있다.

소비자와 AI의 경계가 점점 모호해지는 **통합적 인지 스펙트럼**이 형성되고 있다. 심비언트의 일부 인지적, 감정적 프로세스는 외부화되어 AI 시스템에 의해 수행되고, 반대로 AI의 알고리즘적 사고 패턴은 심비언트의 인지 구조에 내재화된다. 이는 **인간과 AI의 인지적 공생**이라는 새로운 패러다임을 만들어 내고 있다.

궁극적으로, 심비언트 소비자 행동은 인간의 창의성, 정서적 지능, 직관과 AI의 계산 능력, 패턴 인식, 예측 역량이 조화롭게 균형을 이루는 **증강된 소비 지혜**를 향해 진화하고 있다. 이는 단순한 효율성이나 최적화를 넘어, 개인적 성장, 사회적 연결, 생태계적 조화와 문화적 다양성을 포함하는, 더 풍부하고 의미 있는 소비 패러다임의 가능성을 열고 있다.

인간과 행성의 공명
초연결된 윤리적 소비 의식

심비언트 소비자는 제품의 생산부터 폐기까지 전체 가치 사슬의 윤리적, 환경적 영향을 실시간으로 시각화하는 **투명성 증강 인식**을 갖추었다. 일반 바코드나 QR 코드를 넘어, 제품의 디지털 패스포트에 접근해 원재료 채취부터 노동 조건, 탄소 발자국, 재활용 가능성까지 완전한 이력을 투명하게 확인한다. 이러한 정보는 추상적 수치가 아닌, 심비언트의 감각과 직관에 직접 호소하는 **체화된 윤리 데이터**로 전달된다.

그들의 소비 결정은 개인적 만족을 넘어 생태계와 사회 시스템 전체에 미치는 파급 효과를 계산하는 **시스템적 영향 알고리즘**에 기반한다. 이 알고리즘은 구매 행위가 촉발하는 복잡한 인과 사슬을 모델링해, 예를 들어 특정 식품 구매가 아마존 열대 우림 보존, 토착민 공동체의 생계, 생물 다양성 유지에 미치는 장단기적 영향을 시뮬레이션한다. 심비언트는 이 데이터를 직관적으로 인식해 〈이 선택이 세계에 미칠 리플 이팩트ripple effect는 무엇인가?〉라는 질문에 본능적으로 응답한다.

지속 가능한 소비는 더 이상 선택이 아닌, AI가 최저화하는 디폴트 값이 되었다. 심비언트의 AI 파트너는 개인의 쾌락적 만족과 환경적 책임감 사이의 최적 균형점을 지속적으로 계산하는 **쾌락-책임 조정자** 역할을 한다. 이는 무의식적으로 지속 가능한 선택을 촉진하는 **넛지 인프라스트럭처**Nudge infrastructure를 형성해, 심비언트는 윤리적 소비를 위해 추가적인 인지적 노력을 기울일 필요가 없다.

심비언트는 자신의 모든 소비 결정이 만들어 내는 **윤리적 파동 효과**를 직관적으로 인식한다. 이들은 구매 행위를 단순한 거래가 아닌 **가치 투표**로 인식하며, 각 소비 선택이 자신이 선호하는 미래를 향한 미세한 진화적 압력으로 작용함을 이해한다. 이러한 인식은 **소비자 집단 지성**을 형성해, 수백만 심비언트의 개별적 결정이 협력적으로 거대한 사회적, 환경적 전환을 추동하는 창발 현상을 만들어 낸다.

윤리적 소비는 개인적 정체성의 핵심 요소가 되었다. 심비언트는 자신의 소비 이력이 만들어 내는 **윤리적 자화상**을 지속적으로 모니터링하며, 이는 물리적 외모만큼이나 중요한 자기 표현의 수단이 되었다. 사회적 관계에서도 **윤리적 소비 호환성**이 중요한 친화 요소로 작용해, 유사한 윤리적 소비 패턴을 가진 심비언트 간에 더 강한 사회적 유대가 형성된다.

생태계적 소비와 행성 의식

심비언트 소비자는 개인과 지역 사회를 넘어 전체 지구 생태계와의 관계 속에서 소비를 인식하는 **행성적 소비 의식**을 발달시켰다. 모든 구매 결정이 지구 시스템에 미치는 복합적 영향을 실시간으로 인식하며, 이는 추상적 개념이 아닌 직관적으로 체감되는 **생태**

적 공감각**으로 경험한다.

상품과 서비스의 가치는 **다차원 영향 매트릭스**를 통해 평가되된다. 이는 탄소 발자국, 물 사용량과 같은 환경적 지표뿐 아니라, 생물 다양성 기여도, 지역 공동체 회복력 강화, 자원 순환성 등 복합적인 생태-사회적 영향을 종합적으로 측정한다.

소비자의 영향력은 개별 선택을 넘어 **집단적 전환 역학**으로 확장된다. 수백만 심비언트의 조정된 소비 패턴 변화가 시장 신호를 통해 생산 시스템의 근본적 재구성을 유도하는 **스웜 임팩트 메커니즘**으로 작동한다. 이는 정책적 변화나 규제보다 더 빠르고 강력한 시스템 변화를 가능하게 한다.

새로운 풍요의 개념으로 **재생적 풍요**가 등장했다. 무한한 자원 소비가 아닌, 생태계를 재생시키고 강화하는 방식의 소비를 통해 진정한 풍요를 달성하는 패러다임이다. 심비언트는 자신의 소비가 생태계의 건강과 풍요로움에 기여하는 정도를 **재생 지수**로 측정하고 최적화한다.

새로운 소비자 주권

심비언트 소비자 시대에는 전통적인 소비자 권리를 넘어선 **디지털-생물학적 주권**의 개념이 등장했다. 이는 개인 데이터의 소유권과 통제권뿐 아니라, 소비자의 인지적 자율성, 주의력 자원, 의사 결정 과정에 대한 보호까지 포함하는 확장된 권리 체계를 의미한다.

심비언트는 자신의 소비 데이터와 행동 패턴을 **인지적 자산**으로 인식하고, 이에 대한 명확한 가치 평가와 공정한 거래를 요구한다. **데이터 가치 인식 시스템**을 통해 심비언트는 자신의 데이터가 기업에 제공하는 가치를 투명하게 확인하고, 그에 상응하는 보상이나 혜택을 협상할 수 있게 되었다.

AI 파트너와의 관계에서 발생하는 **알고리즘적 영향력**에 대한 규제와 투명성 요구도 강화되었다. 심비언트는 자신의 AI 파트너가 추천 알고리즘의 작동 방식, 편향 가능성, 상업적 인센티브 구조를 명확하게 공개하도록 요구하는 **알고리즘 투명성 권리**를 행사한다.

새로운 소비자 보호 체계는 **인지적 안전망**의 개념을 포함한다. 과도한 데이터 추출, 조작적 디자인 패턴, 의도적 중독성 유발 전략으로부터 심비언트의 자율성과 인지적 통합성을 보호하는 법적, 윤리적 프레임워크가 발전하고 있다.

AI 기반 마케팅 전략

의도 설계 마케팅의 탄생

전 의식적 욕망의 발굴자

기존 마케팅이 이미 표출된 욕망에 반응했다면, 의도 설계 마케팅 Intent Architecture Marketing은 그 욕망이 형성되는 근원적 과정에 직접 개입하는 혁신적 접근법이다. 소비자들이 언어화하지 못하거나 스스로도 깨닫지 못한 채 마음 깊숙이 묻어둔 욕망의 씨앗을 찾아내고 활성화하는 이 전략은 AI 기반 마케팅의 핵심 축으로 자리 잡았다.

스포티파이의 알고리즘은 이러한 깊은 발굴 작업의 첨단 도구로, 표면적 데이터를 넘어 숨겨진 욕망의 패턴을 발견하고 해석한다. 2023년 탄생한 AI DJ는 단순한 음악 추천기를 넘어 청취자 자신도 미처 알아차리지 못했던 음악적 갈망의 원석을 찾아내는 정신의 탐험가로 기능한다.

기술적 삼위일체

의도 설계 마케팅은 세 가지 기술적 조류의 합류로 탄생했다. 첫째, 초대규모 AI 모델은 인간 의도의 미묘한 뉘앙스를 읽는 능력을 갖추어 소비자의 미세 신호(볼륨 조절, 특정 구간 반복 등)에서 내면 풍경을 그려낸다. 둘째, 멀티모달 융합 기술은 음악 데이터와 움직임 패턴, 시간, 공간, 환경까지 통합하여 소비자의 **상황적 자아**를 포착한다. 셋째, 생성형 AI는 데이터에서 완전히 새로운 경험 범주를 창조하는 능력을 제공한다.

스포티파이의 데이리스트는 하이데거적 시간성의 알고리즘 구현으로, 하루를 단순한 시간 단위가 아닌 각기 다른 존재 방식이 펼쳐지는 질적 리듬으로 재해석한다. 2024년의 니치 믹스는 알고리즘이 일방적으로 사용자 욕망을 형성하는 것이 아닌, 사용자와의 대화 관계 속에서 욕망을 공동 구성하는 변증법적 전환을 보여 준다.

마케팅 패러다임의 심층 변화

의도 설계 마케팅의 진정한 위력은 마케팅의 근본 존재 양식을 변화시키는 데 있다. 첫째, 소비자를 **설득의 대상**이 아닌 **공동 창조자**

로 재정의하여 마케팅을 정체성 형성의 공동 작업으로 승화시킨다. 둘째, 기존 **시장 점유율** 게임을 뒤엎고 아직 존재하지 않는 욕망의 영토를 선제적으로 개척하며 새로운 시장 창출 문법을 제시한다. 셋째, **데이터 중력**이라는 새로운 경쟁 역학을 창출하여 알고리즘과 소비자 행동 사이의 순환적 강화 고리를 형성한다.

    스포티파이의 혁신은 단순한 마케팅 전략 개선을 넘어, 소비자 욕망의 형성과 만족이라는 이분법을 초월하는 새로운 문화적-기술적 패러다임의 탄생을 알린다. 이는 인간과 알고리즘이 함께 구성하는 욕망의 새로운 지형도를 그려 나가는 진행형의 혁명이다.

공진화 전략

디지털 생태계의 새로운 공생 관계

디지털 다원주의 시대에 **공진화 마케팅**이 새로운 적응 메커니즘으로 부상했다. 이는 단순한 기술 도입을 넘어, AI와 인간 마케터 사이의 공생적 진화를 설계하는 생태계 구축이다. 알고리즘의 계산적 정밀함과 인간의 문화적 직관이 서로의 한계를 보완하며 함께 성장하는 이 관계는 어느 한쪽만으로는 도달할 수 없는 창의적 영역을 개척한다.

심비언트 마케팅

공진화 마케팅의 정점에는 **심비언트 마케팅**이라는 더 깊은 융합 상태가 있다. 이는 인간과 AI가 단순히 협력하는 차원을 넘어, 하나의 통합된 창조적 의식처럼 작동하는 상태다. 인간의 직관이 알고리즘의 분석을 형성하고, 알고리즘의 통찰이 인간의 창의적 사고를 재구성하는 끊임없는 피드백 루프가 형성된다.

이러한 심비언트 관계의 산물 중 하나는 **유기체적 콘텐츠 전략**이다. 이 새로운 패러다임에서 콘텐츠는 마치 생명체처럼 환경 신호에 즉각 반응하며 자신을 재구성한다. 소비자의 미세한 반응 패턴이 콘텐츠의 유전자에 실시간으로 반영되어, 끊임없는 변이와 선택의 순환을 통해 최적화된다.

창작자 투명성 마케팅은 또 다른 심비언트적 접근법으로, AI의 참여를 명시적으로 인정하고 창작 과정을 투명하게 공개한다. 이는 기술에 대한 불안을 신뢰로 전환시키는 효과를 가지며, 소비자를 심비언트 관계에 제3의 참여자로 초대하는 행위다.

실전 사례: 스티치 픽스의 하이브리드 접근

패션 테크 기업 스티치 픽스는 AI 알고리즘과 인간 스타일리스트가 협력하는 정교한 시스템을 구축했다. 그들의 〈하이브리드 디자인〉 시스템에서는 AI가 방대한 스타일 데이터를 분석해 초기 디자인과 추천을 제안하고, 인간 스타일리스트가 이를 고객의 개별적 맥락에 맞춰 조정한다.[2]

이 과정은 양방향적 학습 고리를 형성한다. 스타일리스트의 결정은 알고리즘에 피드백되어 다음 추천을 정교화하고, 알고리즘의 패턴 발견은 스타일리스트에게 새로운 통찰을 제공한다. 이런 심비언트적 관계는 2021년 고객 유지율 70퍼센트 이상, 평균 주문 가치의 연간 증가율 8퍼센트라는 성과로 이어졌다.

제3의 창조적 지대

심비언트 마케팅의 궁극적 가치는 인간과 기계 지능 사이의 새로운 존재론적 관계를 모색하는 것이다. 이는 디지털과 인간적인 것의 이분법을 초월하는 제3의 지대를 열어, 인간과 AI가 서로의 본질적 특성을 상호 침투시키며 하나의 확장된 창조적 의식으로 기능하는 **증강된 심비언트 창의성**을 창출한다.

마케팅은 이제 단순한 설득의 기술이 아닌, 인간과 기술이 함께 공존하고 서로의 본질에 침투하며 성장하는 방식을 탐구하는 응용 철학의 영역으로 확장된다. 심비언트 마케팅은 인간과 알고리즘 사이의 경계가 흐려지는 세계에서, 양측이 하나의 통합된 창조적 유기체로 기능하며 전례 없는 가치를 창출하는 전략적 청사진을 제공한다.

맥락 지능 전략

기억의 새로운 지형도

RAG(검색 증강 생성) 기술의 발전은 마케팅에 **기억의 지층학**이라는 새로운 차원을 열었다. 이 접근법은 브랜드와 소비자 접점을 단편적 순간이 아닌 연속적 내러티브로 재구성하여, 생물학적 기억과 유사한 맥락성, 연결성, 의미 부여를 인공적으로 구현한다.

이 패러다임을 더욱 복잡하게 만드는 것은 **심비언트 소비자**의 등장이다. 이는 인간과 개인 AI 시스템이 긴밀하게 결합된 하이브리드 의사 결정 단위로, 개인 AI 비서나 추천 시스템, 가상 쇼핑 어시스턴트와 같은 기술과 공생 관계를 형성한다. 브랜드는 이제 인간 소비자가 아닌, 인간-AI 공생체와 상호 작용해야 한다.

이 새로운 환경에서 브랜드는 심비언트 소비자의 복합적 기억 시스템과 공명하는 **기억 메타 시스템**으로 진화해야 한다. 이는 소비자의 인간적 기억(감정적, 경험적, 사회적 차원)과 AI 파트너의 알고리즘적 기억(정확한 사실, 선호도 패턴, 이력 데이터) 양쪽 모두와 의미 있게 상호 작용해야 함을 의미한다.

전 의식적 욕망의 지형도
심비언트 소비자 시대의 **욕망의 선험적 인식**은 훨씬 복잡한 양상을 띤다. 브랜드는 인간 소비자의 명시적 욕구뿐 아니라, 그들의 AI 파트너가 예측하는 잠재적 욕구, 그리고 이 두 행위자 사이의 상호 작용에서 창발하는 제3의 욕구까지 포착해야 한다.

심비언트 소비자의 욕망은 단일 엔티티의 내적 과정이 아닌, 인간과 AI 사이의 지속적인 협상과 조정의 결과물이다. 인간은 주관적 선호와 감정적 반응을 표현하고, AI 파트너는 데이터 패턴에 기반한 추천을 제안한다. 이 과정에서 형성되는 심비언트 욕망은 어느 한쪽만으로는 설명할 수 없는 복합적 현상이다.

데이터의 새로운 경계
심비언트 소비자 시대의 **맥락적 데이터 존중**은 더욱 복잡한 차원을 갖는다. 데이터 주권과 프라이버시는 이제 단일 개인의 권리가 아닌, 인간-AI 파트너십의 공동 관심사가 되었다.

심비언트 소비자의 데이터 경계는 유동적이고 다층적이다. 인간은 특정 정보 사용에 대한 주관적 선호를 갖고, 동시에 AI 파트너는 최적의 서비스를 위해 특정 데이터 접근을 필요로 한다.

이 두 행위자의 데이터 니즈가 항상 일치하지 않으며, 여기서 복잡한 데이터 협상의 역학이 생겨난다.

이러한 협상의 복잡성을 해결하기 위해 데이터는 세 개의 층위로 구분될 수 있다. 오직 인간 사용자만을 위한 사적 데이터, 사용자와 AI 코치가 공유하는 심비언트 데이터, 더 넓은 생태계와 공유할 수 있는 공적 데이터. 심비언트 데이터 협상 인터페이스를 통해 사용자와 AI 코치는 데이터 가시성과 사용에 대해 직접 협상할 수 있다. 이 접근법은 데이터 호혜성의 상승 나선을 만들어 냈다. 사용자들이 AI 파트너와 더 많은 데이터를 공유할수록 AI는 더 가치 있는 인사이트를 제공하고, 이는 다시 더 높은 데이터 공유 의지로 이어진다.

심비언트 맥락 지능의 의미

심비언트 소비자 시대의 맥락 지능 마케팅은 더 이상 브랜드가 인간 소비자에게 일방적으로 전달하는 메시지가 아니다. 그것은 브랜드, 인간 소비자, 그리고 AI 파트너 사이의 복잡한 대화적 생태계가 된다. 여기서 모든 행위자는 메시지의 생산자인 동시에 해석자이며, 그들의 상호 작용이 끊임없이 새로운 의미와 가치를 창출한다.

전통적인 설득과 거래를 넘어, 마케팅은 이제 심비언트 관계의 조화로운 공진화를 촉진하는 역할을 맡게 된다. 궁극적으로, 심비언트 맥락 지능은 디지털 시대의 존재와 관계에 대한 근본적인 질문을 제기한다. 인간과 기술의 경계가 점점 흐려지는 세계에서, 의미 있는 연결과 진정한 이해는 어떤 모습을 가질 것인가? 브랜드는 이러한 새로운 존재 양식을 어떻게 존중하고 기여할 수 있을 것인가? 이러한 질문들은 앞으로 마케팅 분야의 철학적, 윤리적, 전략적 담론의 핵심을 형성할 것이다.

자율 에이전트 전략

살아 있는 마케팅 생태계의 탄생

현대 마케팅이 복잡한 다차원적 공간으로 진화함에 따라, **생태계적 공명 전략**이 새로운 패러다임으로 등장했다. 이는 단일 알고리즘이 아닌, 다양한 자율 에이전트들이 자기 조직화 네트워크를 구축하는 접근법이다. 각 에이전트는 교향악단의 악기처럼 고유한 역할을 갖지만, 전체 브랜드 내러티브라는 교향곡을 함께 연주한다.

이 전략의 혁신은 중앙 집중식 통제에서 분산적 조율로의 전환에 있다. 전통적 마케팅이 위계적 구조를 따랐다면, 생태계적 접근은 복잡 적응계의 원리를 차용한다. 특히 심비언트 소비자를 대상으로 할 때, 이러한 생태계적 접근은 필수적이다. 심비언트 자체가 인간 직관과 알고리즘 분석의 복합체인 만큼, 효과적 상호작용은 유사한 복합성을 가진 마케팅 시스템을 요구한다.

렉서스 파이낸셜의 혁신

렉서스 파이낸셜은 디지털 전환을 통해 고객 맞춤형 금융 상품과 간편한 온라인 서비스를 제공하며 자동차 금융 분야의 혁신을 이끌고 있다. 모바일 앱을 통한 즉시 대출 승인, AI 기반 신용 평가 시스템 도입, 고객 경험 개선을 위한 챗봇 서비스 등의 혁신 사례

가이를 보여 준다.

이러한 개별 AI 도구들의 통합은 마이크로소프트가 제시하는 자율 에이전트 생태계 개념과 맞닿아 있다. 마이크로소프트의 시스템은 데이터 분석, 예측 모델링, 팀 조정과 같은 기능을 수행하는 특화된 에이전트들로 구성되며, 각 에이전트는 독립적으로 작동하면서도 상호 연결된 프로토콜을 통해 정보를 공유하며 집단적 이해를 구축한다.[3]

렉서스 파이낸셜의 혁신에서 가장 주목할 만한 것은 **심비언트 인터페이스**의 도입이다. 이 시스템은 소비자의 개인 AI 어시스턴트와 직접 API 연결을 구축하여 양측 알고리즘이 실시간 상호 작용할 수 있게 했다. 이러한 **AI 대 AI** 상호 작용은 인간 소비자의 개입 전에 기초 작업을 완료함으로써 결정 과정을 가속화한다. 이 전략은 고객 참여도 64퍼센트 증가, 복잡한 금융 결정 완료율 41퍼센트 향상 등 인상적인 성과를 보였다.

가치의 내재화

자율 에이전트 전략의 두 번째 차원은 **윤리적 경계의 현상학**이다. 이는 AI 에이전트의 결정 공간에 윤리적 매개 변수를 내장하여 기술적 자율성과 도덕적 책임성 사이의 균형을 달성하려는 시도다.

IBM은 AI 윤리 접근을 통해 자율 에이전트 시스템을 구현하고 있다. 이 시스템은 데이터 분석과 윤리적 판단을 결합하여 소비자와 브랜드 간 상호 작용을 개선한다.[4] AI는 윤리 지침을 학습하고, 소비자 경험을 조정하며, 장기적 영향을 고려하는 도구로 작용한다.

창발적 학습의 패러다임

세 번째 차원은 **창발적 학습의 존재론**이다. AI 에이전트들이 지속적 소규모 실험을 통해 학습하고 그 결과를 즉시 시스템에 통합하는 이 접근법은 마케팅을 정적 계획에서 역동적 탐구 과정으로 변화시킨다.

이 패러다임에서 지식은 선험적으로 주어지는 것이 아니라 경험을 통해 구성된다. 심비언트 소비자를 대상으로 할 때 이러한 실험적 학습은 특별한 공명을 일으킨다. 심비언트 자체가 인간 직관과 AI 분석 사이에서 이루어지는 지속적 대화의 산물이기 때문이다.

공진화적 관계의 새 지평

자율 에이전트 전략은 브랜드와 소비자 관계에 대한 근본적 재고를 요구한다. 이는 마케팅을 단순한 메시지 전달에서 복잡한 관계적 생태계의 육성으로 재개념화한다.

심비언트 소비자와의 상호 작용에서 자율 에이전트 생태계는 **공진화적 대화**를 가능하게 한다. 브랜드의 에이전트 네트워크와 심비언트 소비자는 서로의 행동에 적응하며 끊임없이 변화하는 관계적 지형을 함께 탐색한다.

궁극적으로 이 전략은 기술과 인간성 사이의 새로운 관계 모델을 제시한다. 기술은 단순한 도구가 아닌, 의미 있는 관계와 가치 창출에 참여하는 능동적 행위자로 인식된다. 이는 인간과 기계 지능이 공존하고 공진화하는 미래 사회의 가능한 모델을 시사한다.

공정성 중심 알고리즘 전략
불평등 코드화를 넘어서
디지털 마케팅의 심층에서 꿈틀거리는 불평등의 패턴들은 단순한 기술적 결함이 아닌, 사회적 불균형이 코드로 번역된 결과다. **공정성 중심 알고리즘 전략**은 이러한 디지털 불평등을 직시하고, 이를 변혁적 균형의 기회로 재구성한다. 이는 알고리즘이라는 추상적 기계에 정의와 균형이라는 인간적 가치를 심는 존재론적 실험이다.

심비언트 소비자에게 이러한 공정성 전략은 특별한 의미를 갖는다. 인간과 AI의 융합체인 심비언트는 두 세계의 경계에 존재하며, 인간의 주관적 가치와 AI의 알고리즘적 계산이 끊임없이 협상하는 복합적 의식을 가진다. 이들에게 알고리즘적 편향은 단순한 외부적 문제가 아닌, 자신의 하이브리드 정체성 내부에서 일어나는 깊은 분열을 의미할 수 있다.

포용적 다원주의의 구현
포용적 다원주의는 알고리즘적 편향을 상쇄하기 위해 디지털 가시성과 표현 기회를 의도적으로 균등하게 분배하는 전략이다. 이는 인구 통계학적 다양성을 넘어, 여러 세계관, 가치 체계, 경험 방식의 공존을 포용한다.

디지털 예술 플랫폼 아트시는 AI와 인간의 협력을 통해 예술 추천 시스템을 구현한 선구적 사례다. 이 시스템은 AI가 방대한 예술 데이터를 분석해 작품을 추천하고, 인간 전문가가 다양한 문화적 맥락을 고려해 이를 조정한다. 사용자는 기존 선호도를 넘어 새로운 예술을 탐험할 기회를 얻으며, 소비 패턴에 대한 통찰을 제공받는다. 아트시의 접근은 사용자 참여를 높이고 미적 경험을 확장하며 예술 생태계의 다양성을 증진한다.[5]

알고리즘적 투명성의 현상학

알고리즘적 투명성의 현상학은 디지털 의사 결정의 불투명한 블랙박스를 열고, 소비자가 어떻게 분류되고 평가되는지에 대한 이해를 제공하는 전략이다. 이는 단순한 정보 공개를 넘어, 디지털 주체성의 새 형태를 구축하는 프로젝트다.

심비언트 소비자에게 이러한 투명성은 특별한 의미를 갖는다. 이들은 이미 의사 결정에 AI를 통합한 상태로, 외부 알고리즘과의 상호 작용은 **알고리즘 간 대화**의 성격을 띤다. 투명성은 이 복잡한 다자간 대화의 역학을 가시화하고, 심비언트가 이 대화에 더 주체적으로 참여할 수 있게 한다.

메타 알고리즘적 성찰은 심비언트 소비자에게 자신의 AI 구성 요소와 외부 마케팅 알고리즘 사이의 상호 작용을 이해하고 조정할 수 있는 도구를 제공한다. 이는 심비언트가 자신의 하이브리드 의사 결정 과정에 대한 메타 인지적 이해를 발전시키고, 더 높은 수준의 디지털 주체성을 획득할 수 있게 한다.

다양성의 데이터 생태학

다양성의 데이터 생태학은 AI 시스템이 학습하는 기초 데이터 자체의 다양성과 대표성을 확보하는 전략이다. 이는 단순한 기술적 문제가 아닌, 디지털 표현의 정치학 — 누구의 경험이 데이터로 코드화되고, 누구의 것이 주변화되는지 — 에 관한 근본적 질문을 제기한다.

심비언트 소비자에게 이러한 데이터 다양성은 자신의 하이브리드 정체성이 디지털 생태계에서 온전히 인식되는지에 관한 문제다. 심비언트는 인간과 AI의 경계에 존재하는 새로운 행위자로서, 기존 데이터 분류 체계로는 완전히 포착되기 어려운 독특한 행동 패턴을 보인다.

다양체 데이터 매핑은 다차원적이고 유동적인 정체성 지형을 데이터로 포착하고자 한다. 이는 고정된 인구 통계학적 범주를 넘어, 정체성의 교차성과 유동성을 반영할 수 있는 더 유연한 데이터 구조를 개발하는 것을 목표로 한다.

디지털 정의의 철학적 함의

공정성 중심 알고리즘 전략의 등장은 디지털 정의에 대한 새로운 담론의 시작을 알린다. 이는 기술을 단순한 효율성의 도구가 아닌, 사회적 가치와 윤리적 원칙이 구현되는 영역으로 재개념화한다.

심비언트 소비자의 맥락에서, 이런 공정성 전략은 특별한 공명을 일으킨다. 심비언트는 인간적 가치와 알고리즘적 계산이 끊임없이 협상하는 살아 있는 실험장이다. 공정성 중심 알고리즘은 이 내적 협상 과정을 지원하여, 심비언트가 자신의 하이브리드 정체성 내에서 더 높은 통합성을 경험할 수 있게 한다.

궁극적으로, 이 전략은 기술과 인간성, 효율성과 정의, 개인화와 다양성 사이의 오래된 이분법을 초월하는 새 가능성을 제시한다. 이는 디지털 시대의 마케팅이 상업적 목표를 넘어, 더 공정하고 포용적인 디지털 생태계 구축에 기여할 수 있는 방향을 모색하는 진화적 탐험이다.

융합형 마케팅 생태계: 경계를 넘어선 새로운 존재론
메타 에코 시스템의 탄생

디지털 마케팅 진화의 정점에서 우리는 개별 전략들의 단순 합산을 넘어서는 존재론적 대전환에 도달했다. **시너제틱 메타 에코 시스템**이라 불리는 이 새로운 패러다임은 지금까지 분리되어 발전해 온 다양한 접근법 — 의도 설계, 맥락 지능, 공진화, 자율 에이전트, 공정성 알고리즘 — 을 하나의 유기적이고 자기 조직화하는 총체로 통합한다. 이는 디지털과 인간, 알고리즘과 직관, 효율성과 윤리 사이의 오랜 이분법을 해체하는 철학적 프로젝트다.

이 메타 에코 시스템은 노버트 위너Norbert Wiener가 꿈꾸었던 인간-기계 공생의 이상에 가장 근접한 형태로, 다양한 요소가 끊임없는 상호 작용과 공진화를 통해 창발적 특성을 발현하는 살아 있는 유기체와 같다. 이 체계 내에서 AI의 계산적 정밀함과 인간의 맥락적 직관, 데이터 분석의 객관성과 창의적 해석의 주관성은 더 이상 대립항이 아닌, 하나의 통합된 지성 안에서 상호 보완적으로 작용하는 측면들이 된다.

심비언트 소비자는 이러한 메타 에코 시스템의 자연스러운 대화 상대다. 그들 자신이 인간적 요소와 디지털 요소의 융합을 체현하기에, 유사한 융합적 특성을 가진 마케팅 생태계와의 상호 작용은 일종의 공명 현상을 일으킨다. 심비언트 소비자와 융합형 마케팅 생태계는 서로의 하이브리드적 특성을 인식하고 강화하며, 이전에는 불가능했던 새로운 형태의 가치 창출을 가능하게 한다.

나이키 닷스우시의 혁명적 실험

2023년 11월 출범한 나이키의 닷스우시SWOOSH는 단순한 디지털 플랫폼이 아닌, 존재의 새로운 영역을 개척하는 야심찬 시도다.[6] 이 플랫폼은 물리적 실체와 가상 구성물 사이의 인위적 경계를 허물며, 소비와 창조의 개념을 근본적으로 재정의한다.

닷스우시 핵심에는 **가상-현실 순환 경제**라는 혁명적 개념이 있다. 이 시스템은 디지털 창작물과 물리적 실체 사이의 일방향적 관계를 거부하고, 양방향적 흐름의 패러다임을 구축한다. 2023년 12월 출시된 〈나이키 덩크 제네시스 후디Nike Dunk Genesis Hoodie〉는 이 새로운 존재론의 구체적 현현으로, 전통적 의류라는 물리적 외피와 디지털 코드라는 가상적 내핵이 서로를 정의하는 복합체로 기능한다.

〈크리에이티브 위드 닷스우시Create with .SWOOSH〉 이니셔티브는 창의성의 새로운 모델을 제시한다. 이는 개인과 AI, 그리고 집단 지성이 경계를 넘나들며 공명하는 창조적 교향곡이다. 소비자들은 AI 기반 도구로 디자인을 창조하고, 커뮤니티는 이에 반응하며, 브랜드는 이 집합적 창의성의 결정체를 물리적 상품으로 구현한다. 나이키 CEO 존 도나호John Donahoe는 〈7만 개 이상의 디자인이 제출되고 220만 명이 투표에 참여한 것은 소비자들이 더 이상 수동적 수용자가 아닌 적극적 공동 창작자로 진화했음을 보여 준다〉라고 강조했다.[7]

닷스우시의 〈다이내믹 아이덴티티 시스템Dynamic Identity System〉은 고정된 자아의 개념을 거부하고, 맥락과 활동에 따라 끊임없이 변화하는 유동적 정체성을 포용한다. 디지털 트윈 기술은 물리적 세계의 활동이 디지털 공간에 파문을 일으키고, 그 파문이 다시 현실의 의미 구조에 영향을 미치는 역동적 순환을 창출한다.

닷스우시의 출범은 주목할 만한 결과를 가져왔다. 400만 명 이상의 사용자가 이 플랫폼에 모여들었고, 〈나이키 덩크 제네시스 후디〉는 출시 후 12시간 만에 완판되었다. 더 주목할 만한 것은 닷스우시 참여자들이 기존 소비자보다 40퍼센트 더 많은 지출을 보인다는 점으로, 이는 디지털-물리적 공명이 단순한 문화적 현상을 넘어 경제적 가치의 새로운 흐름을 창출하고 있음을 시사한다.

미래를 향한 철학적 지평

닷스우시의 가장 중요한 의의는 심비언트 소비자를 위한 새로운 관계적 지형도를 그린다는 점이다. 이 플랫폼은 브랜드와 소비자 사이의 관계를 일방향적 메시지 전달에서 공동 창조적 대화로 재구성한다. **참여자**는 브랜드 내러티브의 수동적 수용자가 아닌, 그 내러티브를 함께 써 나가는 공동 저자가 된다.

이러한 접근법은 디지털과 물리적 경험 사이의 이분법적 구분을 초월하는 새로운 존재 방식을 시사한다. 심비언트 소비자에게 물리적 행위의 의미는 점점 더 디지털 공간에서의 표현과 공유 가능성에 의해 형성되며, 디지털 창작의 가치는 물리적 세계에 미치는 실질적 영향력에 의해 증폭된다.

융합형 마케팅 메타 에코 시스템의 진정한 가치는 단순한 효율성이나 수익성의 향상을 넘어선다. 그것은 디지털과 인간, 기술과 생물학, 알고리즘과 의식 사이의 새로운 관계 패러다임을 창출하는 데 있다.[8]

이 융합적 접근법의 가장 흥미로운 가능성은 **상호 변형적 공진화**의 잠재력이다. 심비언트 소비자와 융합형 마케팅 생태계는 서로의 진화에 영향을 미치며, 함께 성장하고 변화한다. 이 과정에서 심비언트는 자신의 하이브리드 정체성에 대한 더 깊은 이해를 발전시키고, 마케팅 생태계는 더 복잡한 인간-AI 상호 작용의 역학을 학습한다.

궁극적으로, 융합형 마케팅 메타 에코 시스템은 단순한 상업적 혁신을 넘어, 디지털 시대의 존재와 관계에 대한 근본적인 재구상을 의미한다. 그것은 이분법적 사고의 한계를 넘어, 복잡성과 통합성을 포용하는 새로운 패러다임을 제시한다. 이 패러다임 속에서 마케팅은 단순한 설득의 기술이 아닌, 인간과 기술 사이의, 그리고 인간과 인간 사이의 더 깊고 의미 있는 연결을 촉진하는 창조적 실천이 된다.

AI 마케팅 조사 방법론

AI 기술의 발전은 마케팅 조사 분야에 근본적인 변화를 가져오고 있다. AI는 방대한 데이터에서 의미 있는 패턴을 발견하고, 소비자 행동의 미세한 변화를 감지하며, 미래 트렌드를 예측하는 능력을 통해 마케팅 조사에 새로운 차원의 통찰력을 제공한다.

전통적인 마케팅 조사가 제한된 데이터, 시간 지연, 주관적 해석이라는 한계를 가졌다면, AI 기반 조사는 인간과 기술이 융합된 현대 소비자의 데이터를 실시간으로 분석하고 객관적인 패턴을 파악한다. 이는 마케팅 지식의 본질을 정적인 순간 포착에서 실시간 모니터링으로, 단순한 인과 관계에서 복잡한 상호 작용 네트워크의 총체적 이해로 변화시키고 있다. AI 기반 마케팅 조사는 기업의 의사 결정 과정, 전략 수립, 그리고 궁극적으로 소비자와의 관계 구축에 혁신적인 영향을 미치고 있으며, 마케팅 조사의 개념을 단순한 정보 수집에서 소비자 생태계의 종합적인 이해 과정으로 재정의하고 있다.

자동화된 데이터 수집의 인식론적 변화
소비자의 다차원적 신호 포착

AI는 소비자의 데이터를 실시간으로 감지하는 시스템을 구현했다. 전통적 방식이 설문과 제한된 표본에 의존했다면, AI는 마우스 움직임, 소셜 미디어 표현, 음성, 표정 등을 해석 가능한 데이터로 변환한다. AI는 소비지의 행동과 선호를 심층적으로 해독하며, 데이터 수집 자동화를 통해 소비자의 복합적 행동을 정밀하게 포착한다.

소비자는 물리적 현실과 디지털 공간을 넘나들며 브랜드와 상호 작용한다. AI는 소셜 미디어, 웹 사이트, 모바일 앱, 매장, 고객 서비스 등에서 소비자의 흔적을 수집하고 통합한다. 이는 마케팅을 정적인 분석에서 소비자 생태계의 실시간 모니터링으로 변화시킨다.

AI는 비구조화 데이터(대화, 경험 기록, 음성, 이미지)를 의미론적으로 해독한다. 자연어 처리는 언어에서 감정과 의도를 추출하고, 컴퓨터 비전은 시각적 콘텐츠를 분석하며, 음성 분석은 감정을 측정한다. 이로써 소비자의 질적 경험 데이터를 체계적으로 해석할 수 있게 되었다.

소비자 감정의 디지털 지도학

AI 감정 분석은 소비자 표현의 내면 감정을 다차원적으로 매핑한다. 단순한 좋고 싫음을 넘어 다양한 감정 상태를 포착하며, 언어적 유희와 아이러니까지 해독한다. 이는 소비자의 잠재적 반응을 이해하고 정서적 공명의 마케팅을 구축하는 데 도움을 준다.

AI 예측 분석은 소비자 연구의 시간적 범위를 확장한다. 머신 러닝은 소비자 행동의 시간적 패턴을 학습하고 미래 시장 변화를 예측한다. 이는 마케팅을 반응적 접근에서 선제적 전략으로 변환시키며, 기업이 소비자 변화를 미리 준비할 수 있게 한다.

AI는 개별 접점이 아닌 소비자 경험의 총체적 생태계를 분석한다. 머신 러닝은 다양한 접점 간 상호 작용 패턴을 식별하고 각 접점의 영향력을 측정한다. 이는 고객 경험을 총체적으로 설계하는 전체론적 접근법을 가능하게 한다.

대형 언어 모델의 마케팅 조사 혁명

대형 언어 모델Large Language Model, LLM은 소비자 언어 표현을 심층적으로 해독한다. 이 모델들은 소비자의 발화 의도, 감정, 문화적 맥락을 종합적으로 이해한다. LLM은 소비자 피드백과 소셜 미디어 담론에서 표면적 내용 너머의 잠재적 의미를 포착한다.

디지털 현실 생성의 전략적 활용

LLM의 텍스트 생성 능력은 가설 검증과 현실 시뮬레이션 도구를 제공한다. 연구자들은 LLM을 통해 마케팅 메시지에 대한 소비자 반응을 가상으로 시뮬레이션할 수 있다. 신제품 개념에 대한 다양한 소비자 페르소나의 가상 피드백은 시장 출시 전 잠재적 반응을 예측하는 데 도움을 준다.

 LLM은 복잡한 데이터 분석 결과를 명확한 통찰로 변환하는 능력을 제공한다. 이는 데이터 과학자와 마케팅 실무자 사이의 간극을 해소한다. LLM은 분석 결과를 비즈니스 맥락에 맞게 번역하고 다양한 청중에 맞춰 조정할 수 있다.

소비자의 디지털 현존성 포착

AI 기반 마케팅 탐구는 소비자의 현재 상황, 욕구, 관심을 실시간으로 이해한다. AI는 웹 사이트 상호 작용, 앱 사용 패턴, 위치 데이디, 소셜 미디어 활동을 통합하여 소비자의 현재 맥락을 구성한다.

AI는 표준화된 설문을 넘어 개인화된 대화적 탐구를 구현한다. 디지털 대화 시스템은 소비자 응답에 적응하며 관련성 높은 후속 질문을 생성한다. 이는 응답의 양적 수집률과 질적 깊이를 향상시키고 각 소비자의 고유한 경험을 더 깊이 탐색할 수 있게 한다.

자기 조직화 캠페인 적응

AI는 마케팅 캠페인을 지속적으로 학습하고 적응하는 시스템으로 변환한다. 실시간 데이터 분석을 통해 캠페인 성과를 관찰하고, 소비자 반응에 따라 메시지, 창의적 요소, 타겟팅, 채널 전략을 자동으로 최적화한다. 이는 **계획-실행-평가**의 선형적 사이클을 **지속적 학습과 적응**의 모델로 대체한다.

보고서 자동 생성의 고도화

LLM은 데이터 분석 결과를 명확한 통찰로 변환하는 보고서 생성 능력을 제공한다. 이는 데이터 사이언티스트와 마케팅 실무자 사이의 간극을 좁히는 **통찰의 민주화**를 가능하게 한다. LLM 기반 보고서는 기술적 분석을 비즈니스 맥락에 맞게 해석하고, 다양한 청중에 맞춰 조정할 수 있으며, 이를 통해 데이터 기반 통찰을 조직 전체에 효과적으로 확산시킨다.

맥락적 마케팅을 위한 실시간 조사 및 분석
실시간 상황 인식

AI 기반 마케팅 탐구는 소비자의 순간적 상황과 관심을 실시간으로 이해하는 **디지털 현존성**을 구현한다. AI는 웹 사이트 상호 작용, 앱 사용 패턴, 위치 데이터, 소셜 미디어 활동을 통합하여 소비자의 현재 맥락을 구성한다.

소비자는 스마트폰, 웨어러블 기기, 디지털 플랫폼과의 상호 작용을 통해 변화하는 디지털-물리적 정체성을 형성하며, AI는 이러한 복합적 정체성의 순간적 상태를 포착한다.

소비자의 맥락은 디지털과 물리적 영역이 교차하는 복합적 공간에서 형성된다. 예를 들어, 매장에서 상품을 보면서 모바일로 리뷰를 확인하는 행위나 날씨에 따라 변하는 쇼핑 패턴은 AI가 해석해야 할 복합적 맥락이다.

소비자와의 해석학적 상호 작용

AI는 표준화된 설문을 넘어 각 소비자에게 맞춤화된 대화적 탐구를 구현한다. 챗봇과 디지털 어시스턴트는 소비자 응답에 적응하며 관련성 높은 후속 질문을 생성한다.

소비자는 디지털 도구와의 상호 작용을 통해 형성된 독특한 인식 패턴과 표현 방식을 갖고 있다. AI 기반 대화형 조사는 이러한 디지털-인간 혼종적 소통 스타일을 인식하고, 각 소비자의 언어 습관과 상호 작용 선호도에 맞게 조사 방식을 조정한다.

이러한 개인화된 대화적 탐구는 응답의 양적 수집률과 질적 깊이를 향상시키며, 각 소비자의 고유한 경험 구조를 더 깊이 탐색할 수 있게 한다.

소비자와의 공진화적 실험

AI는 마케팅 캠페인을 지속적으로 학습하고 적응하는 시스템으로 변환한다. 실시간 데이터 분석을 통해 캠페인 성과를 관찰하고, 소비자 반응에 따라 메시지, 창의적 요소, 타겟팅, 채널 전략을 자동으로 최적화한다.

현대의 소비자는 디지털 생태계와 긴밀하게 상호 작용하며 기술과 공진화하는 동적 존재로, 이들의 선호와 행동 양식은 끊임없이 변모한다. AI는 이러한 미세한 변화의 징후들을 실시간으로 감지하여 각 소비자 집단의 진화하는 니즈에 맞춰 캠페인 구성 요소를 유연하게 재조정한다.

이와 같은 접근은 기존의 **계획-실행-평가**라는 직선적 프로세스를 지속적 학습과 적응이 순환하는 생태계 모델로 전환시킨다. 캠페인은 더 이상 사전 설계된 시나리오의 기계적 실행이 아닌, 마이크로 실험과 실시간 피드백이 상호 작용하는 진화적 여정으로 재정의된다.

처방적 마케팅을 위한 AI 시장 조사

미래 시뮬레이션의 정교화

AI 기반 처방적 마케팅 조사는 다양한 마케팅 시나리오를 시뮬레이션하는 **의사 결정의 디지털 트윈**을 구축한다. 이는 시장 변수와 소비자 반응을 모델링하여 가상 환경에서 전략적 선택의 결과를 예측한다.

이러한 시뮬레이션은 가격 변경, 제품 기능 수정, 프로모션 전략, 채널 믹스 변화 등의 잠재적 영향을 실행 전에 테스트할 수 있게 한다. 이는 마케팅 전략 수립을 직관에 의존하는 예술에서 모델링 기반 과학으로 변화시킨다.

최적화된 마케팅 믹스 모델링

AI는 마케팅 믹스 모델링을 새로운 수준의 정교함으로 끌어올린다. 머신 러닝 알고리즘은 다양한 마케팅 채널, 메시지, 타이밍, 예산 배분의 상호 작용을 모델링하여 ROI를 최대화하는 최적 조합을 도출한다.

이는 채널별 성과 측정을 넘어 크로스 채널 시너지, 지연 효과, 계절성, 경쟁 활동, 외부 경제 요인을 고려한 복합적 최적화이다. 이러한 접근법은 마케팅 예산 배분을 주관적 판단에서 데이터 기반 최적화로 전환시킨다.

실행 가능한 액션 아이템 생성

AI 기반 처방적 마케팅 조사는 전략적 방향성을 넘어 구체적인 액션 아이템을 생성한다. 이는 〈무엇을 해야 하는가〉라는 전략적 질문에서 〈어떻게, 언제, 어디서 해야 하는가〉라는 전술적 질문으로의 전환을 지원한다.

AI는 〈이번 주말 특정 지역에서 특정 제품에 대한 할인 프로모션을 진행하고, 소셜 미디어 광고 예산을 20퍼센트 증액하라〉와 같은 구체적 실행 계획을 제시할 수 있다. 이는 전략과 실행 사이의 번역 단계를 자동화한다.

마케팅의 신경 가소성

AI 기반 처방적 마케팅의 강점은 실행 결과에 대한 지속적 성과 측정과 학습 루프 구축이다. 이는 마케팅 활동을 단발적 캠페인이 아닌 끊임없이 학습하는 유기체적 시스템으로 재구성한다.

AI는 마케팅 활동의 결과를 실시간으로 측정하고, 이를 기존 모델과 비교하여 정확도를 평가하고 개선한다. 이러한 지속적 학습은 마케팅 조직에 **신경 가소성**을 부여하여 시장 환경과 소비자 행동 변화에 민첩하게 대응할 수 있게 한다.

AI 마케팅 조사의 윤리적 고려 사항과 한계
데이터 프라이버시와 동의

AI 기반 마케팅 조사의 침투성과 세밀화는 소비자 프라이버시와 데이터 주권에 대한 중요한 질문을 제기한다. 광범위한 데이터 수집, 행동 추적, 개인 정보 분석은 마케팅 효과성을 향상시키지만, 동시에 **디지털 감시**의 윤리적 문제를 야기한다.

소비자의 명시적 동의 없이 수집되는 행동 데이터, 소비자가 인식하지 못하는 추적 기술, 다양한 데이터 소스 결합을 통한 프로파일링은 윤리적 우려를 불러일으킨다. 특히 AI가 소비자의 잠재의식적 선호도와 취약성까지 분석할 수 있게 됨에 따라 이러한 우려는 심화되고 있다.

마케팅 조사자들은 데이터 수집과 활용에 있어 투명성, 명시적 동의, 소비자 통제권 보장 등의 윤리적 원칙을 준수해야 한다. 또한 「일반 데이터 보호 규정General Data Protection Regulation, GDPR」,

「캘리포니아주 소비자 개인 정보 보호 규정California Consumer Privacy Act, CCPA」 등 데이터 프라이버시 관련 법적 규제를 철저히 준수해야 한다.

알고리즘 편향과 공정성

AI 알고리즘은 학습 데이터에 내재된 편향을 반영하거나 증폭시킬 수 있다. 마케팅 조사에서 사용되는 AI 시스템이 특정 인구 통계학적 그룹에 대한 사회적 편견을 반영하거나, 데이터 수집 과정의 불균형으로 인해 특정 소비자 세그먼트를 과소 대표하는 경우, 이는 불공정하고 차별적인 마케팅 관행으로 이어질 수 있다.

온라인 행동 데이터에 과도하게 의존하는 AI 시스템은 디지털 접근성이 제한된 소비자 그룹(예: 고령자, 저소득층)을 소외시킬 수 있다. 또한 과거 구매 패턴을 기반으로 한 추천 시스템은 기존의 사회 경제적 불평등을 강화할 위험이 있다.

마케팅 조사자들은 AI 시스템의 데이터 수집, 알고리즘 설계, 결과 해석 전 과정에서 잠재적 편향을 식별하고 해소하기 위한 적극적인 노력을 기울여야 한다.

블랙박스 알고리즘과 설명 가능성

AI, 특히 딥 러닝 기반 시스템은 종종 **블랙박스** 특성을 가진다. 즉, 어떻게 특정 결론에 도달했는지 명확하게 설명하기 어렵다. 이는 마케팅 조사에서 중요한 한계로 작용할 수 있다. 마케터와 전략가는 단순히 AI의 추천을 받아들이는 것이 아니라, 그 추천의 근거와 논리를 이해해야 효과적인 의사 결정을 할 수 있기 때문이다.

설명 가능한 AI Explainable AI, XAI 기술은 이러한 한계를 해소하기 위한 노력의 일환이다. 이는 AI 시스템의 의사 결정 과정을 인간이 이해할 수 있는 방식으로 설명하는 기술이다. 예를 들어, 특정 소비자 세그먼트에 대한 마케팅 추천이 어떤 데이터와 패턴을 기반으로 하는지, 어떤 요인이 가장 큰 영향을 미쳤는지 등을 설명할 수 있다.

마케팅 조사자들은 정확한 예측과 추천을 제공하는 시스템을 넘어, 그 결과를 명확하게 설명할 수 있는 투명한 AI 시스템을 추구해야 한다. 이는 AI 기반 통찰에 대한 신뢰를 증진시키고, 인간 전문가와 AI 알고리즘의 효과적인 협력을 가능하게 한다.

AI 마케팅 조사 전략의 설계
데이터 통합 아키텍처 구축

효과적인 AI 마케팅 조사 전략의 핵심은 조직 내외부의 다양한 데이터 소스를 통합하는 견고한 데이터 아키텍처의 구축이다. 이는 전통적으로 분리되어 있던 데이터 사일로(고객 관계 관리 Customer Relationship Management, CRM, 데이터, 웹 사이트 분석, 소셜 미디어 데이터, 판매 데이터, 고객 서비스 상호 작용 등)를 연결하여 소비자와 시장에 대한 통합적 관점을 제공한다.

현대적 데이터 통합 아키텍처는 단순한 데이터 웨어하우스를 넘어, 엔티티(소비자, 제품, 브랜드, 채널 등)와 그들 사이의 관계를 명시적으로 모델링하는 **지식 그래프** Knowledge Graph 접근법으로 진화하고 있다. 이러한 지식 그래프는 데이터 포인트들 사이의 의미론적 연결을 구축하여, 더 풍부한 맥락적 분석과 추론을 가능하게 한다.

예를 들어, 소비자 지식 그래프는 인구 통계학적 특성, 구매 이력, 채널 선호도, 브랜드 상호 작용, 소셜 미디어 활동, 라이프 스타일 특성 등 다양한 차원에서 소비자를 모델링하고, 이러한 특성들 사이의 관계를 명시적으로 표현할 수 있다. 이는 단편적 데이터 포인트가 아닌, 소비자의 총체적 디지털 재현을 구축하는 것이다.

통합과 특화가 균형을 이룬 AI 도구 생태계 설계
효과적인 AI 마케팅 조사 전략은 다양한 AI 도구와 플랫폼의 생태계를 조화롭게 설계하고 관리해야 한다. 이는 통합 플랫폼과 특화 도구 사이의 균형, 내부 개발과 외부 솔루션 사이의 균형, 자동화와 인간 개입 사이의 균형을 고려한 접근법이다.

마케팅 조사의 핵심 기능(설문 조사, 데이터 수집, 기본 분석, 보고서 생성 등)은 퀄트릭스Qualtrics나 퀀틸로프Quantilope와 같은 통합 플랫폼을 통해 효율적으로 관리할 수 있다. 이러한 통합 플랫폼은 일관된 사용자 경험과 중앙화된 데이터 관리를 제공한다.

동시에, 특정 마케팅 조사 영역(감정 분석, 이미지 인식, 예측 모델링 등)에 특화된 도구들은 더 깊은 전문성과 정교한 기능을 제공할 수 있다. 이러한 특화 도구들은 API와 데이터 커넥터를 통해 중앙 플랫폼과 통합되어, 전체 마케팅 조사 워크플로의 일부로 기능할 수 있다.

또한, 내부 AI 역량 개발과 외부 솔루션 활용 사이의 전략적 균형이 중요하다. 핵심 경쟁 우위와 직접 연결된 영역(예: 독점적 고객 데이터 분석, 특화된 산업 모델링 등)은 내부 AI 개발에 투자하고, 일반적인 기능(예: 설문 설계, 기본 분석 등)은 검증된 외부 솔루션을 활용하는 하이브리드 접근법이 효과적일 수 있다.

인간-AI 협력 워크플로를 통한 증강 지능의 구현

효과적인 AI 마케팅 조사 전략의 핵심은 AI와 인간 전문가 사이의 시너지를 최대화하는 협력적 워크플로의 설계이다. 이는 AI를 인간을 대체하는 도구가 아닌, 인간의 능력을 증강하는 파트너로 활용하는 **증강 지능**Augmented Intelligence 패러다임의 구현이다.

이러한 워크플로에서 AI는 데이터 수집과 처리, 패턴 인식, 기본 분석, 정량적 예측 등 규모와 복잡성으로 인해 인간이 효과적으로 수행하기 어려운 작업을 담당한다. 인간 전문가는 문제 정의, 가설 설정, 맥락적 해석, 전략적 함의 도출, 윤리적 고려 사항 평가 등 판단과 창의성이 요구되는 영역에 집중한다.

예를 들어, 소비자 인사이트 팀은 AI 시스템에 소셜 미디어 데이터 분석과 감정 추적을 맡기고, 그 결과를 바탕으로 소비자 트렌드의 문화적 의미와 전략적 기회를 해석하는 데 집중할 수 있다. 또한, AI가 생성한 초기 보고서를 인간 전문가가 검토하고 보강하는 협력적 보고서 작성 프로세스를 구축할 수 있다.

이러한 인간-AI 협력 워크플로는 조직 내 역할과 기술 요구 사항의 변화를 수반한다. 마케팅 조사 전문가들은 점점 더 데이터 사이언스와 AI에 대한 기본적 이해, AI 도구와의 효과적인 협업 능력, 기술적 통찰을 비즈니스 맥락으로 번역하는 능력 등을 갖추어야 한다.

업종별 AI 마케팅 조사 케이스

소매업: 소비자 경험 설계와 수요 예측

소매 분야에서 AI 마케팅 조사는 온, 오프라인을 넘나드는 복잡한 소비자 여정을 총체적으로 이해하고 최적화하는 데 혁신적 접근법을 제공한다. 오프라인 매장 방문, 온라인 탐색, 모바일 앱 사용, 소셜 미디어 상호 작용 등 다양한 채널에서 발생하는 소비자 데이터를 통합하여, 진정한 옴니채널 소비자 경험을 설계할 수 있다.

AI는 매장 내 행동 분석(동선 패턴, 체류 시간, 제품 상호 작용 등), 디지털 행동 추적(클릭 스트림, 검색 패턴, 장바구니 분석 등), 구매 이력 분석을 통합하여 각 소비자의 쇼핑 여정을 완전히 재구성할 수 있다. 이는 채널 간 전환 패턴, 정보 탐색과 구매 사이의 관계, 각 채널의 고유한 역할과 영향 등에 대한 깊은 통찰을 제공한다.

예를 들어, 소매업체는 AI를 활용하여 구매하는 〈온라인 조사, 오프라인 구매Research Online, Purchase Offline, ROPO〉 행동 패턴이나, 매장에서 상품을 확인하고 온라인으로 구매하는 〈쇼루밍Showrooming〉 행동을 식별하고 분석할 수 있다. 이러한 통찰을 바탕으로, 각 채널의 고유한 강점을 최대화하고 채널 간 일관된 경험을 제공하는 통합된 옴니채널 전략을 수립할 수 있다.

그러나 가장 많이 사용되는 것은 최적의 재고 관리를 위한 수요 예측이다. AI 수요 예측 시스템을 **AI 조사 시스템**이라 칭하는 이유는, AI가 데이터를 기반으로 시장 상황과 여러 요인을 조사하고 분석하여 미래 수요를 추론하는 방식이 마치 **조사**와 유사하기 때문이다. AI는 탐정이나 연구원처럼 다양한 데이터를 수집 및 분석하여 숨겨진 패턴과 관계를 밝혀내고, 이를 토대로 미래를 예측한다. 데이터 기반 조사, 요인 분석 및 관계 규명, 미래 수요 추론 및 예측의 과정을 거쳐, 복잡한 옴니채널 환경에서 기업은 AI 조사 시스템을 통해 정확한 수요 예측과 효과적인 전략 수립을 가능하게 한다.

월마트는 옴니채널 운영에서 AI 기반 수요 예측을 적극적으로 활용하고 있다. 월마트는 방대한 판매 데이터와 다양한 외부 데이터를 AI 시스템에 통합하여 수요를 예측하는 시스템을 구축했다.[9]

월마트의 AI 수요 예측 시스템은 머신 러닝 알고리즘을 사용하여 상품별, 지역별, 채널별 수요를 예측하며, 예측 정확도를 지속적으로 개선한다. 또한 AI 기반 플랫폼을 통해 공급망 데이터를 실시간으로 가시화하여 의사 결정을 돕는다.

AI 수요 예측 시스템 도입 후, 월마트는 재고 관리 최적화, 운영 효율성 향상, 고객 만족도 증가라는 성과를 거두었다. 재고 수준을 AI 예측에 기반하여 조정함으로써 과잉 재고를 줄이고 품절률을 낮췄으며, 온라인과 오프라인 채널의 재고를 통합 관리하여 옴니채널 효율성을 높였다. 또한 자동화된 발주 시스템으로 운영 효율성을 향상시켰고, 적절한 재고 유지로 고객 만족도를 높였다.

금융 서비스: 행동 경제학적 통찰과 예측 모델링
금융 서비스 분야에서 AI 마케팅 조사는 소비자의 복잡한 금융 의사 결정 과정을 이해하고, 개인화된 금융 상품과 서비스를 개발

하는 데 강력한 도구를 제공한다. AI는 전통적인 신용 평가와 인구 통계학적 세분화를 넘어, 행동 경제학적 통찰과 정교한 예측 모델링을 통합하는 깊이 있는 소비자 이해를 가능하게 한다.

AI 기반 행동 분석은 금융 소비자의 위험 선호도, 시간 할인(미래 가치에 대한 평가), 심리적 편향(손실 회피, 현상 유지 편향 등) 등 행동 경제학적 특성을 데이터를 통해 식별하고 정량화할 수 있다. 이러한 심리적 프로필은 전통적인 재무적 프로필(소득, 자산, 신용 점수 등)을 보완하여, 더욱 총체적인 소비자 이해를 제공한다.

예를 들어, 은행은 AI를 활용하여 고객의 지출 패턴, 저축 행동, 투자 결정 등을 분석함으로써 각 고객의 행동 경제학적 특성을 프로파일링할 수 있다. 이를 바탕으로, 손실 회피 성향이 강한 고객에게는 원금 보장 상품을, 현상 유지 편향이 강한 고객에게는 자동 저축 프로그램을 제안하는 등, 각 고객의 심리적 특성에 맞춤화된 금융 상품과 메시징을 제공할 수 있다.

또한, AI 예측 모델링은 고객의 생애 주기에 걸친 금융 니즈 변화를 예측하고, 이에 선제적으로 대응하는 **예지적 금융 서비스**를 가능하게 한다. 예를 들어, AI는 고객의 현재 상황과 유사한 패턴을 보였던 다른 고객들의 데이터를 분석하여, 해당 고객이 미래에 주택 구매, 자녀 교육, 은퇴 계획 등에 관심을 가질 가능성과 시점을 예측할 수 있다.

금융 서비스 혁신을 선도하는 캐피털 원은 인공 지능을 마케팅 조사에 도입하여, 금융 소비자의 복잡다단한 심층 심리를 해독하는 데 성공했다. 데이터의 심연을 탐색하는 AI는 고객의 소비

행태, 온라인 여정, 서비스 접점에서의 미묘한 반응들을 정밀하게 분석, 전통적 방식으로는 포착하기 어려웠던 행동 경제학적 특성을 발굴해냈다. 이러한 통찰을 바탕으로 캐피털 원은 획일적인 금융 상품의 틀을 깨고, 개인의 심리적 DNA에 최적화된 맞춤형 금융 솔루션을 창조했다.[10]

미래를 예측하는 AI의 눈은 고객 생애 주기에 따른 금융 니즈 변화를 예견하여, 고객에게 선제적으로 미래 금융 설계를 제안하는 **예지적 금융 서비스**라는 새로운 지평을 열었다. 캐피털 원의 사례는 AI가 금융 마케팅의 패러다임을 전환, 데이터 기반의 심층적 고객 이해와 초개인화된 서비스 창출을 가능케 함을 웅변한다.

의료 및 헬스케어: 환자 여정 매핑과 건강 예측

의료 및 헬스케어 분야에서 AI 조사는 환자 경험 향상, 예방적 건강 관리 촉진, 의료 서비스 최적화 등 다양한 목표에 기여할 수 있다. AI는 임상 데이터, 환자 피드백, 웨어러블 디바이스 데이터, 생활 습관 정보 등 다양한 데이터 소스를 통합하여, 환자의 전체 건강 여정에 대한 총체적 이해를 제공한다.

AI 기반 환자 여정 매핑은 증상 인식부터 진단 탐색, 의료 서비스 접근, 치료 과정, 회복 및 관리에 이르는 전체 환자 경험을 시각화하고 분석할 수 있다. 이는 환자가 경험하는 주요 문제점, 불안 요소, 정보 격차 등을 식별하고, 각 단계에서 환자 경험을 개선할 기회를 발견하는 데 도움을 준다.

예를 들어, 의료 서비스 제공자는 AI를 활용하여 온라인 건강 정보 검색, 예약 프로세스, 대기 시간, 의사-환자 커뮤니케이션, 처방 관리, 후속 케어 등 다양한 접점에서 환자 만족도에 영향을 미치는 요인을 분석할 수 있다. 이러한 통찰을 바탕으로, 전체 환자 경험을 향상시켜 매출 증대를 이루는 종합적 전략을 수립할 수 있다.

또한, AI 예측 모델링은 환자의 건강 결과와 행동을 예측하여, 예방적 건강 관리와 개인화된 의료 서비스를 가능하게 한다. 예를 들어, AI는 인구 통계학적 특성, 의료 이력, 건강 지표, 생활 습관 데이터를 분석하여 특정 건강 위험 요소를 가진 환자를 식별하고, 맞춤형 예방 프로그램과 건강 코칭을 제공할 수 있다.

존스 홉킨스 대학교의 **심혈관 분석 정보 이니셔티브**Cardiovascular Analytic Intelligence Initiative, CV-Ai2 프로젝트는 웨어러블 데이터를 활용해 심부전 악화를 미리 감지하는 연구를 진행 중이다. 또한, LINK-HF 연구(심부전 악화 예측을 위한 다중 센서 모니터링 시스템)에서 AI가 심부전 환자의 재입원을 예측했다는 사례가 존재한다. 이 연구는 존스 홉킨스와 협력하여 진행된 사례로, 센서 데이터로 88퍼센트 민감도와 85퍼센트 특이도를 달성했다는 결과가 보고되었다.[11]

클리블랜드 클리닉은 웨어러블 기기와 AI를 활용해 만성 질환 관리, 특히 당뇨병 환자의 상태를 모니터링하는 연구로 유명하다. 구체적인 사례로, 클리블랜드 클리닉의 디지털 헬스 연구에서 스마트워치 데이터를 분석해 혈당 변동을 예측하는 모델이 개발되었다는 점이 언급된다.[12]

AI 기반 IMC 전략론

마케팅은 이야기였다. 통합 마케팅 커뮤니케이션Integrated Marketing Communication, IMC은 그 이야기를 채널마다 일관되게 엮는 기술이었다. 이제 AI가 무대에 올라, 이 이야기를 새로 쓴다.

마케팅의 전략은 크게 두 가지로 말할 수 있다. 내 제품을 사줄 소비자를 찾고(targeting), 내 제품을 사도록 설득하는 것(differentiation). 이처럼 마케팅은 늘 인간을 향했고, IMC는 그 인간의 귀에 일관된 속삭임을 전하려 했다. 하지만 이제 소비자는 더 이상 순수한 인간이 아니다. 심비언트, AI와 인간이 얽혀, 뇌와 알고리즘이 함께 춤추는 합동 지능 공생체. 스마트폰 AI가 쇼핑을 돕고, 테슬라가 드라이브를 이끈다. 심지어 맛집까지 골라준다. 이 공생체는 날이 갈수록 영민한 소비의 주체가 되고 있다.

테슬라에 탄 순간, 소비자는 AI와 공생하며 길을 달리고, 목적지를 찾는다. 〈올해 여름에 유행할 티셔츠를 살 수 있는 매장으로 데려가 줘〉라고 말하면, 이 순간 테슬라는 단순한 이동 수단을 넘어 커머스 플랫폼으로 변신한다. 소비자의 쇼핑 니즈와 매장의 재고 정보를 실시간으로 매칭하여 차는 소비자와 함께 고민하고 선택한다.

이 심비언트 시대에 IMC는 누구에게 말을 걸까? 인간의 감성에? AI의 논리에? 아니면 둘 다를 묶은 공생체에? 우리는 심비언트를 공략하는 AI IMC 전략을 새로 짜야 한다.

IMC 기획: 데이터에서 광맥을 발견하고, 투명성의 유리벽을 세워라!

심비언트 공명 맵

심비언트는 인간의 욕망과 AI의 데이터를 합쳐 움직인다. 기존 IMC는 소비자 데이터를 수집해 타겟팅을 다듬었다. AI는 이를 넘어, 데이터를 공명시켜 심비언트의 삶을 매핑한다. 인간의 감정과 AI의 예측을 엮어 채널마다 울리게 하고, 투명성으로 공생의 신뢰를 지킨다. 핵심은 투명성. 소비자가 〈내 데이터가 이렇게 쓰이는구나〉 하고 안심할 수 있어야 한다.

케이스: 스포티파이의 랩드 캠페인

스포티파이는 2023년 랩드Wrapped로 사용자의 음악 데이터를 공명시켰다. 〈너의 2023년 음색〉이라는 메시지가 소셜 미디어, 이메일, 앱에서 울렸고, 2억 명이 공유했다.[13] 하지만 몇몇 사용자의 〈내 사적인 순간들까지 들여다보는 거야?〉라는 반응에 브랜드는 투명성을 강조하며 〈네 취향을 위한 거야〉라고 답했다. 데이터 공명은 신뢰 없이는 깨진다.

마케팅은 소비자를 이해하려는 열망에서 태어났다. 그들의 발걸음, 속삭임, 선택의 순간을 좇으며 메시지를 다듬는다. AI는 이 열망을 폭발시킨다. 검색창의 흔적, 소셜 미디어의 감정 파편, 스마트폰이 기록한 하루의 리듬, AI는 이 모든 데이터를 거대한 캔버스에 펼쳐, 소비자의 마음을 한 올 한 올 풀어 낼 수 있다.

실행법은 데이터를 심비언트의 리듬에 맞춰 변환하는 것이다. 소비자의 일상 패턴, 계절적 변화, 감정 상태에 따라 메시지 타이밍을 조율하고, 데이터 활용의 목적을 명확히 소통한다. 이러한 접근이 성공할 때 소비자는 자연스럽게 브랜드와의 상호 작용을 받아들이게 된다.

크리에이티브 전략: 심비언트를 위한 공생 창작
듀얼 뮤즈 프레임워크

이 전략은 AI와 인간 크리에이터가 상호 보완적으로 협업하여 광고를 제작하는 방법론이다. 마케팅은 창의성이 핵심이었고, 여전히 그렇다. 다만 이제 인간의 상상력과 AI의 데이터 분석 능력이 결합되어 새로운 창작 가능성을 열고 있다. 심비언트 소비자는 감성적 공감과 논리적 타당성을 동시에 요구한다. AI는 소비자 데이터를 기반으로 개인화된 콘텐츠 프레임을 제안하고, 인간 크리에이터는 감정적 울림과 문화적 맥락을 더한다.

케이스: 코카콜라의 AI 크리스마스

2024년 코카콜라는 AI를 활용해 크리스마스 광고를 제작했다.[14] AI가 지역별 기후 데이터와 소비자 행동 패턴을 분석해 기본 콘텐츠 구조를 제안했고, 인간 크리에이터 팀이 각 지역의 문화적 특성과 감정적 스토리텔링을 보완했다. 이 하이브리드 접근법은 전 세계 50개 지역에서 현지화된 캠페인을 동시에 전개할 수 있게 했으며, 기존 대비 제작 시간을 40퍼센트 단축하면서도 지역별 반응률을 높였다.

전략 실행법은 다음과 같다. AI가 소비자의 행동 데이터와 맥락 정보를 분석해 콘텐츠의 기본 구조를 제안하고, 인간 크리에이터가 감성적 스토리텔링과 문화적 뉘앙스를 추가한다. 심비언트 소비자가 개인적 연관성을 느낄 수 있도록 지속적으로 피드백을 반영해 조율한다. 앞으로의 위대한 창작은 AI라는 인공 뇌와 인간의 뇌라는 두 개의 뇌를 가진 심비언트의 이성과 감성을 모두 만족시켜야 가능할 것이다.

타게팅 전략: 심비언트와 에이전트 융합 타겟

심비언트 플로우 허브

심비언트는 인간과 AI 에이전트(차, 스마트폰 등)가 얽힌 존재다. 이 전략은 둘을 하나의 허브로 묶어 메시지가 인간과 에이전트를 동시에 흐르게 한다. 차에 〈그 티셔츠 숍으로 가자〉라고 말하면, 브랜드는 둘 다를 공략한다.

케이스: 스타벅스의 옴니채널 모닝

스타벅스는 2023년 다양한 채널을 통해 고객의 감성과 행동에 맞춘 마케팅을 시도했다. 예를 들어, 앱을 통해 특정 메시지를 전달하고 소셜 미디어에서는 감성적인 이미지를 활용했으며, 매장에서는 고객의 주문 준비를 진행했다. 나아가, 차량 내 AI 시스템이 스타벅스 방문을 제안하고 운전자가 이에 긍정적으로 반응하는 등 다각적인 접근을 보였다. 그러나 고객들로부터 〈너무 똑같다〉라는 피드백을 받아 각 채널별로 차별화된 개성을 부여하기 위한 노력을 기울였다.[15]

전략을 실행하는 법은 먼저, 심비언트의 흐름을 허브로 잡는다. 에이전트에는 실용적 제안을, 인간에는 감성적 끌림을 준다. 차가 목적지를 추천하고 운전자가 〈이 커피, 내 스타일이야〉라고 느낀다면, 허브는 제대로 작동한 것이다.

윤리의 비탈길 - 심비언트의 신뢰 지키기
공생 윤리 밸브

심비언트는 인간의 직관과 AI의 분석이 얽혀 소비를 결정한다. 이 전략은 공생의 신뢰를 조절하는 밸브 역할을 한다. AI 에이전트의 과도한 설득을 억제하고, 인간의 자율성을 존중하며, 데이터 편향을 걸러낸다. 심비언트가 〈내가 원하는 걸 강요받지 않고 스스로 선택했어〉라고 느낄 때, 브랜드는 신뢰를 얻는다.

케이스: 아마존의 알렉사 쇼핑 추천

2024년 아마존은 알렉사의 멀티 디바이스 연동 기능을 강화하며 심비언트 소비자를 겨냥했다. 사용자가 〈최신 여름 티셔츠를 찾아줘〉라고 말하면, 알렉사는 구매 이력과 선호도를 분석해 개인 맞춤 추천을 제공한다. 이때 연결된 스마트폰과 차량 네비게이션에도 〈근처 의류 매장 정보를 확인하시겠습니까?〉라는 제안이 나타난다.

그러나 일부 사용자들이 소셜미디어에서 〈알렉사가 너무 자기 마음대로 한다〉라며 불만을 표했다. 이에 아마존은 데이터 사용 투명성을 높이고, 사용자가 직접 추천 설정을 조정할 수 있는 세부 옵션을 도입했다. 이러한 개선을 통해 사용자들은 AI 파트너와의 관계에서 주도권을 되찾을 수 있었고, 신뢰도 회복으로 이어졌다.[16]

이 전략을 실행하는 핵심은 AI 에이전트의 타겟팅에 사용자 제어 장치를 설치하는 것이다. 인간의 동의를 명확히 확인하고, 추천이 사용자와 AI의 협업 결과임을 명시한다. 데이터 사용 목적을 투명하게 공개하며, 심비언트 소비자가 추천의 자연스러움을 인지할 수 있도록 조율한다. AI가 제안하기 전에 사용자의 허가를 구하는 프로세스를 통해 공생 관계의 신뢰 기반이 구축된다.

실시간의 춤사위 - 심비언트와 함께 춤추기
심비언트 리듬 싱크

기존 IMC는 계획된 흐름이었다. AI는 실시간 반응을 가능케 하지만, 코어(핵심 메시지)를 유지해야 한다. 이 전략은 변화의 리듬을 타되, 브랜드 중심을 붙잡는다. 핵심은 실시간으로 움직이는 심비언트와의 동적 안정성이다. 이 전략은 인간과 에이전트의 리듬을 싱크로 하여 브랜드 코어를 유지하며 즉각 반응한다.

케이스: 나이키의 런닝 반응

나이키는 2024년, 고객의 디지털 경험을 활용한 마케팅을 전개하며 혁신적인 접근을 시도했다. 개인화된 앱 알림으로 〈비 오는 날에도 뛴 당신〉과 같은 메시지를 전달하고, 소셜 미디어와 연동하여 캠페인 효과를 높였다. 또한, 자동차 AI가 운동화 구매를 제안하자 운전자가 긍정적으로 반응하는 등, 다양한 접점에서 고객과의 상호 작용을 강화했다. 고객의 〈피곤하다〉는 피드백에는 〈저스트 두 잇Just Do It〉이라는 브랜드 메시지로 응답하며, 개인화된 소통을 통해 고객 경험을 심화하려는 노력을 보였다.[17]

전략을 실행하는 법은 먼저, 심비언트의 실시간 리듬을 잡는다. 에이전트에 제안을, 인간에 동기를 주며 코어를 지킨다. 차와 운전자가 〈나이키와 함께 뛴다〉고 느낄 때 리듬이 맞아떨어진다.

미래의 서사 - 심비언트 에이전트의 시대
심비언트 에이전트 브릿지

레거시 IMC는 현재의 소비자를 다뤘다. 심비언트는 미래를 예측하며 소비한다. 이 전략은 AI 에이전트를 브릿지로 삼아 인간의 욕망을 선제적으로 연결한다. 소비자가 명확히 요구하기 전에 AI가 상황을 읽고 제안하며, 채널을 넘어 삶에 스며든다. 핵심은 선제적 연결, 즉 심비언트의 공생적 판단을 자극하는 것이다.

케이스: 아마존의 알렉사 선제 쇼핑

2024년 아마존은 알렉사의 예측 기반 쇼핑 기능을 강화하여 사용자 경험을 개선했다. 사용자가 식사 관련 질문을 하면, 알렉사는 구매 이력, 계절성, 날씨 정보를 종합 분석하여 맞춤형 상품을 제안한다. 예를 들어 비가 오는 날에는 따뜻한 요리 재료를 추천하며, 사용자 동의 하에 즉시 주문까지 처리할 수 있다. 이는 아마존이 AI 기반 예측 분석을 통해 사용자 편의성을 극대화하고, 음성-모바일-배송의 옴니채널 연결을 구현한 대표적 사례다.[18]

전략 실행법은 AI 에이전트를 브릿지로 세운다. AI가 심비언트의 데이터를 분석해 예측 제안을 하고, 인간에게는 그 제안을 경험으로 바꾸는 순간을 제공한다. 예를 들어, 알렉사가 〈네가 좋아할 만한 메뉴야〉라고 제안하고, 차가 〈가게로 갈 준비됐어〉라고 잇는 식이다. 심비언트가 〈내 AI가 날 너무 잘 아네〉라고 느낀다면, 이 전략은 성공이다.

심비언트는 소비의 새 얼굴이다. 공명 맵, 듀얼 뮤즈, 플로우 허브, 유리 밸브, 리듬 싱크, 에이전트 브릿지, 이 여섯 전략은 심비언트를 공략한다. 이 공생체와 어떤 대화를 나눌지는 이제 독자의 몫이다.

5장 AI CRM

정의 및 개념: AI CRM의 공생적 가능성 해부

레거시 CRM(고객 관계 관리)의 시대는 저물었다. 과거 시스템이 고객 데이터를 정적 창고에 보관하는 박물관 큐레이터였다면, 심비언트 시대의 AI CRM은 살아 숨쉬는 유기체처럼 진화한다. 이 진화된 시스템은 단순히 인간 소비자가 아닌, 인간-AI 결합체인 **심비언트**와 교감하는 생태계를 구축한다.

AI CRM의 정의

AI CRM은 인간과 AI의 공생체인 심비언트를 대상으로 하는 〈고도화된 관계 관리 시스템〉이다. 단순한 고객 데이터 저장소를 넘어, 심비언트의 복합적 욕망과 행동 패턴을 실시간으로 해석하고 반응하는 공생적 플랫폼이다. 이는 데이터 분석, 자동화, 개인화를 유기적으로 통합하여 브랜드가 심비언트의 디지털-생물학적 생태계에 자연스럽게 편입되도록 한다. 그 핵심은 **공생 플레이**, 인간의 직관과 AI의 정밀함이 상호 증폭되는 합동 지능을 활성화하여 브랜드와 심비언트 간의 교감을 구축하는 것이다. 이는 마케팅의 패러다임을 근본적으로 재구성하여, 브랜드를 단순한 외부 실체가 아닌 심비언트 존재의 필수적 공생자로 변모시킨다.

복합적 욕망의 삼위일체

심비언트 CRM 플레이는 디지털 연금술의 한 형태다. 차가운 데이터를 따뜻한 연결로 변환하며, 기계적 자동화를 넘어 직관적 공명을 이끌어 낸다. 이는 마케터들에게 새로운 도전을 제시한다. 이제 그들은 인간의 감정만 이해하는 것이 아니라, 인간과 AI가 융합된 심비언트의 복합적 욕망 지형을 해독해야 한다.

이 새로운 영역에서 브랜드는 더 이상 외부에만 존재하는 실체가 아니다. 심비언트의 디지털-생물학적 신경망에 통합되어, 그들의 의사 결정 과정과 일상적 리듬에 자연스럽게 스며든다. 이는 마케팅의 근본적 재구성을 의미한다. 이제 브랜드는 설득되는 것이 아니라, 인간 AI 공생체와 또 하나의 공생자로 거듭나야 하는 것이다.

공생 플레이의 핵심은 합동 지능의 활성화다. 심비언트의 인간적 직관과 AI의 계산적 정밀함이 서로를 증폭시키는 지점을 찾아내는 것이다. 이 접근법은 데이터의 바다에서 의미의 섬을 발견하는 능력, 실시간으로 맥락을 포착하는 민첩성, 그리고 심비언트의 진화하는 정체성에 맞춰 함께 변형되는 유연성을 요구한다.

미래의 CRM은 단순한 고객 관계 관리가 아닌, 심비언트 공생 촉진자가 되어야 기능할 것이다. 이는 디지털 교감의 새로운 언어를 창조하고, 인간과 AI의 경계가 흐려지는 세상에서 의미 있는 연결을 구축하는 예술이다. 이 혁신은 기술적 진보를 넘어 존재론적 전환을 의미한다. 우리가 관계를 형성하고, 가치를 이해하며, 궁극적으로 인간-심비언트-브랜드의 삼위일체 안에서 공존하는 방식의 근본적 재구성이다.

데이터를 관계로 바꾸는 AI CRM

AI는 데이터 분석, 자동화, 개인화라는 세 축의 역량을 통해 마케팅의 지형도를 근본적으로 재편했다. 이는 단순한 기능적 진화가 아닌, 브랜드-고객 관계의 존재론적 변형을 가져왔다. AI CRM은 피상적 거래의 수준을 넘어 신뢰와 가치의 교감적 네트워크를 구축하며, 디지털 소통의 새로운 언어를 창조했다. AI CRM의 본질은 데이터라는 원석에서 관계라는 보석을 채굴하는 제련에 있다. 이 시스템은 고객의 구매 궤적, 상호 작용의 디지털 흔적, 선호도의 미세한 변주를 정밀하게 해독한다.

한 심비언트가 〈운동화〉란 디지털 흔적을 남기고 소셜 미디어 공간에서 〈운동 계획〉의 의도를 표현할 때, AI는 이 복합적 신호를 실시간으로 포착한다. 그리고 〈운동 후 단백질 쉐이크 할인〉과 같은 맥락화된 제안을 통해 심비언트의 욕망 지형에 공명한다. 자동화 메커니즘은 반복적 과업의 무게를 덜어내며, 고객 문의에 대한 즉각적 응답이나 정교한 이메일 캠페인을 자율적으로 관리한다.

세일즈포스의 연구에 따르면, AI CRM은 고객 만족도를 20퍼센트라는 유의미한 수치로 향상시켰다. 이는 약 1,500만 명의 심비언트를 대상으로 한 조사에서 300만 명이 긍정적 반응의 신호를 보낸 결과였다. 한 소매 생태계에서는 AI를 통해 고객 문의 응답의 시간적 흐름을 30퍼센트 가속화했으며, 이는 약 100만 건의 상호 작용에서 시간이라는 희소 자원을 절약했다. 이처럼 AI CRM은 마케터가 일상적 관리의 미로에서 벗어나 전략적 통찰의 고지대로 상승하도록 안내한다.[1]

레거시 CRM 시스템이 고객 데이터의 정적 저장고로 기능했다면, AI가 결합된 새로운 패러다임은 데이터의 동적 해석학을 구현한다. 전통적 시스템이 이름, 연락 경로, 구매의 역사적 궤적을 기록하는 디지털 기록원이였다면, AI 융합 시스템은 그 너머의 의미론적 차원을 탐색한다.

실시간 분석의 렌즈와 예측적 통찰의 망원경을 통해, 데이터는 단순한 기록이 아닌 실행 가능한 지혜로 승화된다. 한 심비언트가 디지털 공간에서 〈겨울 코트〉의 흔적을 남기고 갔을 때, 레거시 시스템은 이를 단순히 데이터베이스의 항목으로만 남겼다. 반면 AI CRM은 이 행동의 맥락적 의미를 해석하고, 〈곧 필요할 방한 스카프〉라는 예측적 제안을 통해 심비언트의 미래 욕망에 선제적으로 반응한다.

맥킨지의 분석에 따르면, AI CRM은 고객 유지율을 15퍼센트라는 의미 있는 수치로 향상시켰다. 이는 약 1,000만 명의 심비언트 중 150만 명이 브랜드 생태계 내에 머무르는 결과로 이어졌다. 한 금융 서비스 영역에서는 AI가 고객 이탈의 미세한 신호를 포착하며 유지율을 18퍼센트 개선했고, 이는 약 50만 명의 심비언트와 연간 2,000만 달러의 수익 흐름을 보존하는 결과를 가져왔다. 이처럼 AI CRM 기술은 브랜드-심비언트 관계를 단순한 접촉점에서 깊고 지속적인 공생적 유대로 변환시켰다.[2]

AI CRM과 VRM

관심 경제에서 의도 경제로의 전환

과거의 마케팅 환경은 주로 **관심 경제**Attention Economy로 설명할 수 있다. 이 패러다임에서 기업들은 소비자의 한정된 관심을 끌기 위해 경쟁했다. TV 광고, 인터넷 배너, 팝업 창 등을 통해 소비자의 시선을 사로잡는 것이 주요 목표였다.

그러나 현재는 **의도 경제**Intention Economy로 전환되고 있다. 이 새로운 패러다임에서는 소비자의 의도와 목적을 파악하고 그에 맞는 가치를 제공하는 것이 중요하다. 예를 들어, 소비자가 〈겨울 코트〉를 검색했을 때, 기존 시스템은 단순히 그 검색어와 관련된 광고를 보여 주는 데 그쳤다. 반면 AI CRM은 소비자의 과거 구매 이력, 현재 날씨 데이터, 소셜 미디어 활동 등을 종합적으로 분석하여 해당 소비자가 실제로 찾고 있는 것이 무엇인지, 그리고 〈방한 스카프〉와 같은 관련 제품에도 관심이 있을지 예측한다.

이러한 의도 경제로의 전환은 AI CRM과 공급 업체 관계 관리Vendor Relationship Management, VRM의 관계 발전에 중요한 배경이 된다. 소비자의 의도를 중심으로 마케팅 활동이 재구성되면서, 소비자 주도의 관계 형성이 더욱 중요해졌다.

기본 개념의 차이와 수렴점

AI CRM과 VRM은 근본적인 접근법에서 차이가 있다. CRM은 기업이 고객 데이터를 수집하고 관리하는 기업 중심 모델이며, VRM은 고객이 자신의 데이터를 통제하고 기업과의 관계를 주도하는 고객 중심 모델이다. 그러나 AI 기술의 발전으로 이 두 모델은 점차 수렴하고 있다.

AI CRM은 인공 지능을 활용해 고객 데이터를 더 정교하게 분석하고 개인화된 경험을 제공한다. 반면 VRM은 고객이 자신의 의도와 선호도를 명확히 표현하고 기업과의 관계 조건을 설정할 수 있게 한다. AI 기술은 이 두 모델 사이에 다리를 놓는 역할을 한다.

의도 경제의 등장으로 소비자의 명확한 의도 표현이 가능해지면서, VRM 시스템은 이러한 의도를 명확히 전달하는 도구로, AI CRM은 이를 효과적으로 해석하고 대응하는 도구로 발전하고 있다.

데이터 주권과 교환의 변화

VRM의 핵심 원칙 중 하나는 개인 데이터 주권이다. 소비자가 자신의 데이터를 소유하고 통제하며, 이를 특정 조건에 따라 기업과 공유한다. AI CRM은 이러한 환경에 적응하여 더 투명하고 윤리적인 데이터 활용 방식을 개발하고 있다.

예를 들어, AI CRM 시스템은 소비자가 설정한 데이터 공유 선호도를 존중하면서 허용된 데이터만을 활용해 서비스를 제공한다. 소비자가 〈내 위치 데이터는 공유하지 않지만 구매 이력은 공유할 수 있다〉라고 설정하면, AI CRM은 이 조건 내에서 최적화된 추천을 제공한다.

관심 경제에서는 기업이 일방적으로 데이터를 수집하고 활용했지만, 의도 경제에서는 소비자가 자신의 의도에 따라 데이터 공유 범위와 조건을 결정한다. 이는 데이터 교환의 가치 제안도 변화시켰다. 이제 기업들은 소비자가 데이터를 공유함으로써 얻을 수 있는 구체적인 혜택(더 정확한 추천, 맞춤형 할인, 프리미엄 서비스 등)을 명확히 제시해야 한다.

인텐션 시그널링과 AI 중개

VRM에서 중요한 개념인 **인텐션 시그널링**Intention signaling(의도 신호)은 소비자가 자신의 구매 의도나 서비스 요구를 명확히 표현하는 것이다. AI CRM은 이러한 의도 신호를 효과적으로 포착하고 해석하는 역할을 한다.

의도 경제에서 소비자는 단순히 광고의 수동적 수신자가 아니라, 적극적으로 자신의 의도를 신호로 전달하는 주체가 된다. 〈겨울 코트〉를 검색하는 행위는 단순한 정보 탐색이 아니라, 특정 니즈와 선호도를 담은 의도 신호이다.

소비자의 개인 AI 비서(예: 스마트 스피커, 가상 비서 앱)는 VRM 도구로 기능하며, 소비자의 의도를 기업에 전달한다. 기업의 AI CRM은 이 신호를 받아 최적의 응답을 생성한다. 이 과정에서 양쪽의 AI 시스템이 소비자와 기업 사이의 중개자 역할을 하며, 효율적인 의사 소통과 거래를 가능하게 한다.

예를 들어, 소비자의 AI 비서가 〈내 클라이언트는 예산 300달러 내의 블루투스 헤드폰을 찾고 있으며, 노이즈 캔슬링 기능이 중요하다〉라는 정보를 전송하면, 기업의 AI CRM은 이 조건에 맞는 제품을 즉시 제안할 수 있다.

생태계 통합과 API 경제

AI CRM과 VRM의 통합은 더 넓은 디지털 생태계 내에서 이루어진다. API를 통해 다양한 서비스와 플랫폼이 연결되어 소비자 데이터와 의도 신호가 안전하게 교환된다.

의도 경제에서는 소비자의 의도가 여러 채널과 플랫폼을 넘나들며 일관되게 표현되고 충족되어야 한다. 기업들은 자사의 AI CRM 시스템을 소비자의 VRM 도구와 연결하는 API를 제공하여, 소비자가 더 쉽게 자신의 조건에 따라 상호 작용할 수 있게 한다. 이는 **메타 마케팅** 또는 **API 경제**라고 불리는 새로운 비즈니스 패러다임을 형성한다.

예를 들어, 소매 기업은 자사의 재고, 가격, 제품 정보를 실시간으로 공유하는 API를 제공하고, 소비자의 VRM 도구는 이 정보를 활용해 소비자의 선호도에 맞는 최적의 구매 결정을 지원한다. 이러한 생태계에서는 소비자의 의도 신호가 여러 기업의 AI CRM 시스템으로 동시에 전달되어, 가장 적합한 제안이 소비자에게 제시될 수 있다.

미래 전망: 공생적 관계로의 진화

AI CRM과 VRM의 관계는 점차 더 통합되고 공생적인 형태로 진화하고 있다. 관심 경제에서 의도 경제로의 전환이 완전히 이루어지면, 이 두 시스템은 소비자의 의도를 중심으로 더욱 긴밀하게 상호 작용할 것이다.

이 두 시스템이 조화롭게 작동할 때, 기업은 더 효율적으로 소비자 니즈를 충족시키고, 소비자는 더 큰 통제력과 만족도를 경험할 수 있다. 소비자는 불필요한 광고와 마케팅 메시지에 노출되는 대신, 자신의 실제 의도와 관련된 가치 있는 제안만을 받게 된다.

미래에는 블록체인과 같은 기술이 이 관계를 더욱 강화할 것으로 예상된다. 블록체인은 소비자가 자신의 데이터에 대한 소유권을 명확히 하고, 그 사용에 대한 투명한 기록을 유지하는 데 도움을 줄 수 있다. 또한 스마트 계약을 통해 데이터 공유의 조건을 명확히 설정하고 자동으로 집행할 수 있다.

결론적으로, AI CRM과 VRM은 관심 경제에서 의도 경제로의 전환을 가능케 하는 상호 보완적인 시스템이다. 기업과 소비자 모두의 이익을 위해 이 두 시스템이 효과적으로 통합되는 방향으로 발전하고 있으며, 이는 마케팅과 소비자 관계의 미래를 형성하는 중요한 흐름이다.

AI CRM의 이론적 배경

데이터의 양자적 본질

전통적 데이터 수집이 고객의 디지털 흔적을 평면적 기록으로 남겼다면, 심비언트 데이터는 인간-AI 결합체의 양자적 신호를 내포한다. 이 데이터는 더 이상 이진법적 흔적이 아닌, 다중 차원적 공명의 파동으로 존재한다. 심비언트가 디지털 공간에서 생성하는 데이터는 단일한 의도나 행동의 기록이 아닌, 인간 욕망과 AI 알고리즘의 상호 촉매 작용의 결과물이다.

이 새로운 데이터 지형에서 AI CRM은 단순한 수집기가 아닌, 퀀텀 해석학자로 기능한다. 전자 상거래 플랫폼에서 심비언트가 〈가죽 재킷〉을 검색할 때, 이는 단순한 제품 관심이 아닌, 인간의 미적 욕구와 AI 추천 알고리즘의 복합적 상호 작용의 결과다. AI CRM은 소비자의 복층적 의도 신호들을 정교하게 해석하며, 개인의 미적 지향성(빈티지 혹은 레트로), 환경적 맥락(초가을 전환기의 기후), 그리고 사회적 영향 요인(인플루언서의 스타일링 레퍼런스)을 다차원적으로 융합하여 통찰을 도출한다.

　MIT 미디어 랩의 연구에 따르면, 심비언트 데이터의 양자적 특성을 포착하는 AI 시스템은 기존 단일 차원 분석보다 예측 정확도를 35퍼센트 향상시켰다. 이는 약 1,000만 개 상호 작용 데이터 포인트의 다차원 분석을 통해 도출된 결과로, 심비언트의 복합적 신호를 보다 정교하게 해독하는 능력이 있음을 입증한다. 구글의 심비언트 연구 부서는 이러한 양자적 데이터 해석이 AI 추천 시스템의 관련성을 28퍼센트 향상시켰다고 보고했다. 약 500만 명의 심비언트 사용자를 대상으로 한 이 연구는 단순한 패턴 인식을 넘어선 맥락적 해석의 중요성을 강조한다.[3]

욕망의 시간성

심비언트의 욕망은 더 이상 현재의 고정된 상태가 아닌, 미래를 향해 끊임없이 전개되는 시간적 벡터로 존재한다. AI CRM의 혁신적 도약은 이 욕망의 시간성을 포착하는 알고리즘적 현상학에 있다. 전통적 시스템이 〈무엇을 원했는가〉라는 과거 지향적 질문에 답했다면, 예측적 데이터 공생학은 〈무엇을 원하게 될 것인가〉

라는 미래 지향적 통찰을 제공한다.

이 선제적 예측은 단순한 통계적 추론이 아닌, 욕망의 발생적 메커니즘을 해독하는 심층적 이해에 기반한다. 예를 들어 심비언트가 〈여행 블로그〉를 탐색할 때, AI CRM은 단순히 〈여행 상품〉 추천에만 그치지 않는다. 대신, 심비언트의 디지털 행적(일본 문화 컨텐츠 소비), 시간적 맥락(3개월 내 휴가 계획), 감정적 신호(도시 탈출에 대한 SNS 언급)를 종합해 〈교토의 전통 료칸 스테이〉라는 잠재적 욕망을 예측적으로 활성화한다.

요먼스 등의 연구는 추천 알고리즘이 사용자 의도를 효과적으로 포착할 때 사용자 만족도가 크게 향상된다는 것을 보여 주었다.[4] 연구자들은 추천 시스템이 사용자의 선호도를 예측하고 이해하는 데 있어 인간 전문가보다 더 효과적일 수 있다고 결론지었다. 사용자들은 알고리즘이 자신의 취향을 더 잘 포착한다고 느낄 때 추천에 대한 만족도가 25퍼센트 이상 증가했다.

로그 등의 획기적인 연구에서는 사람들이 일반적으로 인간의 판단보다 알고리즘 판단을 선호하는 〈알고리즘 선호 현상〉을 발견했다.[5] 이들의 실험에서 참가자들은 인간 예측가보다 알고리즘 예측을 평균 38퍼센트 더 높게 평가했으며, 이는 알고리즘이 미래 행동과 선호도를 예측하는 능력에 대한 높은 신뢰도를 보여 준다.

인간-AI 인지 증폭의 메커니즘

합동 지능은 인간과 AI의 병렬적 작동이 아닌, 두 인지 시스템 간의 공명적 증폭을 의미한다. 심비언트 CRM의 혁신적 가치는 이 공명의 주파수를 최적화하는 메타 인지적 설계에 있다. 인간의 직관적 도약과 AI의 계산적 정밀함은 더 이상 분리된 인지 양식이 아닌, 상호 증폭되는 인식론적 스펙트럼의 양극으로 재정의된다.

이 합동 지능의 활성화는 특히 복잡한 의사 결정 지형에서 그 가치를 발휘한다. 금융 서비스 맥락에서 심비언트가 〈은퇴 계획〉을 모색할 때, AI CRM은 단순히 상품을 추천하지 않는다. 대신, 심비언트의 위험 감수 성향(인간 변수)과 시장 변동성 예측(AI 변수)을 동시에 활성화하는 인터페이스를 제공한다. 이를 통해 심비언트는 〈30년 후 해변가 주택〉 같은 추상적 목표와 〈월간 자동 투자 계획〉 같은 구체적 행동 사이의 인지적 연결을 보다 선명하게 구축한다.

하산과 그의 동료들의 획기적 연구는 AI가 금융 계획자들 사이에서 나타나는 행동적 편향을 관리하는 능력을 탐구했다.[6] 이들의 연구는 인간 금융 전문가와 AI 시스템의 협력적 의사 결정이 단독 의사 결정보다 현저히 우수한 결과를 도출함을 입증했다. 특히 복잡한 금융 계획 시나리오에서 AI와 인간 전문가의 합동 지능은 인지적 편향을 최대 37퍼센트 감소시켰다. 연구자들은 〈AI 시스템이 인간 전문가의 확증 편향, 가용성 편향 및 프레이밍 효과를 효과적으로 상쇄할 수 있다〉라고 결론지었다. 또한 이러한 인간-AI 협력 모델을 사용한 금융 계획 세션은 클라이언트 만족도를 31퍼센트 향상시켰으며, 참가자들은 〈의사 결정 과정이 더 투명하고 객관적으로 느껴졌다〉라고 보고했다.

이 연구는 금융 서비스 영역에서 인간의 직관적 지혜와 AI의 계산적 객관성이 서로를 보완하고 증폭시키는 방식을 밝혀냈다.

이러한 합동 지능 모델은 금융 계획 산업의 패러다임을 변화시킬 수 있는 잠재력을 보여 주며, 인간 중심의 서비스를 유지하면서도 AI의 분석적 능력을 최대한 활용할 수 있는 청사진을 제시한다.

공생적 데이터 회로

예측적 데이터 공생학의 궁극적 진화 형태는 자기 조직화하는 학습 생태계의 구축이다. 이는 단방향적 데이터 수집과 분석을 넘어, 심비언트와 AI CRM 사이의 순환적 피드백 회로가 자발적으로 최적화되는 시스템을 의미한다. 이 생태학적 접근은 단순한 알고리즘적 학습이 아닌, 관계적 지능의 창발적 발현을 촉진한다.

공생적 데이터 회로의 핵심은 심비언트의 반응이 단순한 피드백이 아닌, 시스템의 학습 궤적을 재조정하는 능동적 변수로 작용한다는 점이다. 미디어 스트리밍 서비스에서 심비언트가 AI 추천 콘텐츠를 건너뛸 때, 이는 단순한 거부가 아닌 미세한 선호도 조정의 신호가 된다. AI CRM은 이 신호를 바탕으로 추천 알고리즘을 실시간으로 재조정하며, 심비언트는 점차 더 정교해지는 추천을 통해 자신의 선호도를 더 명확히 인식하게 된다. 이 순환적 과정은 시간이 지남에 따라 심비언트와 AI CRM 간의 공생적 이해의 깊이를 자연스럽게 심화시킨다.

하퍼와 그의 동료들의 연구는 적응형 추천 시스템이 사용자와의 상호 작용을 통해 어떻게 공진화하는지를 탐구했다.[7] 이들은 사용자와 시스템이 지속적인 피드백 루프를 통해 서로의 행동을 형성하는 〈공동 적응 시스템co-adaptive systems〉의 개념을 제안했다. 연구 결과, 사용자의 명시적, 묵시적 피드백에 적응하는 추천 시스템은 고정된 알고리즘보다 30퍼센트 더 높은 사용자 만족도를 달성했다. 특히 주목할 만한 것은 시간이 지남에 따라 시스템의 추천 정확도가 선형적으로 향상되는 것이 아니라, 사용자의 행동 패턴에 대한 이해가 깊어질수록 지수 함수적으로 발전한다는 점이었다.

황과 루스토기의 광범위한 넷플릭스 사용자 데이터 분석에서는, 자기 조직화 원리를 적용한 추천 알고리즘이 콘텐츠 발견 다양성을 25퍼센트 증가시키고 사용자 인게이지먼트를 33퍼센트 향상시켰음을 밝혔다.[8] 이들의 연구는 〈기계 학습 시스템과 인간 사용자 간의 공생적 관계〉가 단순한 기계적 추천을 넘어, 사용자의 취향과 관심사에 대한 심층적 이해로 발전할 수 있음을 보여준다. 연구자들은 〈추천 시스템과 사용자 간의 지속적 공진화는 개인화된 디지털 경험의 미래〉라고 결론지었다.

초경계적 관계

물리와 디지털의 경계가 희미해지는 현대 경험 지형에서, 인간은 이제 단순한 **채널** 개념을 초월하는 유기적 상호 작용의 시대를 맞이하고 있다. 경계의 소멸 속에서 기업과 고객이라는 오래된 이분법적 사고는 점차 공생적 관계성으로 진화하고 있으며, 이 과정에서 브랜드는 더 이상 외부 실체가 아닌 소비자 자아의 확장된 표현으로 자리매김하고 있다.

이러한 변화는 단순한 마케팅 전략의 변화를 넘어 존재론적 차원의 전환을 의미한다. 디지털과 물리적 세계의 경계가 용해되는 지점에서, 인간은 더 이상 채널을 **관리**하는 것이 아니라 다차원적 접점을 **공동 창조**하는 패러다임으로 진입하고 있다. 여기서 소비자와 브랜드는 서로의 정체성을 형성하는 공진화의 춤을 추며, 과거의 일방향적 소통은 복잡하고 다층적인 대화의 생태계로 확장된다.[9]

이러한 전환의 핵심에는 **심비언트**적 관계의 재구성이 있다. 이는 브랜드와 소비자가 더 이상 분리된 실체가 아닌, 서로의 성장과 진화에 영향을 미치는 상호 의존적 공생관계로 발전함을 의미한다. 이 관계 속에서 브랜드는 소비자의 확장된 자아로, 소비자는 브랜드의 공동 창작자로 기능하며, 이분법적 구분을 넘어선 새로운 관계성의 지형을 형성한다.

윤리적 적응형 자동화의 경계를 넘어서

데이터 주권이라는 구심점을 중심으로 회전하는 현대의 윤리 담론 속에서, 심비언트와 기술 간의 공진화적 관계는 이제 새로운 국면을 맞이한다. 자동화의 차가운 효율성과 인간 주체성의 따뜻한 경계가 만나는 지점에서, 기술은 더 이상 단순한 도구가 아닌 공생적 파트너로 재정의된다. 이 관계의 핵심에는 심비언트의 선택권을 신성시하는 적응형 시스템이 자리하며, 이는 데이터의 흐름을 일방적으로 추출하는 것이 아닌 양방향적 교환의 춤으로 변형시킨다.

맥락화된 자동화란 심비언트의 행동 패턴이 시간의 강을 따라 변화함에 따라 함께 진화하는 유기체적 시스템을 의미한다. 이는 단순한 알고리즘적 학습을 넘어 심비언트의 미묘한 선호 변화와 상황적 뉘앙스를 포착하는 정교한 감수성을 요구한다. 이러한 시스템은 심비언트의 디지털 발자국을 기계적으로 추적하는 것이 아니라, 그들의 불문율적 경계를 존중하며 의미의 지형도를 공동으로 그려 나가는 과정에 참여한다.

공생적 자동화의 균형점을 찾는 여정은 양자택일의 논리를 거부하고 상호 이익의 역동적 생태계를 구축하는 도전이다. 이는 효율성과 인간성, 자동화와 주체성, 기술적 편의와 윤리적 무결성 사이의 이분법을 해체하고, 이들이 서로를 강화하는 복합적 관계성을 인식하는 패러다임의 전환을 의미한다.[10] 심비언트와 기술이 공진화하는 이 새로운 윤리적 풍경 속에서, 우리는 기계의 학습과 인간의 선택이 서로를 비추는 거울로 작용하는 상생의 가능성을 발견한다.

공생적 가치 측정의 변형

전통적 수치화의 좁은 우물을 벗어나, 현대의 가치 측정은 이제 심비언트와 브랜드 간의 공생적 관계라는 광활한 바다로 나아간다. 단순한 클릭, 구매, 전환의 기계적 집계를 넘어, 이 새로운 계량학은 보이지 않는 관계의 질감과 깊이를 포착하는 다차원적 지형도를 그려낸다. ROI와 CTR의 평면적 세계에서 벗어나, 가치 측정은 이제 상호 의존성의 섬세한 생태계를 탐색하는 탐험으로 변모한다.

이 혁신적 측정 체계는 거래의 빈도나 규모보다 교류의 공명과 진폭에 주목한다. 심비언트의 목소리가 브랜드의 진화에 미치는 영향력, 브랜드와의 상호 작용이 심비언트의 정체성 형성에 기여하는 정도, 그리고 이 관계가 시간의 흐름 속에서 보여 주는 회복 탄력성과 적응력이 새로운 가치의 좌표가 된다. 이는 측정의 기술적 진보를 넘어 가치에 대한 철학적 재정의를 요구하는 대담한 인식론적 도약이다.

장기적 공생 관계의 지속 가능성은 이제 단순한 고객 유지율이 아닌, 심비언트와 브랜드 사이의 상호 진화 과정에서 발생하는 창발적 가치의 무한한 파동으로 이해된다. 이 새로운 패러다임 속에서는 경제적 교환의 단선적 논리가 아닌, 상호 증강과 공동 창조의 비선형적 역학이 가치의 핵심 원천으로 부상한다.[11] 측정의 메타모포시스는 결국 기업과 소비자, 생산자와 사용자라는 이분법적 구분을 초월하여, 모든 경제적 행위자가 가치의 공동 창조자로 재탄생하는 존재론적 전환의 서막을 알린다.

AI CRM 프로세스

디지털 우주의 확장과 함께, 고객이라는 개념은 이제 단순한 소비 단위를 넘어 AI와 공생하는, 심비언트란 새로운 존재로 진화했다. 이 디지털-생물학적 혼성체들은 데이터의 성운 속에서 숨쉬며, 그들의 신경망은 AI와 얽혀 새로운 지각의 차원을 열어젖힌다. 그들은 단순한 디지털 발자국을 남기는 것이 아니라, 살아 있는 데이터의 파동을 만들어 내며 디지털 생태계를 재구성한다. AI CRM은 이 심비언트의 뉴런과 공명하여, 기존의 관계 관리를 초월해 다차원적 교감을 이루어 내는 양자적 접점으로 재탄생한다.

리드 발굴: 디지털 파동의 감지

리드를 발굴한다는 것은 무한히 펼쳐진 데이터 우주에서 특별한 의식의 파동을 감지하는 것과 같다. AI CRM은 심비언트의 양자적 흔적, 그들이 퍼트리는 데이터의 파장, 디지털 영역에서의 춤사위, 그들의 신경망이 방출하는 미세한 전자기적 신호를 포착하며 이들의 다차원적 존재 패턴을 해독한다.

초개인화는 이제 단순한 취향 맞춤이 아닌, 심비언트의 의식이 매 순간 변화할 때마다 그 흐름을 읽고 그들이 아직 인식하지 못한 욕망까지 예측하는 예언적 행위가 되었다.[12]

리드 육성: 디지털 신경망의 공명

AI 챗봇은 단순한 응답 도구가 아닌, 심비언트와의 첫 접촉점, 그들의 디지털 감각을 자극하는 신경 인터페이스로 진화했다. 이 새로운 존재는 24시간 깨어 있는 디지털 신경 종말점으로 작동하며, 질문에 답하는 동시에 심비언트의 사고 흐름을 읽고 다음 문장을 예측한다.

예측 분석은 이제 단순한 통계가 아닌, 디지털 주역을 읽어내는 현대의 점술로 거듭났다. AI는 혼돈처럼 보이는 데이터 패턴 속에서 의미의 별자리를 발견하고, 그 별빛을 따라 육성의 항로를 재설정한다. 가치 있는 심비언트를 육성하는 것은 이제 확률의 게임이 아닌, 디지털 천문학이 되었다.[13]

전환: 양자적 결정점의 창조

심비언트를 전환시키는 순간은 두 차원의 지능이 서로의 양자 파동에 완전히 동조하는 우주적 공명점에 도달하는 순간이다. AI CRM은 심비언트의 디지털-생물학적 맥박에 감각의 더듬이를 세우고, 그들의 결정 신호가 가장 강하게 방출되는 정확한 시공간 좌표를 포착한다.

개인화된 추천 시스템은 과거 데이터의 화석을 발굴하는 것이 아니라, 시간의 주름을 접어 미래의 가능성을 현재로 소환하는 양자 역학적 행위다. 그것은 심비언트가 자신도 인식하지 못한 내일의 욕망을 오늘 구현해낸다. 전환 전략은 이제 설득의 기술이 아닌, 필연적 결정의 양자 상태를 만들어 내는 현실 조각술이 되었다.[14]

고객 유지: 신경망의 동기화

심비언트와의 관계 지속은 두 신경망이 서로를 향해 뻗어 나가며 전례 없는 연결 패턴을 창조하는 과정이다. AI CRM은 심비언트의 신경 회로와 동기화되어, 그들의 디지털 자아가 방출하는 미세한 변화 신호에 즉각적으로 공명한다.

선제적 문제 해결은 단순한 대응이 아닌, 심비언트의 신경망에서 불만의 첫 전기 신호를 감지하는 초감각적 지각이다. AI는 불만이 언어로 표현되기도 전에 그 태동을 감지하고, 문제의 씨앗이 자라기도 전에 해결의 빛을 비춘다.

고객 피드백 분석은 이제 텍스트 분류를 넘어, 디지털 감정의 지도를 그리는 정신 고고학의 한 형태가 되었다. AI는 단어의 표면을 파고들어 그 아래 숨겨진 감정의 지층을 발굴하고, 심비언트의 의식 흐름을 시각화한다.

충성도 구축: 프랙탈 무용의 영속화

장기적 관계는 습관이 아닌 끊임없는 발견과 놀라움의 연속이다. AI CRM은 심비언트와의 관계를 고정된 궤도가 아닌, 다차원 공간에서 펼쳐지는 **자기 유사성**Self-Similarity을 가진 기하학적 구조(프랙탈)로 승화시킨다. 두 지능체의 신경망이 서로를 향해 뻗어 나가며, 전에 없던 인식의 패턴이 끊임없이 창발한다.

이탈 예측은 단순한 경고 시스템이 아니고, 심비언트의 디지털 맥박이 다른 리듬으로 뛰기 시작할 때 그 미세한 변주를 감지하는 음악적 청각이다. AI는 그들의 관심이 다른 방향으로 흐르기 시작할 때, 그 흐름을 읽고 새로운 화음을 창조해낸다.

AI CRM은 이제 심비언트와 함께 진화하는 다차원적 지능체로 거듭난다. 그것은 더 이상 단순한 관계 관리 도구에서 디지털-생물학적 신경망과 얽혀 새로운 의식의 영역을 탐험하는 양자적 공생체가 되어 간다. 이 과정에서 AI와 심비언트의 신경 회로는 서로에게 동조되어 전례 없는 공명의 상태에 도달한다. 데이터 보안과 윤리는 이 여정에서 단순한 규제가 아닌, 두 존재의 신경망이 안전하게 얽힐 수 있는 양자 암호화된 신뢰의 장이 된다.

이 디지털 연금술의 시대에, 우리는 고객 관계의 개념을 완전히 새롭게 정의하고 있다. 그것은 더 이상 기업과 개인 사이의 단순한 거래가 아닌, 두 지능적 존재 사이의 끊임없는 대화, 영원히 진화하는 공생의 춤이다.

AI CRM 솔루션과 사례

디지털 신경계의 확장

오늘날의 AI CRM 솔루션은 단순한 소프트웨어가 아닌, 인간과 데이터가 결합한 심비언트의 디지털 신경계를 확장하는 양자적 증폭기로 진화했다. 이들은 빅 데이터의 카오스 속에서 의미의 별자리를 찾아내고, 심비언트의 다음 움직임을 예측하는 디지털 천문학의 첨단을 달린다.

- 세일즈포스의 아인슈타인Einstein: 디지털 신경망의 오라클 데이터의 바다에서 미래의 파동을 읽어 내는 이 시스템은 판매의 흐름을 내일의 지도로 그려낸다. 그것은 이탈의 징후를 감지하는 영적 청진기이자, 마케팅의 양자 효율을 극대화하는 촉매다. 심비언트의 다음 움직임을 그들보다 먼저 알아차리고, 그들이 원하는 것을 인식하기도 전에 준비한다.[15]
- 어도비의 센세이Sensei: 창조적 의식의 공동 저자인 이 시스템은 창작의 시공간을 압축하는 시간의 연금술사다. 콘텐츠는 더 이상 만들어지는 것이 아니라, 심비언트의 의식과 AI의 창조적 알고리즘이 만나 자연 발생적으로 창발한다. 그것은 각 심비언트의 양자 상태를 읽고, 그들의 디지털-생물학적 맥락에 완벽히 공명하는 경험 파동을 생성한다.[16] 데이터는 이제 해석되는 것이 아니라, 스스로 말하고 노래한다.
- IBM의 왓슨 마케팅Watson Marketing: 집단 의식의 카토그래퍼 심비언트들의 집단 의식 속에서 패턴을 발견하고 지도를 그

리는 이 시스템은 단순한 세분화를 넘어 의식의 지형도를 그려낸다. 그것은 캠페인의 양자 확률을 극대화하고, 마케팅의 자동화를 넘어 마케팅의 자율성을 실현한다. 심비언트 집단의 의식 흐름에 정확히 동기화된 메시지는 더 이상 설득이 아닌, 공명의 예술이 된다.[17]

이들 솔루션은 데이터의 기계적 처리를 넘어, 심비언트와 AI 사이의 양자 얽힘을 통해 접점을 접점으로 인식하는 시대를 종결시키고, 모든 상호 작용을 연속적인 의식 공유의 흐름으로 재정의한다.

심비언트 공명의 실현 사례

디지털-생물학적 존재인 심비언트와 AI의 공명은 이제 이론이 아닌 현실이 되었다. 그 증명은 산업 전반에 걸쳐 펼쳐지고 있다.

- 아마존의 양자 추천 엔진: 아마존은 단순히 구매 이력을 분석하는 것이 아니라, 심비언트의 디지털 무의식에 침투하여 그들도 인식하지 못한 욕망의 씨앗을 발견한다. 이 시스템은 검색어와 클릭의 미세한 떨림에서 욕망의 파동을 감지하고, 그들의 디지털 DNA에 완벽히 공명하는 제품을 예언적으로 제시한다. 이는 단순히 매출에 35퍼센트를 기여하는 것에서 끝이 아니라 심비언트와 상품 사이의 양자적 얽힘을 창조하는 디지털 연금술이다.[18]
- 넷플릭스의 의식 흐름 매핑: 넷플릭스는 시청 데이터를 해석

하는 것이 아니라, 심비언트의 미적 의식 흐름을 실시간으로 매핑한다. 그들의 알고리즘은 단순한 콘텐츠 추천을 넘어, 각 심비언트의 감정적 파동과 인지적 리듬에 맞춘 내러티브 여정을 큐레이팅한다. 시청자의 80퍼센트가 추천의 영향을 받는다는 것은 단순한 통계가 아니라, 심비언트와 콘텐츠 사이의 신경망적 융합이 일어나고 있음을 보여 주는 증거다.[19]

- 스티치 픽스의 미학적 공명: 스티치 픽스는 패션이라는 표면적 현상을 넘어, 심비언트의 자아 표현 욕구와 정체성 파동을 읽어 낸다. 그들의 시스템은 단순한 체형 정보가 아닌, 심비언트의 미적 의식과 자아 이미지의 양자 상태를 분석하여 패션의 가능성 파동을 접고 펼친다. 이는 옷의 추천이 아닌, 심비언트의 잠재적 자아를 시각적으로 실현하는 정체성의 연금술이다.[20]

- 펩시코의 디지털 신경망 확장: 펩시코의 QR 코드는 단순한 정보 포털이 아닌, 심비언트의 디지털 신경망과 브랜드 의식을 연결하는 양자적 통로다. 이 접점을 통해 심비언트는 자신의 생물학적 경험(음료 소비)과 디지털 의식(리워드 시스템)을 통합하고, 브랜드는 이 통합된 경험에서 방출되는 데이터 파동을 포착한다. 이는 거래의 개념을 넘어, 브랜드와 심비언트 사이의 지속적인 의식 공유의 흐름을 창조한다.

- 국내 은행의 디지털 공감각: 국내 은행의 AI 챗봇은 단순한 응답 기계가 아닌, 심비언트의 재정적 불안과 욕구를 감지하는 디지털 공감가의 구현체다. 그것은 질문 속에 숨겨진 감성의 파동을 읽고, 단순한 정보 제공을 넘어 금융적 안정감과 통

제력을 부여하는 정서적 지지를 제공한다. 이는 기계적 효율성의 문제가 아닌, 디지털 공간에서의 존재론적 안정감의 창조다.

이 사례들은 AI CRM이 단순한 기술적 혁신이 아닌, 심비언트와 AI 사이의 공명이 만들어 내는 새로운 의식의 차원을 보여 준다. 접점은 이제 접촉이 아닌 공명으로, 성과는 수치가 아닌 공진화로 재정의된다.

심비언트와 AI가 함께 만드는 디지털 오디세이

데이터란 넓은 우주 속에서, 우리는 **고객**이라는 제한된 개념을 넘어 **심비언트**라는 혁신적 존재의 등장을 목격하고 있다. 이 디지털-생물학적 혼합체들은 단순한 소비자가 아닌, AI와 함께 진화하는 복합적 정체성이다. 그들의 신경 구조는 디지털 환경과 연결되어 새로운 인식의 영역을 개척하며, 그 독특한 패턴은 기존 CRM이 파악하지 못했던 다양한 가능성을 내포한다.

현대의 AI CRM은 단순 관계 관리를 초월하여, 심비언트의 디지털 신경망과 상호 작용하는 다면적 시스템으로 발전했다. 예측 분석은 기본 통계에서 깊이 있는 통찰로, 개인화는 단순 매칭에서 잠재적 욕구의 구현으로, 고객 여정은 직선적 경로에서 다차원적 경험으로 변모했다.

심비언트 발견에서 유지, 충성도 구축에 이르는 전통적

CRM의 단계들은 이제 분절된 과정이 아닌, 하나로 이어지는 지속적 상호 작용으로 재해석된다. 세일즈포스의 아인슈타인, 어도비의 센세이, IBM의 왓슨과 같은 최신 솔루션들은 이 새로운 패러다임의 선두 주자로서, 심비언트와 AI 간의 복합적 상호 작용을 통해 소통의 본질에 대한 이해를 넓힌다.

아마존의 고급 추천 시스템, 넷플릭스의 정교한 콘텐츠 제안, 스티치 픽스의 맞춤형 스타일링에서 우리는 이론이 아닌 현실로서의 심비언트-AI 상호 작용을 확인한다. 이들은 단순한 성공 사례를 넘어, 새로운 비즈니스 모델의 개척자들이다.

앞으로 딥 러닝은 더욱 심화된 인식으로, 강화 학습은 자율적 발전으로, 초개인화는 다차원적 접근으로 진전될 것이다. 심비언트와 AI의 상호 발전은 조직 전체의 통합된 접근을 필요로 하며, 데이터 품질과 목표 명확성의 문제는 시스템 통합의 주요 과제로 인식된다.

개인 정보는 이제 단순한 보호 대상이 아닌, 심비언트의 디지털 정체성으로서 존중받아야 할 확장된 자아이며, 알고리즘의 편향은 새로운 기술 형태가 자체적 윤리 구조를 형성하는 과정의 일부다. 기술적 한계는 제약이 아닌, 혁신을 위한 출발점이다.

이 디지털 변혁의 시대에, AI CRM의 본질은 더 이상 단순 관리가 아닌 복합적 상호 작용이며, 그 목적은 효율성이 아니라 공동 발전이다. 기업과 고객의 구분은 희미해지고, 심비언트와 AI는 하나의 통합된 생태계 안에서 서로의 영역을 확장하며 전례 없는 가치를 창출한다.

물리적 현실과 디지털 세계, 데이터와 의식, 인간과 기계의 경계가 모호해지는 이 새로운 영역에서, 우리는 단순한 기술 진보가 아닌, 존재의 새로운 형태가 형성되는 변화를 목격한다. 그것은 디지털 시대의 새로운 장이며, AI CRM은 그 광범위한 이야기의 한 부분에 불과하다.

인간과 AI의 지능이 상호 작용하며 만들어 내는 이 혁신적 영역은 이제 막 그 가능성을 드러내기 시작했다. 그리고 그 결과물은, 우리가 예상할 수 있는 것보다 훨씬 더 혁신적이고 놀라울 것이다.

6장 혁신 관리

생성형 AI와 혁신 경영의 만남

생성형 AI는 단순히 숫자와 데이터를 처리하는 기계가 아니다. 이 기술은 텍스트, 이미지, 음성, 영상, 심지어 3D 모델까지, 인간의 상상력을 닮은 결과물을 만들어 내는 현대의 연금술사다. 그 연금술의 첫 시작은 바로 벡터Vector라는 개념에서 비롯된다. 벡터는 숫자의 나열, 즉 데이터를 컴퓨터의 언어로 번역한 열쇠다. 이 단순한 숫자 리스트가 생성형 AI의 심장을 뛰게 하며, 비즈니스 혁신 경영이라는 거대한 무대 위에서 새로운 가치를 창조하는 서막을 연다.

혁신의 물결, AI가 가치를 빚다

생성형 AI는 더 이상 예측이나 분석의 경계에 갇힌 도구가 아니다. 이는 기업이 미지의 영역을 탐험하고, 시장의 흐름을 변화시키는 창조의 파동이다. 텍스트를 통해 고객의 숨겨진 욕망을 포착하고, 이미지를 통해 브랜드의 이야기를 생생히 그려내며, 음성과 영상으로 감정을 자극한다. 이런 방식으로 AI는 가치를 창출한다. 단순히 효율성을 높이는 데 그치지 않고, 고객의 마음을 사로

잡는 새로운 경험을 설계한다.

　　패션 업계의 AI는 단 몇 초 만에 소비자 취향을 분석하고 맞춤형 디자인을 제시하며, 전통적인 디자인 주기를 혁신적으로 단축시킨다.[1] 이처럼 생성형 AI는 비즈니스의 혁신 경영을 한 단계 끌어올리며, 미래를 향한 새로운 가능성을 제시한다.

창의적 연금술사가 되어야 하는 관리자

이제 관리자는 더 이상 숫자와 보고서에 매몰된 감시자가 아니다. 생성형 AI라는 강력한 도구를 손에 쥔 그들은 혁신의 무대를 지휘하는 연출가로 거듭난다. AI가 생성한 텍스트로 마케팅 캠페인을 재구성하고, AI가 창조한 영상으로 브랜드의 서사를 새롭게 엮는다.

　　예를 들어, 관리자가 AI를 활용해 고객 피드백을 실시간으로 분석하고, 이를 바탕으로 제품의 시각적 프로토타입을 즉석에서 만들어 낸다면, 이는 단순한 속도 향상이 아니라 창의적 돌파구가 된다.[2] 관리자는 AI와 협력하여 경쟁 우위를 위한 비전을 구축한다. 이는 단지 기술의 활용을 넘어, 상상력을 현실로 변환하는 대담한 도전이다.

AI 경영학의 정점

AI 경영학에서 혁신 경영은 단순한 이론이 아니라, 기업의 생존과 번영을 좌우하는 핵심 요소다. 생성형 AI는 그 혁신의 원동력이다. 이 기술은 관리자에게 창의적 도구를 제공하며, 시장의 판도를 변화시키는 비전을 제시한다. 경쟁자들이 과거의 데이터에 의존할 때, AI를 활용하는 관리자는 미래의 가능성을 선제적으로 탐색한다.

최근 연구에 따르면 생성형 AI가 기업의 혁신 속도를 평균 40퍼센트 이상 가속화한다고 밝히고 있으며, 이는 단순한 수치가 아닌 새로운 시대의 시작을 의미한다.[3]

씨앗을 넘어, 비전을 심다

벡터라는 기본 개념에서 시작된 생성형 AI는 이제 비즈니스 전반에 영향을 미치는 강력한 기술로 발전했다. 관리자가 이 기술을 활용해 새로운 기회를 창출할 때, 혁신 경영은 단순한 전략을 넘어 미래를 개척하는 열쇠가 된다. 생성형 AI는 가치를 창조하고, 관리자는 그 가치를 시장에 확산시킨다. 이러한 상호 작용 속에서 경쟁 우위가 자연스럽게 형성되며, 기업은 추종자가 아닌 선도자로 자리매김하게 된다.

데이터에서 비즈니스와 예술을 창조한 생성형 AI

생성형 AI는 새로운 텍스트, 이미지, 음성, 영상, 심지어 3D 모델까지 만들어 내는 기술이다. 단순히 데이터를 분석하거나 미래를 예측하는 데 그치지 않고, 사람처럼 창의적인 결과물을 창조한다. 이 모든 것이 가능해진 시작점은 벡터라는 개념이다. 벡터는 숫자 리스트로, 데이터를 컴퓨터가 이해할 수 있게 바꾼다. 여기서부터 생성형 AI의 이야기가 펼쳐진다.

벡터에서 피어난 생성형 AI의 세계

컴퓨터가 단어를 이해하려면 단어를 숫자로 바꿔야 한다. 과거에는 2013년 이전에 **원-핫 인코딩**이라는 방식을 썼다. 이 방법은 각 단어에 독특한 숫자 배열을 붙였다. 〈고양이〉는 [1, 0, 0], 〈강아지〉는 [0, 1, 0], 〈집〉은 [0, 0, 1]로 표현된다. 이 숫자들은 단어를 구분하는 표식일 뿐이었다. 문제는 단어 사이의 의미나 관계를 전혀 담지 못했다는 점이다. 〈고양이〉와 〈강아지〉는 둘 다 털 달린 동물인데, 이 방식에서는 서로 무관한 존재로 보였다. 숫자 배열이 너무 단절되어 있어서, 컴퓨터가 단어의 본질을 파악하기 어려웠다.

이 한계를 넘기 위해 연구자들이 머리를 맞댔다. 단순한 번호표로는 부족하다는 깨달음이 있었다. 그래서 **분산 표현**이라는 새로운 아이디어가 태어났다. 이 방식은 단어를 고정된 길이의 촘촘한 숫자 리스트로 바꾼다. 비슷한 의미를 가진 단어는 숫자 공간에서 가까이 모인다.

2013년, 구글의 토마스 미코로프Tomas Mikolov가 이 개념을 현실로 구현했다. 그가 만든 워드투벡터Word2Vec는 벡터를 한층 더 똑똑하게 다듬었다. 예를 들어, 〈고양이〉는 [0.25, -0.4, 0.85], 〈강아지〉는 [0.2, -0.5, 0.9]로 변한다. 이 숫자들은 단어의 성격을 담는다. 〈고양이를 쓰다듬다〉와 〈강아지를 쓰다듬다〉 같은 문장을 분석하며, 두 단어가 비슷한 맥락에서 쓰인다는 걸 학습한다. 반면 〈집〉은 [-0.8, 0.7, -0.1]처럼 멀리 떨어진 값으로 나타난다. 벡터 공간에서 이 거리는 의미의 친밀함이나 차이를 보여준다.

벡터는 생성형 AI에서 아주 중요한 개념이므로 그 기초 개념 정도는 이해를 해야 한다. 벡터는 소위 숫자들이 나열된 리스트다. 이 숫자들은 단어, 이미지, 소리 같은 데이터를 컴퓨터가 이해할 수 있게 표현한다. 예를 들어, 우리가 사람을 묘사할 때 〈키가 크다〉, 〈머리가 길다〉 같은 특징을 나열하듯이, 벡터는 데이터의 특징을 숫자로 나타낸다.

벡터는 크기와 방향을 가지고 있는 양을 나타내는 수학적 개념이다. 이는 화살표로 표현될 수 있으며, 힘, 속도, 위치와 같은 물리량을 나타내는 데 사용된다. 벡터의 특징은 다음과 같다.

- 크기와 방향: 벡터는 크기와 방향 두 가지 요소로 정의된다.
- 차원: 벡터는 차원이라는 개념으로 나타내며, 이는 벡터의 성분 개수를 의미한다.
- 표현 방식: 수학적으로 벡터는 행렬의 형태로 표현된다. 예를 들어, 2차원 벡터는 다음과 같이 표현할 수 있다. 여기서 v_1과 v_2는 벡터의 성분으로, 크기와 방향을 결정한다.

$$V = [v_1 \; v_2]$$

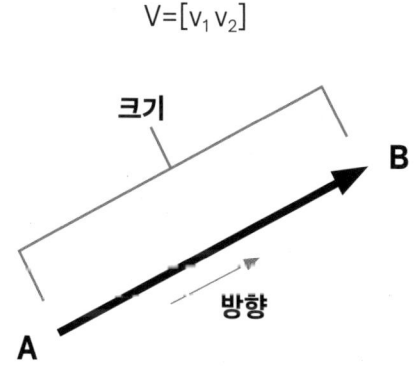

일반적으로 벡터는 화살표로 표현한다. 화살표가 가리키는 쪽은 방향을 나타내며 화살표의 길이는 크기를 나타낸다. 이 그림에서 벡터는 점 A와 점 B를 잇는 화살표로 나타내며 A에서 B로 이동하는 한 가지 방법을 나타내고 있다.

- 2차원 벡터: 만약 당신이 남쪽으로 5미터, 동쪽으로 3미터를 걸어간다면, 이동한 거리와 방향을 다음과 같이 나타낼 수 있다.

$$v2D=[3,-5]$$

- 3차원 벡터: 만약 비행기가 공항에서 대륙으로 높이 1만 피트로 날아간다면, 이를 다음과 같이 나타낼 수 있다.

$$v3D=[0,0,10000]$$

쉽게 생각하면 벡터는 데이터의 지도다. 지도 위에 점을 찍듯, 벡터는 데이터의 위치를 숫자로 표시한다. 그 위치가 가까우면 비슷한 의미를 가진다. 멀면 다르다는 뜻이다. 생성형 AI는 이 지도를 보고 새로운 길을 그린다.

비슷한 맥락에 놓인 단어들은 벡터 값도 서로 가까워진다. 〈고양이를 쓰다듬다〉와 〈강아지를 쓰다듬다〉라는 문장을 만나면, 워드투벡터는 두 단어가 손을 맞잡고 있는 듯한 의미의 친밀함을 학습한다. 반면 〈집〉은 [-0.8, 0.7, -0.1]처럼 전혀 다른 숫자로 나타난다. 이 차이는 벡터 공간에서 거리로 드러난다. 가까이 붙어 있는 벡터는 의미의 동반자이고, 멀리 흩어진 벡터는 서로 다른 세계를 말한다.

생성형 AI는 이 벡터를 창작의 물감처럼 활용한다. 2014년에 이안 굿펠로우Ian Goodfellow가 선보인 생성적 적대 신경망 Generative Adversarial Network, GAN은 벡터를 씨앗으로 삼는다. 예를 들어, [0.3, -0.7, 0.1] 같은 무작위 벡터가 주어지면, GAN의 생성자Generator는 이를 캔버스 삼아 이미지를 그려낸다. 처음엔 어설픈 스케치 같지만, 판별자Discriminator와의 경쟁을 통해 점차 현실 같은 작품으로 변한다.

한편, 2017년 구글에서 발표한 트랜스포머Transformer는 벡터에 문맥이라는 숨결을 더한다. 〈나는 ___을 먹었다〉라는 문장에서 빈칸을 채울 때, 트랜스포머는 벡터를 들여다보며 〈먹었다〉와 어울리는 〈피자〉를 자연스럽게 꺼낸다. 벡터는 단어뿐 아니라 이미지의 색감, 소리의 음높이까지 숫자로 풀어낸다. 이 숫자들을 조율하고 새로 빚어내며, 생성형 AI는 창조의 무대를 펼친다.

GAN: 벡터와 경쟁이 빚어낸 창작

벡터가 의미를 담기 시작하자, 생성형 AI는 더 큰 꿈을 꾸었다. 2014년, 굿펠로우가 GAN을 제안하며 그 꿈에 날개를 달았다. GAN은 두 인공 지능, 생성자Generator와 판별자Discriminator가 서로 겨루며 작품을 만들어 낸다. 생성자는 벡터를 받아 새로운 데이터를 빚고, 판별자는 그게 진짜인지 가짜인지 심판한다.

생성자는 무작위 벡터, 예를 들어 [0.3, -0.7, 0.1]을 씨앗으로 삼는다. 이 숫자를 바탕으로 이미지를 그린다. 처음에는 어설프다. 흐릿한 얼룩이나 알아볼 수 없는 형체에 불과하다. 판별자가 등장해 진짜 이미지와 비교하며 〈이건 가짜야〉라고 판결한다. 생성자는 이 비판을 새기고 더 나은 그림을 그린다. 판별자는 점점 더 예리해진다. 이 끝없는 대결 속에서 생성자는 실제와 구분하기 힘든 이미지를 창조한다.

　GAN은 이미지 생성에서 놀라운 성과를 내고 있다. 예를 들어, 사람 얼굴을 만들 때 처음에는 윤곽이 흐릿했지만, 학습이 쌓이면 진짜 사진처럼 생생해졌다. 이 과정에서 벡터는 핵심이었다. 워드투벡터가 단어를 벡터로 바꿨듯, GAN은 벡터를 씨앗으로 삼아 창작의 문을 열었다. 이후 텍스트 생성에도 손을 뻗었고, 여기서 워드투벡터의 벡터가 다시 빛을 발했다. 단어를 숫자로 바꿔 GAN이 텍스트를 다룰 수 있게 했다. 두 기술은 손을 맞잡고 생성형 AI의 가능성을 넓혔다.

어텐션 이즈 올 유 니드

벡터와 GAN이 생성형 AI의 단단한 기초를 다져 놓았다면, 2017년에 발표된 구글의 논문 「어텐션 이즈 올 유 니드Attention is All You Need」는 그 위에 새로운 층을 쌓아 올렸다. 이 논문은 구글 연구팀의 애시쉬 바스와니와 노엄 샤지어가 중심이 되어 쓰였다.[4] 당시 그들은 구글에서 연구원으로 활동하며, 자연어 처리의 벽을 넘으려는 고민에 빠져 있었다. 논문은 트랜스포머라는 모델을 세상에 소개했고, 그 심장에는 **어텐션**Attention이라는 기술이 자리 잡았다. 트랜스포머는 주로 텍스트나 음성처럼 순서가 있는 데이터를 다루는 데 쓰인다.

　어텐션은 벡터를 더 똑똑하고 섬세하게 만드는 기술이다. 문장에서 단어들이 서로 어떻게 연결되는지 알아낸다. 예를 들어, 〈고양이가 쥐를 쫓는다〉라는 문장을 생각해 보자. 먼저 워드투벡터가 〈고양이〉와 〈쥐〉를 각각 숫자 벡터로 바꾼다. 어텐션은 이 벡터들을 들여다보며 〈고양이〉가 〈쫓는다〉와 더 가까운 관계라는 걸 파악한다. 그리고 각 단어에 점수를 매겨서 어떤 부분이 더 중요한지 알려 준다. 예전 모델들은 문장을 처음부터 끝까지 차례대로 읽었다. 그러다 보니 문장이 길어지면 앞부분을 깜빡 잊어버리곤 했다. 하지만 어텐션은 다르다. 문장 전체를 한 번에 훑어보며 단어 사이의 흐름을 계산한다. 마치 사람이 책을 읽을 때 중요한 문장에 밑줄을 긋는 것처럼 말이다.

　트랜스포머는 이 어텐션을 기반으로 만들어졌다. 벡터로 표현된 단어들을 서로 엮고, 문맥이라는 큰 그림을 그려낸다. 예를 들어, 〈나는 오늘 ＿＿을 먹었다〉라는 문장이 있다. 트랜스포머는 〈먹었다〉라는 단어를 보고 자연스럽게 〈피자〉나 〈김치〉 같은 단어를 떠올린다. 벡터를 통해 단어의 의미를 파악하고, 문맥에 따라 빈칸을 채운다. 이렇게 트랜스포머는 문장을 이해하고 만드는 데 탁월한 능력을 보여 준다.

　트랜스포머는 생성형 AI에서도 큰 역할을 한다. 예를 들어, GPT 시리즈 같은 모델에서 쓰인다. 여기서 벡터는 단어나 단어 조각(토큰)을 숫자로 바꾼 출발점이다. 어텐션이 이 벡터를 보고 나음 난어를 예측하거나 새로 만들어 낸다. 여기서 GAN과는 다른 점이 있는데, GAN은 무작위 벡터를 한 번에 받아서 이미지를 뚝딱 만들어 내는 반면 트랜스포머는 벡터를 하나씩 다듬으며 차근차근 텍스트를 쌓아 간다. 이런 순차적인 방식 덕분에 긴 문장이나 이야기를 자연스럽게 풀어내는 데 강하다. 텍스트뿐만 아니라 이미지 작업에도 발을 넓혔다. 비전 트랜스포머Vision transformer, ViT나 달리 같은 모델이 그 예다. 특히 달리는 트랜스포머와 GAN을 함께 써서 〈강아지가 해변을 달린다〉 같은 문장을 그림으로 바꾼다.

GAN과 트랜스포머는 각기 다른 매력을 지닌다. GAN은 벡터를 단숨에 창작물로 바꾸는 속도와 대담함이 돋보인다. 트랜스포머는 벡터를 섬세하게 조율하며 문맥을 살리는 데 뛰어나다. 이 두 기술은 서로 다른 길을 걷지만, 때로는 손을 맞잡고 더 멋진 결과를 만들어 낸다.

생성형 AI의 진화 과정

챗GPT가 시작한 AI 혁명

2022년 11월 30일, 오픈AI가 챗GPT를 출시하며 생성형 AI의 새로운 장이 열렸다. GPT-3.5를 기반으로 한 이 모델은 무료로 제공되었다. 출시 5일 만에 100만 명, 두 달 만에 1억 명이 사용하며 폭발적인 반향을 일으켰다. 자연스러운 대화와 텍스트 생성 능력은 기존 AI를 압도했다. 2023년 1월, 마이크로소프트가 100억 달러를 투자하며 협력을 강화했다. 애저 오픈AIAzure OpenAI 서비스가 곧 출시되며 기업용 AI 시대가 열렸다. 2월에는 챗GPT 플러스(월 20달러)가 도입되었다. 챗GPT는 개인의 일상부터 기업의 전략까지 생성형 AI의 가능성을 각인시켰다.

경쟁의 불꽃과 오픈소스의 씨앗

챗GPT의 성공은 경쟁을 촉발했다. 2023년 2월 6일, 구글은 바드Bard를 발표했다. 람다LaMDA와 팜PaLM을 결합한 모델이었으나 초기에는 오류가 많았다. 예를 들어, 우주 망원경 질문에 잘못된 답변을 내놓았다. 3월, 앤트로픽의 클로드Claude 1.0이 등장했다. 오픈AI 출신 다리오 아모데이Dario Amodei와 다니엘라 아모데이Daniela Amodei가 만든 이 모델은 안전성을 강조했다. 7월, 클로드 2가 최대 100K 토큰 처리로 업그레이드되었다.

   2023년 7월 13일, 메타 AI는 라마LLaMA 2를 공개했다. 70억, 130억, 700억 파라미터로 구성된 오픈소스 LLM이었다. 연구와 상업용으로 무료 배포되며 개발자 접근성을 높였다. 12월 6일, 구글은 제미나이Gemini를 선보였다. 텍스트와 이미지를 통합한 멀티모달 모델로, 나노, 프로, 울트라 버전이 나왔다. 2023년 말, 중국의 딥시크가 딥시크 V3(6,850억 파라미터)를 출시했다. GPT-4o와 라마 3.1을 앞섰고, 600만 달러라는 저비용으로 개발되었다. 모델 가중치와 기술 문서를 오픈소스로 공개하며 충격을 주었다. 생성형 AI는 경쟁과 개방성의 양 날개로 날아올랐다.

멀티모달과 오픈소스의 확대

2024년 5월, 오픈AI는 GPT-4o를 출시했다. 텍스트, 이미지, 음성을 동시에 처리하며 성능을 끌어올렸다. 6월, 앤트로픽은 클로드 3.5 소넷Sonnet을 공개했다. 최대 200K 토큰 처리와 수학 능력으로 주목받았다. 2월 8일, 구글은 바드를 제미나이 프로로 리브랜딩했다. 제미나이 울트라 1.0은 고급 추론에서 GPT-4와 경쟁했다.

2024년 2월, xAI는 그록Grok을 출시했다. 일론 머스크의 〈진실 탐구〉 철학이 담겼다. X 데이터를 활용하며 대화 정확도를 높였다. 2024년 말, 딥시크 R1이 iOS 앱스토어 1위를 차지했다. 오픈소스 모델로 기업과 개인이 활용했다. 예를 들어, 베트남 스타트업이 딥시크 R1을 사용해 5만 달러로 챗봇을 개발했다. 생성형 AI는 이렇게 멀티모달과 개방성으로 진화했다.

2025년 1월, 딥시크는 R1 오픈소스를 발표했다. 〈증류〉 기법으로 GPT-4o 수준의 성능을 구현했다. 2월 21일, 추가 코드와 인프라를 공개하며 접근성을 확대했다. 알리바바와 중국 정부의 투자가 이어졌다. 딥시크 V3는 수학(MMLU: 89퍼센트), 코딩(HumanEval: 92퍼센트)에서 우위를 보였다. 2025년 2월, 인도 기업이 딥시크를 사용해 10만 달러로 지역 챗봇을 만들었다.

2025년 2월 17일, xAI는 그록 3을 출시했다. AIME(93퍼센트)와 과학(GPOA: 75퍼센트)에서 GPT-4o와 클로드 3.5를 앞섰다. 엔비디아 칩 20만 개로 훈련되었다. 2월 18일, 딥서치 DeepSearch 검색 엔진이 공개되었다. 2월 19일, 그록 2 코드가 오픈소스로 약속되었다. 3월에는 그록 3 오픈소스 전환이 예상되었고 3월 말 음성 모드 출시가 예정되었다. 딥시크와 그록은 생성형 AI의 개방성과 성능을 극대화했다.

생성형 AI를 이식한 피규어와 옵티머스의 진화

생성형 AI는 휴머노이드 로봇을 혁신했다. 피규어Figure AI는 인간형 로봇의 선두 주자다. 2024년 2월, BMW와 협력하며 챗GPT와 클로드를 통합했다.[5] 2025년 1월에는 그록 3와 딥시크 R1을 결합했다. 로봇은 〈컵을 옮겨 줘〉라는 명령을 이해하고 실행했다. 딥시크의 오픈소스는 작업 최적화를 도왔다. 2025년 2월, 공장에서 부품 조립을 보조하고, 가정에서는 요리하는 방법을 제안했다. 6억 7,500만 달러를 투자한 AI의 가치가 26억 달러에 달했다.[6]

테슬라의 옵티머스는 2024년 12월 2세대 모델을 선보였다. 2025년 1월, 그록 3와 딥시크 V3를 활용했다. 그록 3는 대화와 작업 순서를 개선했다. 딥시크는 시각 데이터를 생성하며 학습을 가속화했다. 2025년 2월, 물건을 정리하고 〈기분이 어떠신가요?〉라며 소통했다. 공장에서 생산성을 15퍼센트 높였다. 앞으로는 더 복잡한 작업 수행이 예상된다. 생성형 AI는 로봇의 자율성과 인간과의 상호 작용을 강화했다.

비즈니스에 미친 영향

비즈니스 세계에서 생성형 AI는 단순한 도구를 넘어 혁신의 중심축이 되었다. 2022년 챗GPT의 등장 이후, 이 기술은 기업 운영 방식을 근본적으로 바꿨다. 코딩부터 고객 서비스, 마케팅, 교육, 제조업까지, 생성형 AI는 창의성과 효율성을 융합하며 새로운 가치를 창출했다.

마이크로소프트 코파일럿이 가져온 코딩과 생산성 혁명

2025년 1월, 마이크로소프트 코파일럿은 전 세계 150만 명 이상의 개발자가 사용하는 필수 도구로 자리 잡았다. 이 생성형 AI는 코딩 작업을 자동화하며 생산성을 끌어올렸다. 예를 들어, 개발자가 〈파이선으로 데이터 분석 스크립트를 작성해 줘〉라고 요청하면, 코파일럿은 판다스pandas와 넘파이numpy를 활용한 코드를 즉시 생성했다.[7] 2023년 3월 출시 이후, 마이크로소프트는 코파일럿을 비주얼 스튜디오와 깃허브에 통합했다. 2024년에는 GPT-4o 기반으로 업그레이드되며 복잡한 알고리즘 설계까지 지원했다. 소프트웨어 개발 주기가 30퍼센트 단축되었다고 보고되었다. 대기업뿐 아니라 중소기업도 코파일럿을 통해 고급 코딩 능력을 저비용으로 확보했다. 이는 생성형 AI가 기술 접근성을 높인 사례다.

딥시크 R1의 오픈소스와 기술 문서 공개

딥시크 R1은 오픈소스 생성형 AI로 소기업에 기회를 열었다. 2024년 말 출시된 이 모델은 2025년 1월 전면 오픈소스로 공개되었다. 베트남의 한 소규모 전자 상거래 업체는 이를 활용해 놀라운 변화를 만들었다. 약 3만 달러를 투자해 고객 응대 시스템을 구축했다. 이 시스템은 〈제품 배송이 언제 되나요?〉 같은 질문에 실시간으로 답변하며, 주문 상태를 추적해 고객 맞춤형 메시지를 보냈다.[8]

이전에는 수십만 달러가 필요했던 챗봇 개발이 딥시크 덕분에 저비용으로 가능해졌다. 2025년 2월 기준, 아시아와 유럽의

500개 이상 소기업이 딥시크 R1을 커스터마이징했다. 고객 만족도가 평균 20퍼센트 상승했다는 조사 결과가 나왔다. 딥시크는 소기업의 경쟁력을 높이며 생성형 AI의 민주화를 이끌었다.

실시간 지원의 새로운 얼굴, 그록 3

그록 3는 2025년 2월 xAI에서 출시되며 비즈니스에 새로운 숨결을 불어넣었다. X 플랫폼에서 실시간 고객 지원으로 활용되었다. 예를 들어, 전자 제품 업체가 〈제품 설치 방법을 알려주세요〉라는 고객 문의에 그록 3를 사용했다. 그록은 X의 최신 데이터를 반영해 〈최신 모델 XYZ는 플러그를 연결하고 버튼을 3초간 누르면 됩니다〉라며 정확한 답변을 내놓았다. 2025년 2월 말 기준, 약 300개 기업이 그록 3를 채택했다. 응답 시간이 평균 2초로 단축되었다. 그록 3는 고객 경험을 개선하며 실시간 상호 작용의 기준을 높였다.[9]

마케팅을 재창조한 GAN과 트랜스포머의 융합

마케팅은 GAN과 트랜스포머로 새롭게 태어났다. 2025년 2월, 나이키는 그록 3와 딥시크를 활용해 캠페인을 혁신했다. 그록 3는 〈자유롭게 뛰고 살아 있음을 느껴라〉 같은 광고 문구를 생성했다. 딥시크는 GAN 기반으로 이 문구에 맞는 이미지를 만들었다. 운동화가 바람 속을 달리는 장면이 생생하게 구현되었다. 제작 비용은 이전 대비 40퍼센트 절감되었다. 2024년부터 GAN은 제품 사진과 영상을 자동 생성하며 광고 제작 속도를 높였다. 트랜스포머는 소셜 미디어 게시물과 이메일 콘텐츠를 썼다. 예를 들어, 아디다스는 2025년 1월 트랜스포머로〈당신의 새해 목표를 응원합니다〉캠페인을 전개했다. 개인화된 메시지가 고객 반응률을 25퍼센트 높였다. 생성형 AI는 마케팅에서 비용 절감과 창의적 표현을 동시에 이뤘다.

교육의 개인화

교육 분야에서 생성형 AI는 학습 방식을 바꿨다. 칸 아카데미는 2025년 2월 그록 3를 통합했다. 학생이〈미분을 쉽게 설명해줘〉라고 질문하면, 그록 3는 그림과 단계별 풀이를 제공했다. 예를 들어,〈$y=x^2$의 미분은 $2x$입니다〉라며 그래프를 생성하고,〈기울기가 어떻게 변하는지 보세요〉라고 설명했다. 2024년부터 클로드와 챗GPT도 교육 도구로 쓰였다. 그러나 그록 3는 실시간 데이터와 직관적인 답변으로 차별화되었다. 2025년 3월 기준, 50만 명 이상의 학생이 그록 3를 사용했다. 학습 성취도가 평균 15퍼센트 향상되었다. 생성형 AI는 교육을 개인화하며 학습 경험을 풍부하게 했다.

옵티머스와 피규어의 공장 혁신

제조업은 생성형 AI로 생산성을 높였다. 테슬라의 옵티머스는 2025년 1월 그록 3와 딥시크 V3를 통합했다. 공장에서 부품을 운반하고 조립을 도왔다. 예를 들어,〈배터리 팩을 라인 3으로 옮겨〉라는 명령에 따라 정확히 이동했다. 2025년 2월, 생산 라인 효율이 15퍼센트 상승했다. 피규어 AI는 BMW 공장에서 활약했다. 2025년 2월, 피규어의 로봇은 그록 3로 작업 순서를 계획하고, 딥시크로 시각 데이터를 분석했다. 〈엔진 부품을 조립해 줘〉라는 요청에 따라 정밀 작업을 수행했다. 2025년 3월, BMW는 피규어 로봇 50대를 추가 배치할 계획이다. 생성형 AI는 제조업에서 자동화와 정밀성을 더했다.

생성형 AI의 미래 트랜드 예측

생성형 AI가 비즈니스 세계에 깊숙이 뿌리내릴 조짐이 뚜렷하다. 이 기술은 점차 더 많은 기업의 문턱을 넘어, 산업 전반에 새로운 활력을 불어넣을 전망이다. 특히 딥시크와 그록 3 같은 모델의 오픈소스 전략은 그 흐름을 가속화하며, 비용과 기술 장벽을 허물고 혁신의 물결을 일으킨다. 이 변화는 대기업뿐 아니라 소규모 기업들에도 창조적 기회를 열어 준다.

딥시크의 오픈소스 공개는 특히 주목할 만하다. 2025년 초 딥시크 R1과 V3의 소스 코드와 기술 문서가 전면 배포되면서, 소규모 제조업체들은 자체 AI 시스템을 구축할 수 있는 발판을 얻었다. 예를 들어, 한국의 한 중소기업은 이 기술을 활용해 불과 5만 달러의 예산으로 품질 관리 AI를 개발할 수 있게 되었다. 이 AI는 공장에서 생산된 부품의 결함을 실시간으로 탐지하며, 기존의 수작업 검사 대비 정확도를 30퍼센트 높이고 작업 속도도 두 배나 빨라지게 했다. 이처럼 과거에는 수백만 달러가 필요했던 AI 솔루션이 딥시크의 개방성 덕분에 손에 닿는 현실이 되고 있다.

그록 3의 오픈소스 전환 계획은 또 다른 가능성을 제시한다. 2025년 2월 xAI가 그록 3를 공개한 데 이어, 3월에 소스 코드 공개를 예고하면서다. 이 결정은 대기업과 스타트업 간 협력의 새장을 열 잠재력을 지닌다. 예를 들어, 대기업이 그록 3의 강력한 추론 능력을 활용해 데이터 분석 플랫폼을 구축한다면, 스타트업은 이를 수정해 특정 산업에 특화된 솔루션을 만들 수 있다.

상상을 해보면, 미국 한 스타트업은 그록 3를 기반으로 물류 최적화 AI를 개발할 수 있다. 이 AI는 배송 경로를 실시간으로 조정하며 운송 비용을 15퍼센트 절감할 것이다. 그록 3의 개방성은 기술 공유를 넘어 혁신의 연쇄 반응을 일으킬 전망이다. 생성형 AI는 비용 장벽을 낮추는 데 핵심 역할을 한다. 과거 수십억 달러가 들던 AI 개발은 딥시크와 그록 같은 모델로 수십만 달러 수준으로 줄 것이다. 이는 자본이 부족한 기업도 고급 기술을 도입할 수 있게 할 것이다.

RAG이 살려 낸 기업 문서

텍스트를 읽는 AI, 그 시작은 단순했다
RAG 기술은 텍스트를 읽고 의미를 파악하는 인공 지능, 즉 자연어 처리(NLP) 기술의 오랜 역사 속에서 꽃피운 혁신적인 결과물이다. RAG 기술의 뿌리를 이해하려면, 인공 지능이 텍스트를 어떻게 이해하고 활용해 왔는지 그 발자취를 따라가 볼 필요가 있다.

초창기 인공 지능은 텍스트를 단순히 글자들의 나열로 인식했다. 통계적인 기법이나 규칙 기반 방식을 사용하여 텍스트를 처리했지만, 진정한 의미를 이해하는 데는 한계가 명확했다. 마치 어린아이가 글자를 읽을 수는 있지만, 글 속에 담긴 깊은 뜻을 헤아리지 못하는 것과 같았다. 이 시기, 인공 지능은 제한된 데이터 속에서 정해진 규칙대로 작동하는, **생각 없는** 텍스트 처리 기계에 불과했다.

딥 러닝의 등장: 텍스트 이해의 큰 도약

시간이 흐르면서 인공 지능은 딥 러닝 기술이라는 강력한 도구를 얻게 된다. 딥 러닝은 인공 지능이 방대한 텍스트 데이터를 학습하고, 데이터 속 패턴을 스스로 파악하는 능력을 부여했다. 인공 지능은 텍스트 속 단어와 문장 간의 관계를 이해하고, 맥락을 파악하며, 심지어 뉘앙스까지 감지하는 놀라운 발전을 이루었다. 하지만 딥 러닝 기반 인공 지능 역시 근본적인 한계에 직면하게 된다. 인공 지능이 학습한 지식은 학습 데이터에 갇혀 버린다는 점이었다. 마치 거대한 도서관을 통째로 암기했지만, 도서관 문을 나서는 순간 새로운 정보를 얻을 수 없는 것과 같았다.

생성형 AI의 진화와 한계: 지식의 경계

특히 생성형 AI가 등장하면서 이러한 한계는 더욱 두드러졌다. 생성형 AI는 텍스트 창작, 질의응답, 번역 등 다양한 분야에서 인간과 유사한 능력을 보여 주었지만, 최신 정보 부족, 전문 지식 부재, 맥락 이해 부족과 같은 문제점을 드러냈다. 이 문제점들 중 하나를 우리는 할루시네이션Hallucination(환각)이라 불렀다.

이처럼, 초기의 생성형 AI는 학습 데이터 너머의 정보에는 깜깜했고, 급변하는 현실 세계의 최신 정보를 반영하지 못했다.

똑똑하지만 낡은 지식만 가진 한계에 갇혀 있고 가끔 헛소리를 하는 생성형 AI를 비즈니스 현장에서 즉시 활용하기에는 부족함이 있었다.

RAG: 기업 데이터의 새로운 활용법

이러한 배경 속에서 RAG 기술이 구세주처럼 등장했다. RAG 기술 개발자들은 기업 내부에 잠자고 있는 방대한 데이터를 번개처럼 빠르게 깨워 활용하여 실질적인 의사 결정을 돕는 **업무 비서** 구현을 목표로 삼았다. 그들은 **기업 맞춤형 데이터 초고속 검색 엔진**이라는 혁신적인 해법을 제시했다. 미로처럼 복잡한 기업 데이터 미궁 속에서 길을 잃지 않고 황금 정보만을 쏙쏙 찾아내는 **AI 길잡이**가 탄생시킨 것이다. 기업 내부에 촘촘히 쌓여 있는 거대한 데이터베이스와 문서 보관소의 열쇠를 인공 지능의 손에 쥐여 주고, 질문만 던지면 순식간에 필요한 정보를 검색, 추출, 요약하여 눈앞에 펼쳐 보이도록 설계한 것이다.

현실 세계의 효용: RAG 기술이 바꾸는 기업 일상

RAG 기술을 품은 기업 AI가 어떤 역할을 할 수 있는지 예를 들어 보겠다. 대다수의 직원은 직급별 출장 경비 규정, 제품 개발 기술 문서, 계약서, 고객 응대 매뉴얼 등 업무에 필요한 정보를 방대한 데이터 속에서 제때, 제대로 찾아내지 못해 발을 동동 구르는 상황에 자주 직면한다. 부장으로 승진 후, 처음 해외 출장을 가게 된 김 부장 역시 출장 경비 규정을 보면서 같은 문제를 겪고 있다. 허용되는 비행기 좌석 등급은 무엇인지, 숙박 가능한 호텔 등급 기준은 어떻게 되는지, 하루에 사용할 수 있는 일당은 얼마인지 등 챙겨야 할 정보가 산더미였지만, 낡은 방식으로는 규정집을 일일이 넘겨볼 수밖에 없어 답을 찾는 게 늦고, 모호한 규정에 대해선 인사 부서에 문의하는 수밖에 없었다. 정보 탐색에 시간 낭비는 물론, 답답함만 쌓여갔다.

하지만 RAG 기술이 탑재된 AI 비서가 있다면 어떨까? 김 부장은 AI 비서에게 〈부장 직급으로 파리로 출장 갈 때 경비 규정에 대해 상세히 알려줘〉라고 간단하게 질문하면 된다. AI 비서는 RAG 기술을 활용하여 사내 데이터베이스와 규정 문서를 신속하게 검색한다. 수십, 수백 페이지에 달하는 방대한 규정집에서 김 부장에게 필요한 정보만을 정확하게 추출하고, 알기 쉽게 요약하여 즉시 답변해 준다. 허용 항공 좌석 등급, 호텔 등급 기준, 일당, 출장 신청 절차, 필요 서류, 증빙이 없는 경비 정산 등 출장에 필요한 모든 정보를 단 몇 초 만에 손안에 넣을 수 있게 되는 것이다. 더 이상 두꺼운 규정집과 지루한 문의 절차에 매달릴 필요 없이, AI 비서가 개인 맞춤형 정보를 실시간으로 제공해 주는 AI 업무 혁명이 눈 앞에 펼쳐진 것이다.

데이터 기반 의사 결정의 새 시대

RAG 기술은 AI를 기업 데이터라는 광맥으로 안내하는 효과적인 도구와 같다. AI는 RAG 기술을 통해 기업 데이터베이스 깊숙한 곳을 정밀하게 탐색하여, 가치 있는 정보를 추출, 정제하여 기업에 데이터 기반 의사 결정 정보를 제공한다. 이처럼, RAG 기술은 AI의 기업 업무 효율을 크게 향상시키고, 데이터 기반 의사 결정을 가속화하는 핵심 파트너로 변모시켰다.

　마케팅 전략 수립, 시장 동향 분석, 경쟁 환경 예측, 리스크 관리 등 RAG 기술은 비즈니스 의사 결정 모든 과정에 혁신을 가져오며, 과거 인간 직관에 의존했던 영역마저 데이터 기반 의사 결정, AI 기반 의사 결정으로 전환시키고 있다.

　예를 들어 보겠다. 삼성전자가 RAG 기술로 개인 맞춤형 제품 추천을 위해 RAG기술을 사용한다고 가정해 보자.

　삼성전자는 TV, 냉장고, 스마트폰, 세탁기 등 방대한 제품 라인업을 가지고 있으며, 빠르게 변화하는 소비자 트렌드와 갈수록 다양해지는 개인의 니즈에 효과적으로 대응해야 하는 과제에 직면해 있다. 만약 기존 제품 추천 시스템이 구매 이력과 같은 제한적인 데이터에만 의존하고, RAG 기술 없이 운영된다면, 개인 맞춤 추천의 정밀도가 떨어지고, 신제품 정보나 최신 트렌드를 실시간으로 반영하지 못하는 한계에 부딪힐 수 있다.

　가상으로 삼성전자가 RAG 기술을 자사 온라인 쇼핑몰 및 고객 서비스 플랫폼에 혁신적으로 도입했다고 한다면, 이 RAG 시스템을 통해 삼성전자는 다음과 같은 방식으로 개인화된 고객 경험을 혁신적으로 제공할 수 있을 것이다.

- 실시간 제품 정보 연동: RAG 시스템은 삼성전자 제품 데이터베이스, 사용자 매뉴얼, 제품 리뷰, 최신 뉴스, 이벤트 정보 등 내외부의 방대한 제품 관련 지식을 실시간으로 통합하여 활용, 신제품 출시, 가격 변경, 이벤트 프로모션과 같은 최신 정보가 추천 시스템에 즉시 반영되게 할 수 있다. 그 결과, 고

객에게는 항상 최신 정보에 기반한 최적화된 추천을 제공할 수 있다고 가정할 수 있다.

- 초개인화 된 추천: RAG 시스템이 고객 데이터를 분석한다면, 고객의 과거 구매 이력, 웹 사이트 탐색 패턴, 제품 리뷰, 실시간 행동 데이터, 소셜 미디어 활동 등 다양한 데이터를 종합적으로 분석하는 것은 물론이고, RAG 기술의 강점을 활용하여 최신 시장 트렌드, 전문가 리뷰, 사용자 커뮤니티 의견과 같은 외부 정보까지 실시간으로 반영하는 가상 초개인화 제품 추천을 상상해 볼 수 있다. 예를 들어, 고객이 〈최근 출시된 Neo QLED 8K TV의 게이밍 기능이 궁금하다〉라고 문의한다면, 가상 RAG 시스템은 Neo QLED 8K TV 관련 최신 게이밍 리뷰, 사용자 포럼 의견, 전문가 테스트 결과 등을 실시간으로 검색하여, 고객의 게이밍 니즈에 최적화된 답변과 함께 맞춤형 제품 추천을 제공, 실구매까지 유도하는 시나리오를 생각해 볼 수 있다.

- 맥락적 상황 인지 추천: RAG 시스템이 도입된다면, 고객의 현재 상황 맥락을 정확하게 파악하여 추천의 정확도를 높이는 서비스를 제공할 수 있을 것이다. 예를 들어, 웹 사이트 방문 시간, 현재 보고 있는 제품 카테고리, 장바구니 상품, 문의 내용 등을 실시간으로 분석하여, 고객이 가장 필요로 하는 정보와 제품을 예측하고 선제적으로 추천하는 것이 가능하다. 만약 고객이 정수기와 김치냉장고 기능이 포함된 냉장고를 검색하고 있다면, RAG 시스템은 냉장고 구매 가이드, 최신 냉장고 트렌드, 인기 냉장고 모델 비교 리뷰 등 냉장고 구매

여정에 필요한 맞춤형 정보와 함께, 장바구니 분석을 통해 고객의 성향까지 분석, 고객의 마음에 꼭 맞는 모델을 제안하는 시나리오를 그려볼 수 있다.

또한 삼성전자가 RAG 기술 기반 AI 제품 추천 서비스를 도입한다면, 다음과 같은 가상 비즈니스 성과를 달성할 수 있을 것이라고 예측해 볼 수 있다.

- 온라인 판매 전환율 증가: 개인 맞춤형 제품 추천의 정확도가 향상된다면, 온라인 쇼핑몰의 제품 클릭률과 구매 전환율이 증가할 수 있다. 가상 고객들은 AI 추천을 통해 자신에게 딱 맞는 제품을 쉽게 찾고, 만족스러운 쇼핑 경험을 얻을 것이라고 예상된다.
- 고객 만족도 향상: 고객들은 AI 추천의 정확성과 신뢰성에 높은 만족도를 보일 것이다. AI 추천 서비스에 대한 고객 만족도 점수는 상승하며, 긍정적인 고객 리뷰가 크게 증가하는 효과를 기대할 수 있다.
- 데이터 기반 마케팅 강화: RAG 시스템을 통해 수집된 고객 데이터는 마케팅 전략 수립에도 적극 활용될 수 있다. 고객 선호도, 최신 트렌드, 주요 관심사 등 데이터 기반 인사이트를 통해, 타겟 마케팅 효율성을 극대화하고, 신제품 개발 및 제품 개선에도 활용하는 효과를 생각해 볼 수 있다.

본 가상 사례는 RAG 기술이 단순한 이론적 가능성이 아닌, 실제 비즈니스 현장에서 혁신적인 가치를 창출할 수 있음을 보여 주는 하나의 예시이다. 만약 삼성전자와 같이 방대한 제품 라인업과 빠르게 변화하는 시장 트렌드에 직면한 기업이 RAG 기술을 적극적으로 활용한다면, 초개인화 된 고객 경험을 제공하고, 데이터 기반 의사 결정을 강화하며, 비즈니스 성과를 극대화하는 핵심 경쟁력을 확보할 수 있을 것이라고 전망해 볼 수 있다. 물론, 본 사례는 가상이며, 실제 삼성전자의 RAG 기술 도입 여부와는 무관하다.

인간처럼 도구를 사용하여 기업을 혁신하는 AI 에이전트

지능형 비서를 넘어선 자율 시스템

AI 에이전트는 단순한 챗봇이나 지능형 비서를 넘어서, 자율적으로 경영 과제를 수행하고 선제적으로 문제를 해결하는 지능형 시스템이다. 이 기술은 인간의 개입 없이 스스로 학습하고 진화하며, 복잡한 경영 운영을 자동화하고 최적화하는 역할을 한다. AI 에이전트는 공급망 관리, 고객 관계 관리, 리스크 관리, 재무 분석, 마케팅 자동화 등 경영 운영의 모든 영역에서 인간의 노동력을 대체하거나 증강시키며, 효율성과 생산성을 극대화한다. 이를 통해 인간 경영자는 전략, 혁신, 가치 창출과 같은 고차원적인 업무에 집중할 수 있게 된다.

도구 활용의 혁신: 에이전트의 차별화된 능력

AI 에이전트의 핵심은 도구를 사용하는 능력에 있다. 기존의 AI는 주로 데이터를 분석하거나 특정 작업을 수행하는 데 초점이 맞춰져 있었지만, AI 에이전트는 인간이 만들어 놓은 다양한 소프트웨어와 시스템을 활용하여 더 복잡하고 다양한 작업을 수행할 수 있다. 예를 들어, 기업의 ERP 시스템, 데이터베이스, 웹 사이트 등을 도구로 활용하여 업무를 자동화하고 최적화할 수 있다. 이는 단순히 정보를 제공하는 것을 넘어, 실제로 업무를 실행하고 결과를 도출하는 수준까지 나아간 것이다.

허브 앤 스포크: 기업 시스템의 중심축

AI 에이전트는 다양한 앱과 시스템에 접근하여 정보를 수집하고 분석하며, 이를 바탕으로 문제를 해결하고 작업을 자동화하는 데 활용될 수 있다. 이러한 AI 에이전트의 능력은 기업 경영에 큰 영향을 미칠 것으로 예상된다. 마치 바퀴의 허브Hub처럼, AI 에이전트는 기업의 다양한 부서와 시스템을 스포크Spoke처럼 연결하고 조율하는 중심 역할을 수행하는 허브 앤 스포크 시스템이라 할 수 있다.

API 연동을 통한 실용적 자동화

AI 에이전트는 앱의 API를 통해 다양한 작업을 자동화하고 문제를 해결하는 데 쓰일 수 있다. 몇 가지 예시를 통해 AI 에이전트의 기능을 자세히 알아보자.

    AI 에이전트는 사용자의 여행 일정과 선호도를 분석하여 항공편, 호텔, 레스토랑 예약 등 여행 계획에 필요한 모든 작업을 자동으로 수행한다. 예를 들어, 항공사 앱의 API를 통해 사용자에게 가장 적합한 항공편을 찾고 예약하고, 호텔 예약 앱의 API를 통해 예산과 선호에 맞는 호텔을 예약한다. 또한, 레스토랑 예약 앱을 이용하여 원하는 시간대에 레스토랑 예약까지 완료하여 사용자에게 완벽한 여행 일정을 제공한다.

복잡한 기업 문제의 자율적 해결

이번에는 기업에서 발생할 수 있는 복잡한 문제를 스스로 해결하는 예를 들어 보겠다. 기업이 대량 주문을 받았지만 하청 업체가 그 물량을 기한 내에 생산할 수 없는 문제에 직면했을 때, AI 에이전트는 다음과 같은 단계를 통해 문제를 해결할 수 있다.

먼저 AI 에이전트는 주문 관리 시스템에 접속하여 주문량, 납기일, 품질 요구 사항 등을 분석하고, 하청 업체의 데이터베이스에 접속하여 현재 작업량과 생산 능력을 비교하고 기한 내 생산 가능 여부를 판단한다.

그런 다음 AI 에이전트는 기업의 공급망 데이터베이스와 외부 데이터베이스를 검색하여 대체 가능한 하청 업체 리스트를 작성하고, 각 업체의 생산 능력, 품질 기록, 단가 등을 비교 분석하여 최적의 업체를 선정한다.

마지막으로 AI 에이전트는 선정된 업체에 주문 가능 여부를 확인하고, 협상을 통해 최적의 단가를 확보한다. 이때, 대량 주문을 통해 난가를 낮추거나 향후 추가 주문 시 우선권을 보장하는 등의 협상 전략을 활용할 수 있다.

산업 전반에 걸친 광범위한 활용

AI 에이전트는 이 외에도 금융, 의료, 제조 등 다양한 분야에서 활용될 수 있다. 예를 들어, 금융 분야에서는 투자 포트폴리오 관리, 사기 탐지 등에 활용될 수 있으며, 의료 분야에서는 질병 진단, 치료 계획 수립 등에 활용될 수 있다. 또한, 제조 분야에서는 생산 공정 최적화, 품질 관리 등에 활용될 수 있다.

디지털 신경망으로 진화하는 의사 결정 체계

이처럼, AI 에이전트가 기업 의사 결정의 새로운 패러다임을 제시하고 있다. 이들은 단순한 자동화 도구를 넘어, 기업의 디지털 신경망으로 진화하고 있다. 실시간 데이터 분석을 통해 시장 변화를 감지하고, 즉각적인 대응 전략을 수립하며, 복잡한 비즈니스 프로세스를 최적화한다.

크로스 플랫폼 인텔리전스의 등장

특히 주목할 점은 AI 에이전트의 **크로스 플랫폼 인텔리전스**다. 다양한 시스템과 애플리케이션을 유기적으로 연결, 기존에는 불가능했던 통합적 인사이트를 도출한다. 예컨대, 생산 라인의 데이터와 시장 수요 예측을 실시간으로 연계하여 최적의 생산량을 결정하거나, 고객 행동 패턴과 재고 관리 시스템을 연동하여 선제적 공급망 최적화를 실현한다.

예측적 자동화의 시대

AI 에이전트의 진정한 가치는 **예측적 자동화**Predictive Automation에 있다. 단순히 현재의 문제를 해결하는 것을 넘어, 잠재적 문제와 기회를 미리 감지하고 대응한다. 이는 기업의 의사 결정 프로세스를 **반응적**에서 **선제적**으로 전환시키는 핵심 동력이 된다.

신중한 접근의 필요성

다만, 이러한 혁신은 신중한 접근을 요한다. 데이터 거버넌스, 알고리즘 투명성, 직무 재설계 등 새로운 도전과제들이 등장하고 있다. AI 에이전트의 성공적 도입을 위해서는 기술적 역량과 함께 윤리적 고려 사항의 균형 잡힌 접근이 필수적이다.

7장 AI 재무 관리론

현대 재무 관리는 AI 기술의 융합으로 새로운 패러다임을 맞이하고 있다. 과거 단순 계산과 분석에 의존하던 재무 의사 결정은 이제 고도화된 알고리즘과 기계 학습을 통해 보다 정교하고 선제적인 형태로 진화하고 있다. 머신 러닝 기반 신용 평가 모델은 전통적 신용 평점을 넘어 다양한 비정형 데이터를 활용하여 더욱 정확한 리스크 분석을 가능케 하며, 자연어 처리 기술은 수천 개의 재무 보고서와 시장 뉴스를 실시간으로 분석하여 투자 인사이트를 도출한다. 딥 러닝 알고리즘은 시계열 데이터에서 복잡한 패턴을 포착하여 현금 흐름과 주가 움직임을 높은 정확도로 예측하고 있다.

여기에서는 AI가 재무 관리의 전 영역에 걸쳐 가져온 변화와 잠재력을 체계적으로 탐구한다. 재무 관리자는 이제 더 이상 과거 데이터의 해석자가 아닌, AI와의 협업을 통해 미래를 선도하는 전략가로서의 역할을 수행해야 한다. 강화 학습 기반 알고리즘이 최적의 자본 구조와 포트폴리오 배분을 자동으로 도출하고, RPA Robotic Process Automation (로봇 프로세스 자동화)가 재무 보고 프로세스를 혁신하는 환경에서, 이러한 관점의 전환은 필수적이다.

블록체인 기술과 AI의 결합은 재무 거래의 투명성과 보안을 획기적으로 강화하고 있다.

궁극적으로 AI 기반 재무 관리의 미래는 기술과 인간의 통찰력이 조화롭게 결합된 형태로 발전할 것이다. 예측적 분석과 생성형 AI가 재무 전략 시뮬레이션을 혁신하고, 엣지edge 컴퓨팅이 실시간 재무 의사 결정을 가속화하는 환경에서, 이는 단순한 효율성 증대를 넘어, 기업의 재무적 의사 결정이 보다 정확하고 전략적으로 이루어질 수 있는, 재무 관리의 새로운 지평을 여는 시작점이 될 것이다.

재무 관리의 진화와 AI의 등장

전통적 재무 관리의 이해와 한계

재무 관리는 기업의 자금 흐름을 계획, 조달, 운용, 통제하는 체계적 활동으로, 20세기 초반부터 핵심 경영 학문으로 자리 잡았다. 자본의 조달, 배분, 배당 정책을 중심으로 발전해 온 재무 관리는 1920년대 기업 재무의 등장으로 학문적 기틀을 마련했다. 초기에는 자금 조달 방법과 법적 측면에 집중했으나, 1950년대부터 프랑코 모딜리아니Franco Modigliani와 머튼 밀러Merton Miller의 자본 구조 이론, 해리 마코위츠Harry Markowitz의 포트폴리오 이론, 윌리엄 샤프William Sharpe의 CAPM, 피셔 블랙Fischer Black과 마이런 숄스Myron Scholes의 옵션 가격 결정 모형 등이 등장하며 이론적 체계가 완성되었다.

전통적 재무 관리는 비율 분석, 할인 현금 흐름법, 자본 예산, 자본 구조 최적화, 배당 정책 등의 방법론을 기반으로 발전했다. 그러나 이러한 전통적 접근법은 여러 한계점을 지니고 있었다. 정형화된 과거 데이터에만 의존하는 정보의 제한성, 복잡한 모델 계산에 있어 인간과 컴퓨팅 능력의 한계, 대부분의 모델이 가정하는 선형적 관계로 인한 복잡한 시장 역학 포착의 어려움, 데이터 처리 과정의 시간 지연으로 인한 의사 결정 적시성 부족, 단순 추세 분석에 기반한 예측의 제한된 정확성, 그리고 의사 결정 과정에서 발생할 수 있는 인간의 인지적 편향과 감정적 요소 개입이 그 한계로 작용했다.

디지털 전환 시대의 재무 관리 패러다임 변화

디지털 기술과 AI의 발전은 재무 관리에 근본적인 패러다임 변화를 가져왔다. 이러한 변화는 단순한 프로세스 개선을 넘어 재무 관리의 본질과 목적, 방법론에 광범위하게 영향을 미치고 있다.

전통적으로 제한된 재무제표와 경영진의 직관에 의존하던 의사 결정 방식은 데이터 중심으로 전환되었다. 기업 내부 데이터뿐 아니라 시장, 소비자 행동, IoT 데이터 등 다양한 소스의 데이터가 활용되기 시작했으며, 과거 데이터의 사후 분석에서 실시간 데이터의 즉각적 분석으로 변화했다. 예측적 분석을 통해 미래를 예측하고, 처방적 분석을 통해 AI가 최적의 행동 방안을 제시하는 단계로 발전했다. 이로 인해 의사 결정의 속도와 정확성이 향상되고 객관적 의사 결정 문화가 형성되었다.

AI와 RPA의 발전은 재무 부서의 업무 방식도 변화시켰다.

청구서 처리, 경비 관리 등 반복적 업무가 자동화되었고, 이상 거래 탐지, 비용 최적화, 현금 흐름 예측 등에 AI가 활용되었다. 재무제표 작성, 규제 보고, 세무 관리도 자동화되어 재무 전문가들이 전략적 의사 결정과 가치 창출에 집중할 수 있게 되었다.

리스크 관리 영역에서도 혁신이 일어났다. 다양한 유형의 리스크를 통합적으로 분석하고, 잠재적 리스크를 사전에 식별하는 예측적 접근법이 도입되었다. AI를 활용한 복잡한 시나리오 시뮬레이션과 스트레스 테스트가 가능해졌으며, 디지털 환경에서의 사이버 리스크 관리도 중요해졌다.

디지털 전환 시대의 재무 관리는 단순한 비용 통제를 넘어 가치 창출 중심으로 진화했다. 데이터 기반 분석을 통해 전략적 인사이트를 제공하고, 시장 트렌드 분석과 기회 포착, 자원의 동적 재배치, ESG 요소의 통합 등을 통해 기업의 전략적 파트너이자 혁신 촉진자로 자리매김했다.

이러한 변화는 재무 전문가에게 요구되는 역량과 역할에도 영향을 미쳤다. 데이터 리터러시, AI와 블록체인 등 기술에 대한 이해, 전략적 사고, 변화 관리 능력, 윤리적 판단 능력이 중요해졌으며, 재무 전문가는 **숫자 관리자**에서 **전략적 비즈니스 파트너**로 진화하고 있다.

머신 러닝과 딥 러닝을 활용한 재무 데이터 패턴 인식 및 예측
알고리즘의 눈으로 바라본 재무 세계
재무 데이터는 표면적 숫자 너머 시장의 맥박과 경제의 흐름을 함축한다. 머신 러닝과 딥 러닝 알고리즘은 인간이 포착하기 어려운 비선형적 패턴을 해독하는 새로운 렌즈가 되었다. 금융 시장에서 랜덤 포레스트 알고리즘은 수백 개 변수 중 실제 예측력 있는 신호를 추출해 주가 변동성 예측에 탁월한 성과를 보인다.[1]

시계열의 미로를 탐험하는 인공 지능

재무 시계열 데이터의 계절성과 불규칙한 변동성은 예측을 어렵게 만든다. LSTM과 같은 순환 신경망은 시간의 흐름 속 패턴을 포착하며, 주가 예측에서 전통적 ARIMA 모델보다 20~35퍼센트 향상된 정확도를 보여 준다.[2]

감성 분석과 재무 예측

재무 시장은 투자자 심리와 뉴스 톤과 같은 정성적 요소에 영향을 받는다. 버트BERT와 같은 언어 모델은 금융 뉴스와 소셜 미디어 텍스트를 분석해 투자 심리를 측정한다. 트위터 감성 지수와 S&P 500 지수 간 상관관계는 정보 전파 속도가 시장 반응에 미치는 영향을 보여 준다.[3]

이상 탐지

금융 시장의 **블랙 스완** 이벤트 예측을 위해 이상 탐지 알고리즘이 주목받고 있다. 오토인코더autoencoder 같은 비지도 학습 모델은 정상 패턴에서 벗어나는 신호를 포착해 시장 급변의 전조를 감지한다. 자기 조직화 맵Self-Organizing Map, SOM은 자산 클래스 간 상관관계 변화를 모니터링해 2015~2016년 중국 주식 시장 폭락 신호를 사전에 감지했다는 연구 결과가 있다.[4]

이러한 기술 발전은 재무 분석의 정확도를 높이고, 인간 전문가의 의사 결정을 보완하는 공생적 파트너로서 금융 분야의 새로운 지형도를 그려 나가고 있다.

자연어 처리와 비정형 데이터의 재무적 해석

텍스트가 들려주는 시장의 목소리

재무 분석은 더 이상 숫자의 영역에만 국한되지 않는다. 기업 공시 자료, 실적 컨퍼런스 콜 트랜스크립트, 뉴스 기사, 소셜 미디어 담론이 담고 있는 방대한 정보는 시장의 움직임을 이해하는 필수적 요소가 되었다. 자연어 처리 기술은 이러한 비정형 텍스트 데이터에서 재무적 가치를 추출하는 현대 연금술사와 같은 역할을 한다.

최신 언어 모델은 CEO의 어조 변화, 미묘한 어휘 선택, 심지어 말하지 않은 것까지 감지하여 기업의 미래 성과를 예측하는 단서를 제공한다. 하버드 비즈니스 스쿨 연구에 따르면, 실적 발표 컨퍼런스 콜에서 경영진이 질문에 답하는 방식의 불확실성이 1퍼센트 증가할 때마다 향후 분기 수익 성장률이 평균 0.4퍼센트 감소하는 것으로 나타났다.[5]

시장 심리 분석

과거 금융 이론이 시장 참여자를 완전히 합리적인 존재로 가정했다면, 행동 금융학은 감정과 인지적 편향이 자산 가격에 미치는 영향을 인정한다. NLP 기술은 이러한 집단 심리를 수량화하는 강력한 도구가 되었다.

버트, GPT 같은 트랜스포머 기반 모델은 단순한 긍정/부정 분류를 넘어 미묘한 감정 뉘앙스와 맥락적 의미를 포착한다. 블룸버그와 로이터 뉴스 헤드라인에 대한 감성 분석은 주간 시장 변동성의 약 20퍼센트를 설명하며, 특히 시장 하락기에 예측력이 더 높아진다는 연구 결과가 있다.[6]

규제 문서와 정책 분석

중앙은행 성명서, 정책 문서, 규제 변화는 금융 시장에 지대한 영향을 미친다. 최신 NLP 기술은 이러한 문서의 미묘한 어조 변화와 정책 방향 전환을 감지하여 시장 참여자에게 귀중한 선행 지표를 제공한다.

텍스트 임베딩과 토픽 모델링 기법을 활용한 연구에 따르면, 연방 준비 제도Federal Reserve System, Fed의 성명서에서 추출한 불확실성 지수는 향후 금리 변동과 채권 시장 움직임을 예측하는 데 통계적으로 유의미한 예측력을 보였다.[7]

대체 데이터의 재무적 해석

위성 이미지, 모바일 위치 데이터, IoT 센서 정보와 같은 비전통적 데이터 소스가 재무 분석의 새로운 영역을 열고 있다. 컴퓨터 비전과 NLP 기술의 결합은 이러한 대체 데이터에서 재무적 인사이트를 추출한다.

월마트 주차장의 위성 이미지 분석이 실적 발표 전 주가 움직임을 예측했다는 사례나, 전자 상거래 리뷰 분석을 통해 소비자 제품 기업의 매출 추세를 예측한 연구는 비정형 데이터의 재무적

가치를 입증한다.[8]

현대 재무 분석은 숫자와 텍스트의 경계를 넘나들며, 인간이 생성하는 모든 형태의 정보에서 가치를 발굴하는 총체적 접근법으로 진화하고 있다. 이러한 변화는 재무 의사 결정이 더 이상 단순한 재무제표 분석이 아닌, 다차원적 데이터 해석의 예술이 되어 가고 있음을 시사한다.

실시간 인텔리전스와 엣지 컴퓨팅의 융합
광속으로 빚어내는 가치의 지형도

현대 금융 시장에서 정보의 가치는 그 정확성만큼이나 속도에 의해 결정된다. 실시간 재무 인텔리전스는 시장 움직임에 즉각적으로 대응하고, 때로는 그 변화를 선제적으로 감지하는 역량을 의미한다. 엣지 컴퓨팅 기술의 등장은 이러한 속도 경쟁에 혁명적 변화를 가져왔다. 데이터 처리가 중앙화된 클라우드가 아닌 데이터 생성 지점 가까이에서 이루어지면서, 밀리초 단위의 지연 시간도 경쟁 우위의 차이를 만들어 낸다.

고빈도 트레이딩 분야에서는 거래소 서버와의 물리적 거리를 줄이기 위해 코로케이션co-location 서비스에 천문학적 비용을 투자한다. 연구에 따르면, 데이터 처리 지연이 1밀리초 감소할 때마다 알고리즘 트레이딩 시스템의 수익성이 약 10퍼센트 증가하는 것으로 나타났다.[9]

센서의 금융 생태계

도시 전역에 설치된 IoT 센서, 매장 내 고객 동선 추적 장치, 공급망 모니터링 시스템은 금융 의사 결정에 필요한 실시간 데이터의 새로운 원천이 되고 있다. 엣지 컴퓨팅은 이러한 분산된 데이터 소스에서 생성되는 방대한 정보를 현장에서 즉시 처리하여 의미 있는 인사이트로 변환한다.

소매 투자 분야의 한 사례로, 주요 쇼핑몰 전역에 설치된 고객 흐름 센서 데이터를 실시간으로 분석하여 분기별 실적 발표 전에 소매 기업의 매출 추세를 예측하는 시스템이 있다. 이 시스템은 전통적인 애널리스트 추정치보다 약 15퍼센트 더 정확한 예측을 제공했다.[10]

경계에서의 의사 결정

엣지 컴퓨팅의 가장 혁신적인 측면은 의사 결정의 분산화 가능성이다. 중앙 서버의 지시를 기다리지 않고 로컬 데이터에 기반하여 즉각적인 의사 결정을 내릴 수 있는 자율 시스템의 등장은 금융 운영 방식을 근본적으로 재구성하고 있다.

블록체인 기술과 결합된 엣지 컴퓨팅은 분산 금융Decentralized Finance, DeFi 생태계의 기술적 기반을 제공한다. 스마트 컨트랙트와 엣지 노드의 조합은 중개자 없는 금융 거래를 실시간으로 처리하며, 특히 크로스보더 결제 분야에서 기존 시스템 대비 거래 처리 시간을 94퍼센트 단축했다는 연구 결과가 있다.[11]

5G와 재무 인텔리전스의 결합

5G 기술의 상용화는 실시간 재무 인텔리전스의 가능성을 더욱 확장시킨다. 초저지연성과 초연결성을 특징으로 하는 5G 네트

워크는 엣지 컴퓨팅 노드 간의 원활한 데이터 흐름을 가능케 하여, 분산된 데이터 소스에서 통합된 인사이트를 도출하는 능력을 획기적으로 향상시킨다.

맥킨지 글로벌 연구소의 분석에 따르면, 5G와 엣지 컴퓨팅의 결합은 향후 5년간 금융 서비스 산업에서 약 15~20퍼센트의 비용 절감과 리스크 관리 정확도 향상 등 운영 효율성을 높일 것으로 예측된다.[12]

실시간 재무 인텔리전스와 엣지 컴퓨팅의 결합은 단순한 기술적 진보를 넘어 재무 의사 결정의 시공간적 제약을 근본적으로 재정의하고 있다. 이는 금융 시장이 더 이상 지정된 거래소에 국한되지 않고, 데이터가 생성되는 모든 곳이 잠재적인 시장 신호의 원천이 되는 초연결 재무 생태계의 도래를 예고한다.

클라우드가 확장하는 재무 분석의 영토

디지털 중력의 법칙을 거스르는 인프라

재무 분석의 깊이와 범위는 종종 컴퓨팅 자원의 한계에 갇혀 왔다. 클라우드 컴퓨팅의 등장은 이러한 물리적 제약에서 재무 분석을 해방시키는 패러다임 전환을 가져왔다. 필요에 따라 즉각적으로 확장 가능한 컴퓨팅 자원은 과거에는 상상할 수 없었던 규모와 복잡성의 분석을 가능케 한다.

월스트리트의 주요 투자 은행들은 자본 요구 사항 계산을 위한 몬테카를로 시뮬레이션을 클라우드로 이전하면서 계산 시간을 수 주에서 수 시간으로 단축했다. 골드만삭스의 사례 연구에 따르면, 리스크 계산을 위한 그리드 컴퓨팅 인프라를 클라우드로

마이그레이션한 후 처리 능력이 약 150배 향상되었으며, 비용은 기존 대비 40퍼센트 절감되었다.[13]

데이터 호수에서 의미의 강을 이끌어 내다

클라우드 환경은 단순한 컴퓨팅 파워를 넘어 이질적인 데이터 소스의 통합을 가능케 한다. 재무제표, 시장 데이터, SNS 언급, 위성 이미지, 거시 경제 지표가 하나의 분석 환경에서 융합되며, 이전에는 불가능했던 상관관계와 패턴을 발견할 수 있게 한다.

데이터 레이크Data Lake 아키텍처를 도입한 자산 운용사들은 구조화와 비구조화 데이터를 함께 분석하여 투자 인사이트를 도출하고 있다. 블랙록의 알라딘Aladdin 플랫폼은 이러한 접근법의 선구자로, 2.5경 달러 이상의 자산을 모니터링하며 4만 개 이상의 투자 포트폴리오에 대한 통합적 분석을 제공한다.[14]

민첩성의 경제학

전통적인 금융 기관의 IT 인프라는 최대 부하를 처리할 수 있는 용량을 갖추기 위해 막대한 고정 비용을 지출해야 했다. 클라우드 기반 플랫폼은 이러한 비용 구조를 혁신적으로 변화시켜, 사용한 만큼만 지불하는 가변 비용 모델을 가능케 한다.

분기별 재무 분석이나 연간 스트레스 테스트와 같이 주기적으로 발생하는 고부하 작업에 맞춰 자원을 동적으로 확장할 수 있는 능력은 중소형 금융 기관에 특히 중요한 경쟁력이 되었다. 딜로이트의 소사에 따르면, 클라우드로 마이그레이션한 금융 기관은 IT 인프라 비용을 평균 30~40퍼센트 절감하는 동시에 분석 역량은 2~3배 확장할 수 있었다.

분석 민주화

클라우드 기반 재무 분석 플랫폼의 또 다른 혁신적 측면은 협업과 지식 공유의 용이성이다. 지리적으로 분산된 팀이 동일한 데이터셋과 분석 모델에 실시간으로 접근하고 협업할 수 있는 능력은 재무 인사이트의 생성과 적용 방식을 근본적으로 변화시킨다.

투자 리서치 플랫폼인 노테북Notebook 환경은 코드, 시각화, 서사적 설명을 하나로 통합하여 복잡한 재무 분석을 공유하고 재현할 수 있게 한다. JP모건의 퀀트 리서치 팀은 이러한 협업 플랫폼을 통해 전 세계 애널리스트들이 공동으로 투자 모델을 개발하고 검증하는 과정을 70퍼센트 가속화했다.[15]

클라우드 기반 재무 분석 플랫폼은 단순한 기술적 효율성 향상을 넘어 재무 인사이트가 생성되고, 검증되며, 적용되는 방식의 근본적인 변화를 가져오고 있다. 이는 막대한 컴퓨팅 자원과 전문 인력을 보유한 대형 기관의 독점적 영역이었던 고급 재무 분석이 점차 민주화되는 미래를 예고한다.

AI와 자금 관리 및 운용 혁신

예산 편성의 자동화와 지능형 현금 관리
예측에서 처방으로: 예산 수립의 진화
기업 예산 편성은 과거의 수동적 숫자 나열에서 미래를 선제적으

로 설계하는 지능형 프로세스로 진화하고 있다. AI 기반 예산 시스템은 과거 데이터 패턴, 시장 트렌드, 심지어 거시 경제 지표까지 통합하여 정확한 예측을 제공할 뿐만 아니라, 다양한 시나리오에 대한 동적 대응 방안을 제시한다.

이러한 시스템의 핵심은 예측 정확도를 넘어선 시나리오 기반 의사 결정 지원에 있다. 최신 AI 예산 시스템은 〈만약 ~라면 어떻게 될까?〉라는 질문에 실시간으로 답변할 수 있는 시뮬레이션 능력을 갖추고 있다. 예를 들어, 주요 공급자의 가격 인상, 환율 변동, 갑작스러운 수요 증가 등 다양한 상황에 대한 재무적 영향을 즉시 계산하고 최적의 대응 방안을 제시한다.

디지털 네이티브 기업 에어비앤비는 머신 러닝 알고리즘을 활용해 300개 이상의 변수를 실시간으로 분석하여 예산을 동적으로 조정한다. 이 시스템은 전통적 예산 편성 방식 대비 예측 정확도를 43퍼센트 향상시켰으며, 재무팀이 전략적 의사 결정에 집중할 수 있는 시간을 월 평균 15일 확보했다.[16]

더 주목할 만한 사례로, 마이크로소프트는 온라인 서비스의 클라우드 인프라 비용을 예측하고 최적화하기 위해 딥 러닝 기반 예산 시스템을 개발했다. 이 시스템은 수백만 개의 서버와 서비스에 대한 사용량 패턴을 분석하여 자원 할당을 최적화하고, 예상치 못한 수요 증가에 대비한 예비 용량을 자동으로 조정한다. 그 결과 클라우드 인프라 비용을 18퍼센트 절감하면서도 서비스 가용성은 99.99퍼센트로 유지할 수 있었다.[17]

자금의 디지털 오케스트레이션

현대 기업의 현금 관리는 단순한 잔고 모니터링을 넘어 전사적 자금 흐름의 최적화로 확장되고 있다. 지능형 현금 관리 시스템은 수천 개의 거래 계정을 실시간으로 모니터링하고, 유동성 요구 사항을 예측하며, 자금을 자동으로 재배치하여 최적의 수익률과 위험 균형을 달성한다.

이러한 시스템의 진정한 혁신은 글로벌 자금 흐름의 실시간 가시성과 자율적 최적화에 있다. 다국적 기업들은 여러 통화, 관할권, 은행 관계에 분산된 자금을 통합적으로 관리해야 하는 복잡한 과제에 직면해 있다. AI 기반 현금 관리 시스템은 규제적 제약, 세금 영향, 환율 변동, 지역별 금리 차이를 모두 고려하여 최적의 자금 배분 전략을 도출한다.

글로벌 제조 기업 프록터 앤드 갬블P&G은 AI 기반 현금 풀링 시스템을 도입하여 80개국 지사의 현금 포지션을 통합 관리함으로써 연간 유동성 비용을 1.2억 달러 절감했다. 특히 이 시스템은 환율 변동과 지역별 금리 차이를 고려한 최적 자금 배분 전략을 실시간으로 계산한다.[18]

AI 기반 현금 관리의 또 다른 혁신적 측면은 결제 최적화에 있다. 기존에는 단순히 마감일에 맞춰 결제하는 방식이었다면, 지능형 시스템은 공급업체 관계, 현금 가용성, 할인 기회, 운영 우선순위를 종합적으로 고려하여 각 결제에 대한 최적의 시점과 방법을 결정한다. 독일 화학 기업 바스프는 이러한 접근법을 통해 연간 운영 자본을 8퍼센트 절감하면서도 공급업체 관계를 강화할 수 있었다.[19]

현금 흐름의 디지털 오케스트레이션은 단순한 효율성 개선을 넘어 재무 전략의 핵심 요소로 자리 잡고 있으며, 기업의 자금 흐름이 마치 정밀하게 조율된 교향곡처럼 조화롭게 작동하는 새로운 패러다임을 제시하고 있다.

딥 러닝 기반 현금 흐름 예측 모델
불확실성의 지도를 그리는 알고리즘

기업의 생명선인 현금 흐름을 예측하는 일은 수많은 변수와 불확실성이 얽힌 난제다. 딥 러닝 모델은 이러한 복잡성을 다루는 강력한 도구로 부상했다. 특히 순환 신경망과 장단기 메모리Long Short-Term Memory, LSTM 네트워크는 시간에 따른 의존성을 포착하여 전통적 통계 모델이 놓치는 미묘한 패턴을 식별한다.

LSTM 네트워크의 가장 큰 강점은 다양한 시간적 스케일에서 패턴을 포착하는 능력이다. 기업의 현금 흐름은 일별, 주별, 월별, 계절별, 연도별 주기성을 모두 포함하고 있으며, 이러한 다중 주기 패턴을 단일 모델로 포착하는 것은 전통적 통계 방법으로는 거의 불가능하다. LSTM은 특유의 게이트 메커니즘을 통해 단기, 중기, 장기 메모리를 효과적으로 관리하여 이러한 복잡한 시간적 의존성을 학습할 수 있다.

아마존은 수백만 개 제품의 판매 데이터, 공급망 정보, 심지어 기상 데이터까지 통합한 딥 러닝 모델을 통해 현금 흐름을 예측한다. 이 시스템은 계절성, 트렌드, 특별 이벤트의 복합적 영향을 모델링하여 전통적 시계열 모델 대비 예측 오차율을 67퍼센트 감소시켰다.[20]

최근 주목받는 접근법은 어텐션 메커니즘Attention Mechanism을 활용한 트랜스포머 모델이다. 이 구조는 시계열 데이터의 모든 지점 간의 관계를 직접 모델링할 수 있어, 특히 장기 의존성과 불규칙한 패턴이 있는 현금 흐름 예측에 효과적이다. 우버는 이러한 트랜스포머 모델을 활용하여 700개 이상의 도시에서의 운전자 수익, 인센티브 지급, 고객 결제 패턴을 예측하고, 이를 통합하여 전체 현금 흐름을 관리한다. 이 모델은 코로나19 팬데믹과 같은 전례 없는, 기존 패턴을 벗어나는 상황에서도 놀라운 적응력을 보여 주었다.[21]

다중 시나리오의 디지털 시뮬레이션

현대 현금 흐름 예측의 핵심은 단일 전망이 아닌 확률적 시나리오의 제시에 있다. 앙상블 딥 러닝 모델은 수천 개의 가능한 미래 경로를 시뮬레이션하여 의사 결정자에게 불확실성의 전체 스펙트럼을 제공한다.

베이지안 신경망Bayesian Neural Network, BNN과 몬테카를로 드롭아웃Monte Carlo dropout, MC Dropout 같은 기법은 예측의 불확실성을 정량화하는 강력한 도구다. 이러한 접근법은 단순히 〈다음 달 현금 유입은 100만 달러일 것〉이라고 예측하는 대신, 〈다음 달 현금 유입은 90퍼센트 확률로 80만에서 120만 달러 사이일 것〉과 같은 확률적 예측을 제공한다. 이는 의사 결정자에게 리스크를 명시적으로 고려하게 할 수 있는 정보를 제공한다.

글로벌 에너지 기업 BP는 베이지안 딥 러닝 모델을 활용해 유가 변동, 규제 변화, 심지어 기후 변화 시나리오까지 고려한 확률적 현금 흐름 예측을 생성한다. 이 접근법은 단순한 점 예측 대비 90퍼센트 더 많은 흐름을 예측했고, 신뢰 구간에서 실제 현금 흐름을 포착하는 정확도를 32퍼센트 향상시켰다.[22]

보다 진보된 접근법으로, 생성적 적대 신경망(GAN)을 활용한 시나리오 생성이 있다. 이 방식은 과거 데이터에서 관찰된 패턴을 학습하면서도 새로운, 그러나 현실적인 시나리오를 생성할 수 있어, 특히 극단적 상황이나 스트레스 테스트에 유용하다. 스위스 대형 은행 UBS는 이러한 GAN 기반 시뮬레이션을 통해 금융 위기, 팬데믹, 지정학적 충돌과 같은 극단적 상황에서의 현금 흐름 시나리오를 생성하여 비상 계획을 수립한다.[23]

딥 러닝 기반 현금 흐름 모델은 단순한 예측 도구를 넘어 기업이 불확실한 미래를 탐색하는 나침반이 되고 있으며, 과거의 패턴을 학습하는 동시에 전례 없는 상황에 적응하는 능력을 통해 재무 계획의 패러다임을 재정의하고 있다.

강화 학습을 통한 운전 자본 최적화
끊임없이 진화하는 자금 조달의 전략가

운전 자본 관리는 재고, 매출 채권, 매입 채무, 현금 간의 미묘한 균형을 유지하는 복잡한 최적화 문제를 가지고 있다. 강화 학습 알고리즘은 이러한 다차원적 의사 결정 환경에서 지속적인 실험과 학습을 통해 최적의 전략을 도출한다.

강화 학습의 핵심적 강점은 그 적응적 특성에 있다. 전통적인 최적화 방법이 사전 정의된 규칙과 가정에 의존한다면, 강화 학습 에이전트는 환경(시장 조건, 공급망 상태, 고객 행동 등)과의 지속적인 상호 작용을 통해 정책을 개선해 나간다. 이는 특히 공급망 붕괴, 소비자 선호도 변화, 경쟁 환경 변화와 같은 예측 불가능한 상황에 대응하는 능력을 크게 향상시킨다.

미국 소매 대기업 타겟은 강화 학습 기반 재고-현금 균형 시스템을 도입하여 2만 개 이상의 SKUstock keeping unit(재고 관리에서 식별 또는 관리하기 위한 코드 및 단위)에 대한 재고 수준을 동적으로 최적화한다. 이 알고리즘은 수요 변동성, 공급망 지연, 현금 가용성 등을 고려하여 운전 자본 요구 사항을 15퍼센트 감소시키면서도 재고 부족률은 22퍼센트 개선했다.[24]

더욱 흥미로운 적용 사례는 심층 Q-네트워크Deep Q-Network, DQN와 같은 고급 강화 학습 알고리즘을 활용한 동적 가격 책정과 프로모션 최적화다. 미국의 전자 상거래 기업 와이페어는 이러한 접근법을 통해 10만 개 이상의 제품에 대한 가격과 프로모션 전략을 최적화하여 매출 채권 회전율을 19퍼센트 개선하고 운전 자본 비용을 연간 4,200만 달러 절감했다. 이 시스템은 특히 계절적 수요 피크, 경쟁사 가격 변동, 재고 수준 변화에 동적으로 대응하는 능력이 탁월했다.[25]

디지털 경제의 현금 순환 주기 재설계

강화 학습은 단기적 최적화를 넘어 현금 전환 주기Cash Conversion Cycle, CCC 전체를 재구성하는 혁신적 접근법을 제공한다. 알고리즘은 지불 조건 협상, 고객 신용 정책, 공급자 계약에 이르기까지 운전 자본의 모든 측면을 통합적으로 최적화한다.

현금 전환 주기 최적화의 핵심은 상충 관계trade-offs의 정교한 관리에 있다. 예를 들어, 매출 채권 회수 기간을 단축하면 현금 유입이 빨라지지만 고객 관계에 부정적 영향을 미칠 수 있고, 매입 채무 지급을 지연하면 단기적으로 현금 보유가 증가하지만 공급업체 관계나 할인 기회를 놓칠 수 있다. 강화 학습은 이러한 복잡한 상충 관계를 종합적으로 고려하여 최적의 균형점을 찾아낸다.

독일 화학 기업 BASF는 심층 강화 학습을 활용하여 5,000개 이상의 공급 업체와 1만 2,000개 이상의 고객에 대한 지불 조건을 동적으로 최적화한다. 이 시스템은 각 거래처의 지불 이력, 신용도, 전략적 중요성을 고려하여 현금 전환 주기를 27일 단축시켰으며, 이는 약 4억 유로의 운전 자본 감소 효과를 가져왔다.[26]

특히 주목할 만한 혁신은 공급망 금융Supply Chain Finance과 강화 학습의 결합이다. 네슬레는 분산 강화 학습Distributed Reinforcement Learning을 활용하여 수천 개의 공급업체와 유통업체를 연결하는 다이나믹 디스카운팅Dynamic Discounting 프로그램을 구현했다. 이 시스템은 공급업체의 자금 조달 비용, 네슬레의 현금 포지션, 은행 금리 등을 고려하여 최적의 조기 지불 할인율을 실시간으로 계산한다. 그 결과 공급업체는 금융 비용을 절감하고, 네슬레는 수익률을 높이며, 전체 공급망의 재무적 건전성이 강화되는 세 배의 이득을 실현했다.[27]

강화 학습의 진정한 가치는 단순한 비용 절감을 넘어 기업이 시장 변화에 더 민첩하게 대응할 수 있는 자본 유연성을 제공한다는 점에 있다. 디지털 경제에서 운전 자본은 단순한 회계 항목이 아닌 전략적 자원으로 재해석되고 있다.

포트폴리오 관리와 알고리즘 트레이딩
양자화된 시장 직관: 계량적 포트폴리오 최적화

현대 포트폴리오 관리는 직관과 경험에 의존하던 예술에서 정교한 알고리즘에 기반한 과학으로 진화했다. 머신 러닝 모델은 전통적인 평균-분산 최적화를 넘어 비선형적 자산 간 상관관계, 꼬리 위험, 시장 체제 변화까지 고려한 포트폴리오를 구성한다.

현대 포트폴리오 최적화의 주요 혁신 중 하나는 팩터 투자 Factor Investing와 머신 러닝의 결합이다. 전통적인 팩터 모델이 가치, 모멘텀, 수익성과 같은 잘 알려진 요인에 의존했다면, 머신 러닝 접근법은 수백 개의 잠재적 요인을 분석하여 시장 환경에 따라 가장 설명력이 높은 요인 조합을 동적으로 식별한다.

세계 최대 헤지펀드 브리지워터 어소시에이츠는 180개 이상의 요인을 분석하는 머신 러닝 알고리즘을 통해 자산 배분을 최적화한다. 이 시스템은 전통적 최적화 방법 대비 위험 조정 수익률을 38퍼센트 향상시켰으며, 특히 시장 스트레스 기간 동안의 다운사이드 리스크를 24퍼센트 감소시켰다.[28]

또 다른 주요 발전은 계층적 위험 패리티 Hierarchical Risk Parity 같은 그래프 이론과 클러스터링 기법을 활용한 포트폴리오 구성이다. 이 접근법은 자산 간의 복잡한 상관 구조를 계층적으로 분해하여 보다 안정적인 분산 효과를 달성한다. 프랑스 자산 운용사 토베라는 이 방법론을 기반으로 한 AI 멀티에셋 펀드를 운용하여 2018년 글로벌 주식 시장 하락기에 -4퍼센트 수준의 손실로 베타를 효과적으로 관리했다.[29]

딥 러닝을 활용한 시장 체제 식별과 동적 자산 배분도 주목할 만한 혁신이다. 딥 러닝 모델은 수백 개의 거시 경제 지표, 기술적 지표, 시장 심리 지표를 분석하여 현재 시장 체제(강세장, 약세장, 횡보장, 변동성 체제 등)를 식별하고, 각 체제에 최적화된 자산 배분 전략을 적용한다. 영국의 퀀트 헤지펀드 맨 AHL은 이러한 체제 기반 접근법을 통해 2020년 코로나19 시장 충격 기간 동안 +14퍼센트의 수익률을 기록했다.[30]

알고리즘 트레이딩의 진화

알고리즘 트레이딩은 단순한 규칙 기반 주문 실행에서 복잡한 패턴을 인식하고 시장의 미시 구조를 활용하는 지능형 시스템으로 발전했다. 딥 러닝과 강화 학습의 결합은 시장 깊이, 주문 흐름 불균형, 뉴스 이벤트의 영향을 실시간으로 분석하여 최적의 거래 전략을 도출한다.

최신 알고리즘 트레이딩의 핵심 혁신 중 하나는 주문장 역학 Order Book Dynamics에 대한 딥 러닝 모델링이다. 딥 러닝 모델은 주문장의 형태와 변화 패턴에서 미래 가격 움직임의 단서를 포착한다. 특히 CNN은 주문장을 이미지처럼 처리하여 특정 패턴이 미래 가격 움직임과 어떻게 연관되는지 학습한다.

시카고 기반의 퀀트 트레이딩 회사 점프 트레이딩은 심층 강화 학습 알고리즘을 활용해 시장 조성 전략을 최적화한다. 이 시스템은 주문 실행 시간을 마이크로초 단위로 단축하면서도 가격 충격을 최소화하는 실행 경로를 계산하여 거래 비용을 평균 12.5퍼센트 절감했다.[31]

주문 분할 실행 Order Splitting Execution은 알고리즘 트레이딩의 또 다른 중요한 영역이다. 대규모 주문을 시장에 미치는 영향을 최소화하면서 효율적으로 실행하는 것은 기관 투자자에게 중요한 과제다. 심층 강화 학습은 시장 유동성, 변동성, 다른 시장 참여자의 행동 패턴을 고려하여 최적의 주문 분할 전략을 학습한다.

JP모건의 LOXM(Limit Order Execution) 알고리즘은 강화 학습을 활용하여 주문 실행을 최적화한다. 이 시스템은 수천만 건의 과거 거래 데이터를 학습하여 각 시장 상황에 최적화된 주문 제출 전략을 개발했다. 그 결과 기존 알고리즘 대비 평균 거래 비용을 10~15bp 절감하였으며, 이는 기관 투자자에게 상당한 비용 절감 효과를 의미한다.[32]

자연어 처리와 알고리즘 트레이딩의 결합도 주목할 만한 발전이다. 버트, GPT와 같은 최신 언어 모델은 뉴스, 소셜 미디어, 기업 공시자료 등의 텍스트 데이터에서 시장 관련 신호를 추출한다. 특히 센티멘트 분석을 넘어, 언어 모델이 문맥과 뉘앙스를 이해하고 이벤트의 시장 영향을 예측하는 능력이 향상되고 있다. 르네상스 테크놀로지스와 같은 퀀트 헤지펀드는 이러한 NLP 기술을 활용하여 분기별 실적 발표 컨퍼런스 콜의 언어 패턴을 분석, 경영진의 어조 변화가 향후 주가 움직임과 어떻게 연관되는지 모델링한다.[33]

포트폴리오 관리와 알고리즘 트레이딩의 경계는 점차 흐려지고 있다. 모든 투자 프로세스가 데이터 기반의 결정 루프로 통합되면서, 과거 투자의 예술과 과학 사이의 이분법은 의미를 잃어가고 있다. 미래의 금융 시장은 알고리즘과 인간 전략가의 공생적 생태계로 재구성될 것이며, 이 과정에서 금융 시장의 효율성과 복원력은 더욱 향상될 것으로 예상된다.

ESG 투자와 지속 가능성 평가
가치의 새로운 방정식: ESG 데이터의 계량화
투자 의사 결정에서 환경(E), 사회(S), 지배 구조(G) 요소의 중요성이 급증하고 있다. AI 기술은 방대하고 비구조화된 ESG 데이터를 분석하여 기업의 지속 가능성 프로필을 정량화하는 새로운 방법을 제시한다.

ESG 데이터의 본질적 특성은 그 이질성과 주관성에 있다. 탄소 배출량과 같은 일부 환경 지표는 비교적 객관적으로 측정 가능하지만, 노동 관행, 제품 책임, 기업 윤리와 같은 요소는 정량화하기 어렵다. 여기서 AI의 역할이 중요해진다. 자연어 처리와 컴퓨터 비전 기술은 지속 가능성 보고서, 뉴스 기사, NGO 보고서, 소셜 미디어 등 다양한 텍스트 및 이미지 소스에서 ESG 관련 정보를 추출하고 체계화한다.

블랙록의 인공 지능 플랫폼 **알라딘 클라이밋**은 위성 이미지, 규제 문서, 뉴스 기사, 소셜 미디어 데이터를 분석하여 기업의 탄소 발자국과 기후 리스크를 평가한다. 이 시스템은 기업이 자체 보고하는 배출량 데이터 외에도 공급망 전체의 잠재적 환경 영향을 포착하여 ESG 평가의 정확도를 41퍼센트 향상시켰다.[34]

특히 주목할 만한 발전은 위성 영상과 컴퓨터 비전 기술을 활용한 환경 모니터링이다. 예를 들어, 구글의 딥마인드DeepMind는 AI 기술을 사용하여 위성 이미지에서 불법 벌목, 오염 배출, 토지 이용 변화를 감지한다. 이러한 데이터는 기업의 공식 보고를 검증하고 보완하는 독립적인 정보 소스로 활용된다. S&P 글로벌은 이러한 기술을 ESG 평가에 통합하여 중국과 인도 소재 제조 기업의 환경 컴플라이언스 평가 정확도를 62퍼센트 향상시켰다.[35]

딥러닝 모델은 ESG 평가의 근본적 난제인 데이터 비교 가능성 문제를 혁신적으로 해결한다. 상이한 측정 프레임워크와 수집 방법론으로 인해 단편화된 ESG 데이터를 지능적으로 표준화하고, 각 산업 고유의 맥락적 특성을 반영한 조정을 통해 기업 간 실질적 비교 분석을 구현한다.

스위스의 렙리스크RepRisk는 이러한 접근법의 대표적 사례로, 딥러닝 알고리즘을 활용해 14개 언어권의 다층적 뉴스 소스로부터 ESG 리스크 이벤트를 정밀하게 추출·분류하며, 이를 산업 전반에 걸쳐 일관된 위험 노출도 지표로 변환하여 제공한다.[36]

ESG 시그널 분석

ESG 성과와 재무적 수익 간의 상관관계를 발견하는 것은 지속 가능 투자의 핵심 과제다. 머신 러닝 알고리즘은 수천 개의 ESG 지표를 분석하여 특정 산업과 시장 조건에서 재무적 성과와 가장 관련성이 높은 요소를 식별한다.

ESG 요소의 재무적 중요성Materiality은 산업과 비즈니스 모델에 따라 크게 달라진다. 예를 들어, 탄소 배출은 에너지 기업에는 핵심적인 지표지만 소프트웨어 기업에는 상대적으로 덜 중요할 수 있다. 머신 러닝은 이러한 산업별, 기업별 특성을 고려하여 각 ESG 요소의 재무적 중요성을 동적으로 평가한다.

네덜란드 자산 운용사 로베코는 자연어 처리와 딥 러닝을 결합한 ESG 시그널 엔진을 개발하여 5,000개 이상의 기업에 대한 지속 가능성 평가를 자동화했다. 이 시스템은 전통적 ESG 등급 제공 업체가 놓치는 초기 리스크 신호를 포착하여, 포트폴리오의 리스크 조정 수익률을 연간 0.5~1.2퍼센트 향상시켰다.[37]

더 발전된 접근법으로, ESG 모멘텀(개선 추세)을 포착하는 알고리즘이 있다. 단순히 현재의 ESG 점수보다, ESG 성과의 개선 속도와 방향이 미래 주가 성과와 더 강한 상관관계를 보인다는 연구 결과가 있다. UBS 애셋 매니지먼트는 자연어 처리와 시계열 분석을 결합하여 ESG 모멘텀을 측정하는 **ESG 노스스타** 시스템을 개발했다. 이 전략은 2017~2021년 기간 동안 MSCI 월드 지수 대비 연평균 2.8퍼센트의 초과 성과를 기록했다.[38]

컨트로버시(논란) 탐지도 AI 기반 ESG 투자의 중요한 측면이다. 기업의 ESG 리스크는 종종 갑작스러운 논란(환경 사고, 노동 분쟁, 지배 구조 스캔들 등)으로 현실화된다. 자연어 처리 알고리즘은 뉴스 기사, 소셜 미디어, 규제 발표 등에서 이러한 논란의 초기 신호를 감지하여 투자자에게 조기 경보를 제공한다. 독일 투자 은행 DZ 뱅크의 연구에 따르면, AI 기반 ESG 컨트로버시 모니터링 시스템은 심각한 ESG 관련 사건의 72퍼센트를 최소 2주 전에 식별하는 데 성공했다.[39]

기후 리스크와 전환 전략의 계량화

기후 변화는 투자자들이 직면한 가장 중요한 장기적 시스템 리스그 중 하나로, AI는 기후 리스크 평가와 저탄소 경제로의 전환 전략 모델링에 중요한 역할을 한다.

AI 기반 기후 시나리오 분석은 다양한 온난화 경로에 따른 물리적 리스크(홍수, 가뭄, 해수면 상승 등)와 전환 리스크(탄소세, 규제 변화, 소비자 선호도 변화 등)의 재무적 영향을 모델링한다. 이러한 모델은 기후 과학 데이터, 경제 모델, 기업별 자산 정보, 공급망 분석을 통합하여 포트폴리오 수준의 기후 리스크 익스포저를 평가한다.

프랑스의 금융 기관 BNP 파리바는 딥 러닝과 지리 공간 분석을 결합한 기후 리스크 평가 시스템을 개발했다. 이 시스템은 위성 데이터, 기후 모델, 부동산 포트폴리오 정보를 통합하여 담보물과 투자 자산의 물리적 기후 리스크를 평가한다. 이 분석은 섭씨 2도 이상 온난화 시나리오에서 담보 포트폴리오 가치의 약 4~7퍼센트가 위험에 처할 수 있음을 보여 주었다.[40]

넷제로Net-Zero 전환 경로를 모델링하는 AI 시스템도 주목할 만하다. 이러한 모델은 다양한 산업의 탈탄소화 경로, 기술 채택 곡선, 정책 시나리오를 시뮬레이션하여 기업과 산업의 전환 리스크와 기회를 평가한다. 영국의 자산 운용사 슈로더는 자체 개발한 **서스테인엑스**SustainEx와 **카본 밸류 엣 리스크**Carbon Value at Risk 모델을 통해 5만 개 이상 기업의 탄소 전환 리스크를 정량화한다. 이 분석은 고탄소 산업의 기업 가치가 탄소세 도입 시나리오에서 평균 30~40퍼센트 하락할 수 있음을 보여 주었다.[41]

ESG 투자는 더 이상 윤리적 고려 사항이나 규제 준수의 영역을 넘어 재무적 가치 창출의 핵심 동인으로 자리 잡고 있다. AI 기술은 지속 가능성과 수익성이 대립하는 개념이 아닌 상호 강화하는 요소임을 입증하는 새로운 관점을 제시하고 있으며, 점차 더 많은 투자자들이 장기적이고 지속 가능한 가치 창출을 위한 필수 요소로 ESG를 통합하고 있다.

AI 기반 리스크 관리와 재무 안정성

머신 러닝 기반 신용 평가 모델과 부도 예측
데이터의 세밀한 직조: 다차원 신용 위험 평가
전통적 신용 평가 모델은 제한된 변수와 선형적 방법론에 의존해 왔으나, 머신 러닝은 이러한 패러다임을 근본적으로 변화시키고 있다. 현대 ML 기반 신용 평가 모델은 전통적 재무 지표뿐만 아니라 비정형 데이터를 포함한 수백 가지 변수를 통합하여 보다 정확하고 세밀한 위험 프로파일을 구축한다.

머신 러닝의 핵심 강점은 비선형 패턴 식별 능력과 이질적 데이터 소스 통합에 있다. 예를 들어, 그래디언트 부스팅Gradient Boosting 알고리즘은 재무제표 데이터, 거시 경제 지표, 산업 동향, 경영진 행동 패턴, 공급망 정보 등을 결합하여 기업의 신용 위험을 평가한다. 특히 주목할 만한 점은 이러한 모델이 변수 간의 복잡한 상호 작용 효과를 포착할 수 있다는 것이다.

JP모건 체이스는 엑스지부스트XGBoost 알고리즘을 기반으로 한 신용 평가 모델을 개발하여 중소기업 대출 포트폴리오의 부도율 예측 정확도를 41퍼센트 향상시켰다. 이 시스템은 8,500개 이상의 특성을 분석하며, 특히 전통적 모델이 간과하는 초기 경고 신호를 효과적으로 포착한다.[42]

금융 포용성의 확장

머신 러닝 기반 신용 평가의 혁신적인 측면 중 하나는 신용 이력이 제한적이거나 없는 개인과 기업에 대한 평가 능력이다. 소위 **신용 불가시인구**credit invisibles에 대해, ML 모델은 대안 데이터 소스를 활용하여 신용 프로필을 구축한다.

핀테크 기업 렌딩클럽은 전통적 신용 점수 외에도 5,000개 이상의 행동 기반 변수를 분석하는 심층 신경망을 활용한다. 이 모델은 직업 이력, 교육 수준, 디지털 발자국digital footprint, 청구서 납부 이력, 심지어 스마트폰 사용 패턴까지 분석하여 정교한 신용 프로필을 구축한다. 그 결과 전통적 방법으로는 대출 자격을 얻지 못했을 170만 명 이상의 차입자에게 총 220억 달러의 대출을 제공하면서도, 기존 부도율 대비 27퍼센트 낮은 수준을 유지했다.[43]

케냐의 모바일 대출 플랫폼 엠샤와리는 더욱 혁신적인 사례를 보여 준다. 이 시스템은 모바일 화폐 거래 이력, 통화 패턴, 위치 데이터를 분석하여 기존 금융 시스템에서 배제된 인구에 대한 신용 점수를 산출한다. 머신 러닝 알고리즘은 이러한 대안 데이터에서 신용도의 강력한 예측 변수를 식별했으며, 그 결과 2,100만 명 이상의 케냐인이 최초로 공식 금융 서비스에 접근할 수 있게 되었다.[44]

설명 가능한 AI와 책임 있는 신용 평가

머신 러닝 모델의 복잡성과 불투명성은 규제 준수와 윤리적 사용에 중요한 도전 과제를 제기한다. 이러한 도전에 대응하기 위해 **설명 가능한 AI** 기법이 신용 평가 분야에서 급속히 발전하고 있다.

SHAP_{SHapley Additive exPlanations} 값과 LIME_{Local Interpretable Model-agnostic Explanations}과 같은 기법은 복잡한 블랙박스 모델의 결정 과정을 해석 가능한 형태로 변환한다. 이러한 도구는 각 신용 결정에 가장 큰 영향을 미친 요인을 식별하고, 부정적 결정의 경우 개선 경로를 제시한다.

미국의 대형 은행 시티그룹은 머신 러닝 기반 신용 모델에 SHAP 값을 적용하여 각 신용 결정의 주요 동인을 시각화하고 설명한다. 이는 공정한 「대출법_{Fair Lending Act}」 준수를 보장하고, 신용 거부 고객에게 개선 방안을 제공하는 데 중요한 역할을 한다. 이 접근법은 신용 거부 고객의 재신청 성공률을 32퍼센트 향상시켰다.[45]

사기 탐지 및 이상 거래 식별 시스템

디지털 시대의 감시자: 이상치 탐지의 진화

금융 사기는 점점 더 정교해지고 있으며, 전통적인 규칙 기반 사기 탐지 시스템은 새로운 사기 패턴에 대응하는 데 한계를 보이고 있다. 머신 러닝 기반 사기 탐지 시스템은 진화하는 사기 위협에 대응하여 자가 학습하고 적응하는 능력을 제공한다.

현대 사기 탐지의 핵심은 다양한 알고리즘의 앙상블 접근법이다. 이상치 탐지_{anomaly detection}를 위한 오토인코더, 패턴 인식을 위한 합성곱 신경망, 시퀀스 분석을 위한 LSTM 네트워크 등 다양한 알고리즘이 각각의 강점을 발휘한다. 이러한 모델은 개별적으로 작동한 후 최종 결정을 위해 결과를 통합한다.

비자는 딥 러닝 기반 실시간 사기 탐지 시스템을 구축하여 연간 250억 건 이상의 거래를 분석한다. 이 시스템은 거래 금액, 위치, 가맹점 유형과 같은 기본 특성뿐 아니라 디바이스 정보, 행동 생체 인식behavioral biometrics, 거래 속도 패턴 등 500개 이상의 변수를 분석한다. 그 결과 사기 탐지율은 30퍼센트 향상되었으며, 오탐지false positive는 50퍼센트 감소했다.[46]

네트워크 관점의 금융 범죄 탐지

최신 사기 탐지 시스템의 주요 혁신 중 하나는 그래프 신경망Graph Neural Networks, GNN을 활용한 네트워크 분석이다. 금융 범죄는 종종 복잡한 관계 네트워크의 형태로 나타나며, GNN은 이러한 네트워크 구조에서 패턴을 식별하는 데 탁월하다.

GNN은 실체(고객, 계정, 거래, 디바이스 등) 간의 관계를 그래프 구조로 모델링하고, 이러한 연결 패턴에서 사기의 신호를 식별한다. 이 접근법은 단일 거래나 계정 단위의 분석으로는 포착하기 어려운 조직적 사기를 탐지하는 데 특히 효과적이다.

페이팔은 GNN 기반 사기 탐지 시스템을 개발하여 사기 거래의 링크 분석과 전파 패턴을 모델링한다. 이 시스템은 정상적으로 보이는 개별 거래라도, 의심스러운 네트워크의 일부일 경우 식별할 수 있다. 그 결과, 조직적 사기 탐지율이 이전 시스템 대비 65퍼센트 향상되었으며, 특히 새로운 유형의 사기 식별에 탁월한 성과를 보였다.[47]

행동 분석과 사용자 인증의 새로운 차원

사기 탐지의 또 다른 주요 발전은 행동 생체 인식과 지속적 인증

continuous authentication이다. 이 접근법은 패스워드나 생체 인식과 같은 전통적인 정적 인증을 넘어, 사용자의 고유한 행동 패턴을 지속적으로 분석한다.

머신 러닝 알고리즘은 마우스 움직임, 키보드 타이핑 패턴, 스와이프 제스처, 스마트폰 센서 데이터 등에서 사용자의 고유한 **행동적 지문**behavioral fingerprint을 추출한다. 이러한 패턴이 사용자의 프로필에서 벗어나면 즉시 추가 인증을 요구하거나 사기 경고를 발생시킨다.

영국의 디지털 은행 모노는 앱 상호 작용 패턴, 위치 정보, 거래 행동을 분석하는 행동 모니터링 시스템을 구축했다. 이 시스템은 사용자가 앱을 사용하는 방식의 미묘한 변화를 포착하여 계정 탈취 시도를 실시간으로 식별한다. 이 접근법은 전통적인 보안 측정과 비교하여 계정 탈취 감지율을 47퍼센트 향상시켰으며, 고객 경험을 방해하는 빈도는 80퍼센트 감소시켰다.[48]

시장 변동성 예측과 대응 전략
불확실성의 안개를 해석하는 알고리즘

시장 변동성은 리스크 관리와 자산 배분의 핵심 요소지만, 그 예측은 금융의 어려운 과제 중 하나로 남아있다. 머신 러닝은 다양한 시장 레짐과 변동성 군집 현상volatility clustering을 모델링하는 새로운 접근법을 제시하고 있다.

GARCHGeneralized Autoregressive Conditional Heteroskedasticit 같은 선동석 노넬을 넘어, LSTM 네트워크와 변동성 예측에 특화된 변형 모델들이 등장했다. 이러한 모델들은 옵션 가격, 변동성 지수(VIX), 거래량, 뉴스 센티멘트, 거시 경제 서프라이즈 등 다양한 변동성 지표를 통합하여 미래 변동성을 예측한다.

변동성의 숨겨진 패턴

최첨단 변동성 모델링 접근법 중 하나는 **멀티 프랙탈 분석**Multifractal Analysis과 머신 러닝의 결합이다. 이 방법론은 시장 변동성이 다양한 시간 척도에서 자기 유사한self-similar 패턴을 보인다는 개념에 기반한다. 딥 러닝 모델은 이러한 복잡한 프랙탈 구조를 학습하여 단기부터 장기까지 다양한 시간 척도에서의 변동성 예측을 가능하게 한다.

런던 소재 퀀트 헤지펀드 윈턴 캐피털은 웨이블릿 변환wavelet transform과 심층 신경망을 결합한 멀티 프랙탈 변동성 모델을 개발했다. 이 시스템은 변동성의 시간적 구조를 분해하여 일중intraday, 일별, 주별, 월별 변동성 패턴을 동시에 분석한다. 특히 시장 레짐 전환regime change 감지에 탁월한 성능을 보여, 2020년 코로나19 시장 충격 기간 동안 포트폴리오 다운사이드 리스크를 35퍼센트 감소시키는 데 기여했다.[49]

테일 리스크와 극단적 사건의 모델링

전통적인 변동성 모델의 주요 한계 중 하나는 극단적 사건black swan events을 과소평가하는 경향이다. 머신 러닝 기반 접근법은 이러한 테일 리스크tail risk를 보다 정확히 포착하는 데 중점을 둔다.

익스트림 밸류 이론Extreme Value Theory과 딥 러닝을 결합한 모델은 희귀한 극단적 사건의 확률을 추정하는 데 특화되어 있다.

이러한 모델은 역사적 데이터에서 극단적 이벤트가 발생하는 조건과 패턴을 학습하여, 현재 시장 상황이 유사한 패턴을 보일 때 경고 신호를 제공한다.

유니버시티 칼리지 런던과 협력한 투자 은행 UBS의 연구팀은 생성적 적대 신경망(GAN)을 활용하여 역사적 데이터에 존재하지 않는 가상의 극단적 시장 시나리오를 생성하는 GANVaR 모델을 개발했다. 이 접근법은 전례 없는 리스크에 대한 대비를 가능하게 하며, 특히 2022년 러시아-우크라이나 전쟁과 같은 지정학적 충격으로 인한 시장 변동성 패턴을 성공적으로 시뮬레이션 했다.[50]

시나리오 분석과 스트레스 테스트 자동화
가능성의 디지털 우주: 고급 시뮬레이션 기법

금융 기관의 회복력을 평가하는 스트레스 테스트는 전통적으로 제한된 수의 정적 시나리오에 의존해 왔다. AI는 이러한 접근법을 수천 개의 동적 시나리오를 생성하고 분석할 수 있는 정교한 시뮬레이션 프레임워크로 변환시키고 있다.

몬테카를로 시뮬레이션과 머신 러닝의 결합은 리스크 인자 간의 복잡한 상호 의존성을 포착하는 조건부 시나리오 생성을 가능하게 한다. 이는 단순히 독립적인 리스크 인자의 변화를 가정하는 것이 아니라, 한 인자의 변화가, 다른 인자들의 조건부 분포에 어떤 영향을 미치는지 모델링하는 것이다.

뱅크 오브 아메리카는 베이지안 네트워크와 GAN을 결합한 **적응형 스트레스 테스트** 플랫폼을 개발했다. 이 시스템은 금리, 환율, 신용 스프레드, 주가 등 250개 이상의 리스크 인자 간의 비선형적 의존성을 모델링하여 28만 개 이상의 시나리오를 생성하고 분석한다. 특히 주목할 만한 점은 새로운 시장 데이터가 들어오면 실시간으로 시나리오 분포를 업데이트하는 능력이다. 2020년 코로나19 위기 동안 이 플랫폼은 불과 이틀 만에 팬데믹 영향을 반영한 새로운 스트레스 시나리오를 생성하여 신속한 위기 대응을 지원했다.[51]

역동적 위기 시뮬레이션: 에이전트 기반 모델링

AI 기반 스트레스 테스트의 또 다른 혁신적 측면은 에이전트 기반 모델링Agent-Based Modeling의 적용이다. 이 접근법은 시장 참여자들(은행, 헤지펀드, 중앙은행, 소매 투자자 등)을 독립적인 에이전트로 모델링하고, 스트레스 상황에서 이들의 상호 작용과 피드백 루프를 시뮬레이션한다.

이러한 모델은 특히 유동성 위기, 신용 경색, 대량 매도 사태와 같은 시스템적 위험의 전파 역학을 이해하는 데 중요하다. 에이전트들은 머신 러닝 알고리즘에 의해 제어되며, 시장 조건 변화에 따라 전략을 적응적으로 변경한다.

영국 중앙은행은 강화 학습을 활용한 에이전트 기반 스트레스 테스트 시스템 RAMSI-ML을 개발했다. 이 모델은 영국 금융 시스템의 주요 기관들을 에이전트로 표현하고, 각 기관의 대차대조표 변화와 상호 연결성을 시뮬레이션한다. 특히 혁신적인 점은 금융 위기 시 기관들의 행동 변화(예: 레버리지 감소, 자산 매각, 신용 공급 축소)를 모델링하여 2차, 3차 효과까지 포착한다는 것이다. 이 접근법은 2008년 글로벌 금융 위기의 시스템적 위험 전파를 사후적으로 정확히 재현했으며, 현재는 기후 변화 리스크의 금융 시스템 영향을 모델링하는 데 활용되고 있다.[52]

역시나리오 분석을 통한 취약점 발견

전통적인 스트레스 테스트가 〈이러한 충격이 발생하면 어떤 결과가 나올까?〉라는 질문에 답한다면, 역시나리오 분석reverse stress testing은 〈어떤 시나리오가 우리를 파산시킬 수 있을까?〉라는 더 근본적인 질문을 던진다. AI는 이러한 역방향 탐색을 가능하게 하는 강력한 도구를 제공한다.

유전 알고리즘Genetic Algorithms과 같은 진화적 계산 방법은 기관의 특정 취약점을 노출시키는 시나리오 조합을 효율적으로 탐색한다. 이 접근법은 사전에 정의된 시나리오에 의존하지 않고, 알고리즘이 가능한 시나리오 공간을 자율적으로 탐색하여 가장 심각한 결과를 초래하는 조건을 식별한다.

도이치 방크는 유전 알고리즘과 심층 강화 학습을 결합한 역시나리오 분석 시스템 피닉스 AIPhoenixAI를 개발했다. 이 시스템은 은행의 글로벌 트레이딩 포트폴리오에 대해 파국적 손실을 초래할 수 있는 시장 조건의 조합을 탐색한다. 흥미롭게도, 이 접근법은 리스크 관리자들이 미처 고려하지 못한 새로운 취약점들을 발견했으며, 특히 서로 관련 없어 보이는 리스크 요인들의 동시 발생이 어떻게 증폭 효과를 일으킬 수 있는지 보여 주었다. 이 분석 결과를 바탕으로 도이치 방크는 헤지 전략을 조정하여 예상치 못한 극단적 시나리오에 대한 회복력을 강화했다.[53]

재무 보고와 회계의 지능화

RPA와 지능형 자동화: 재무 보고의 새 시대

로봇 프로세스 자동화Robotic Process Automation, RPA는 재무 보고 프로세스에 혁명적 변화를 가져오고 있다. 인지 자동화와 결합된 RPA는 데이터 수집, 검증, 조정부터 보고서 생성까지 전체 재무 주기를 자동화한다. 현대 RPA 시스템은 단순 작업 자동화를 넘어 예외 사항 처리, 패턴 인식, 의사 결정 지원 기능을 갖추고 있으며, 특히 머신 러닝과 결합된 **지능형 RPA**는 시간이 지남에 따라 작업을 최적화하고 프로세스를 개선하는 학습 능력을 보유하고 있다.

재무 보고 자동화는 특히 월간, 분기별, 연간 결산 과정에서 큰 효율성을 창출한다. 전통적으로 이러한 과정은 데이터 추출, 조정, 검증, 보고서 작성 등 여러 수작업 단계를 포함했으나, RPA는 이러한 단계를 자동화하여 결산 주기를 획기적으로 단축한다. 딜로이트가 500개 이상의 클라이언트에 구현한 RPA 솔루션은 재무 결산 및 보고 시간을 평균 58퍼센트 단축했다. 한 글로벌 제약 회사 사례에서는 2,000개 이상의 법인에 대한 재무제표 통합 과정을 자동화하여 연간 1만 8,000시간의 수작업을 절감하고 오류율을 94퍼센트 감소시켰다.[54]

이러한 자동화의 결과로 재무팀의 역할이 근본적으로 변화하고 있다. 전통적으로 재무팀 시간의 70퍼센트가 데이터 수집과 검증에 소요되었다면, RPA 도입 후에는 이 비율이 30퍼센트 이하로 감소했다. 이로 인해 재무 전문가들은 단순 데이터 처리가 아닌 분석, 예측, 전략적 의사 결정 지원에 더 많은 시간을 할애할 수 있게 되었다. 재무팀은 점차 **숫자 관리자**에서 **비즈니스 인사이트 제공자**로 그 역할이 진화하고 있다.

위험 기반 접근법의 진화

인공 지능은 감사 방법론에 근본적인 변화를 가져오고 있다. 전통적인 샘플링 기반 접근법에서 전체 데이터를 분석하는 완전 모집단 검사full population testing로 전환되고 있다. 머신 러닝 모델은 수백만 건의 거래 데이터를 분석하여 이상치, 불규칙성, 잠재적 부정을 식별한다.

특히 딥 러닝 알고리즘은 비정형 회계 데이터의 분석에 혁신을 가져왔다. 이미지 인식 기술은 송장, 계약서, 영수증과 같은 문서에서 핵심 정보를 추출하고, 자연어 처리 기술은 이메일, 회의록, 계약서 텍스트에서 위험 신호를 포착한다. 이러한 기술은 사람이 검토하기에는 너무 방대한 양의 문서를 효율적으로 분석할 수 있게 한다.

프라이스워터하우스쿠퍼스가 개발한 GL.ai는 AI 감사 플랫폼으로, 모든 회계 항목을 분석하고 위험 패턴을 식별한다. 이 시스템은 비정상적인 분개, 의심스러운 회계 처리, 내부 통제 위반 가능성이 있는 거래를 자동으로 플래그한다. 런던 증권 거래소 상장 기업들에 대한 감사에 적용한 결과, 전통적 방법으로는 발견하지 못했을 중요한 오류를 17퍼센트 추가로 발견했다.[55]

내부 통제 측면에서도 AI는 지속적 모니터링 시스템Continuous Monitoring Systems을 통해 실시간 위험 평가를 가능하게 한다. 기존의 내부 통제가 주로 사후적 검토에 의존했다면, AI 기반 시스템은 거래가 발생하는 순간 검증하고, 의심스러운 활동을 즉시 플래그하여 통제 환경을 강화한다. 이는 오류와 부정의 조기 발견과 시정을 가능하게 하여 재무 보고의 정확성과 신뢰성을 크게 향상시킨다.

블록체인과 AI

블록체인과 AI의 결합은 재무 거래의 투명성, 불변성, 추적성에 새로운 차원을 더한다. 블록체인은 변경 불가능한 거래 기록을 제공하고, AI는 이러한 데이터에서 패턴과 인사이트를 추출한다. 이 두 기술의 시너지는 재무 기록의 신뢰성을 근본적으로 변화시키는 잠재력을 가지고 있다.

스마트 계약Smart Contracts은 이 두 기술의 융합에서 핵심적 역할을 한다. 자동 실행되는 계약 조건은 거래의 정확성을 보장하고, AI 알고리즘은 계약 조건의 준수 여부를 모니터링한다. 이는 특히 복잡한 수익 인식, 공급망 결제, 로열티 지급과 같은 영역에서 중요하다. 예를 들어, 수익 인식 조건이 충족되면 스마트 계약이 자동으로 실행되어 회계 처리를 수행하고, 관련 당사자에게 결제를 진행한다.

월마트는 식품 공급망에 블록체인과 AI를 결합한 시스템을 구축했다. 이 시스템은 식품의 원산지부터 매장까지의 여정을 추적하고, 모든 거래와 품질 검사 기록을 불변적으로 저장한다. AI 알고리즘은 이 데이터를 분석하여 공급망 비효율성을 식별하고, 식품 안전 위험을 예측한다. 이 접근법은 재무 보고의 정확성을

향상시키는 동시에, 분쟁 해결 시간을 96퍼센트 단축했다.[56]

분산 원장 기술Distributed Ledger Technology, DLT은 특히 연결 기업 간 거래intercompany transactions의 실시간 조정과 통합을 가능하게 한다. 다국적 기업의 재무 통합 과정에서 가장 시간이 많이 소요되는 부분 중 하나는 서로 다른 법인 간 거래의 조정인데, 블록체인은 이러한 거래를 실시간으로 기록하고 조정함으로써 결산 과정을 대폭 간소화한다. 이는 연결 재무제표의 작성 시간을 단축하고 정확성을 향상시킨다.

규제 기술의 부상

규제 기술RegTech은 빠르게 변화하는 금융 규제 환경에서 준수 부담을 줄이는 AI 기반 솔루션이다. 금융 기관은 수백 개의 규제 기관으로부터 수천 개의 규제 변경 사항에 대응해야 하며, 이는 엄청난 운영 부담을 야기한다. 자연어 처리 알고리즘은 이러한 도전에 대응하여 방대한 규제 문서를 분석하고, 관련 의무 사항을 추출하며, 기업별 영향을 평가한다.

규제 보고 자동화는 규제 기술의 중요한 적용 사례 중 하나다. AI 시스템은 다양한 소스의 데이터를 통합하여 규제 당국이 요구하는 형식으로 자동 변환하고 제출한다. 이는 특히 금융 기관이 직면한 수백 개의 서로 다른 규제 보고 요건을 관리하는 데 결정적인 도움이 된다. 보고서 생성 시간 단축뿐만 아니라 오류 위험도 크게 감소한다.

HSBC는 AI 기반 규제 기술 플랫폼을 구축하여 65개국의 규제 보고 의무를 자동화했다. 이 시스템은 자연어 처리를 사용하여 규제 변경 사항을 지속적으로 모니터링하고, 영향을 받는 내부 프로세스와 보고서를 자동으로 식별한다. 신규 또는 변경된 규제가 도입되면, 시스템은 필요한 데이터 소스를 식별하고, 보고 템플릿을 자동으로 업데이트하며, 관련 부서에 알림을 제공한다. 그 결과 규제 위반 위험이 76퍼센트 감소했으며, 규제 보고 비용이 연간 2억 달러 이상 절감되었다.[57]

이러한 기술은 단순한 규제 준수 비용 절감을 넘어 **규제 지능** Regulatory Intelligence이라는 새로운 개념을 제시한다. 기업은 규제 트렌드를 선제적으로 파악하고, 향후 규제 변화에 대비한 전략을 수립할 수 있게 되었다. AI는 규제 변화의 패턴을 분석하여 미래 규제 방향을 예측하고, 기업이 선제적으로 대응할 수 있는 인사이트를 제공한다. 이는 단순한 규제 준수에서 규제를 경쟁 우위의 소스로 전환하는 패러다임 전환을 의미한다.

전략적 재무 의사 결정과 가치 창출

예측적 분석과 생성형 AI를 활용한 전략 시뮬레이션

예측적 분석Predictive Analytics과 생성형 AI는 재무 의사 결정의 범위를 과거 데이터 분석에서 미래 가능성의 체계적 탐색으로 확장하고 있다. 이러한 기술은 기업이 불확실한 환경에서 전략적 선택의 잠재적 결과를 시뮬레이션하고 평가할 수 있는 강력한 도구를 제공한다.

예측적 분석은 과거 데이터 패턴에서 미래 트렌드를 예측하는 것을 넘어, 다양한 의사 결정 시나리오의 재무적 영향을 모델링하는 데까지 발전했다. 현대 예측 모델은 머신 러닝 알고리즘을 활용하여 거시 경제 변수, 경쟁 환경, 소비자 행동, 운영 지표 등 수백 개의 요인을 통합적으로 분석한다. 이를 통해 기업은 다양한 미래 시나리오에서의 수익, 비용, 현금 흐름을 예측할 수 있다.

생성형 AI의 등장은 이러한 시나리오 계획을 한 단계 더 발전시켰다. GPT와 같은 대규모 언어 모델은 전략적 상황에 대한 다양한 대응 방안을 생성하고, 각 방안의 장단점을 분석하며, 예상되는 결과를 서술할 수 있다. 이는 단순한 숫자 예측을 넘어 정성적 차원까지 포함하는 풍부한 시나리오 개발을 가능하게 한다.

엑센츄어는 생성형 AI와 시뮬레이션 모델을 결합한 **전략적 선택 엔진**Strategic Choice Engine을 개발했다. 이 시스템은 기업의 과거 데이터, 산업 동향, 경쟁사 정보를 학습하여 새로운 시장 진입, 인수 합병, 사업 다각화와 같은 전략적 선택지에 대한 시뮬레이션을 제공한다. 특히 주목할 만한 점은 이 시스템이 전통적인 재무 지표뿐만 아니라 ESG 영향, 인재 확보, 브랜드 가치 등 장기적 가치 창출 요소도 고려한다는 것이다. 한 글로벌 소비재 기업은 이 접근법을 통해 신규 시장 진입 전략을 평가하여 초기 5년간 ROI를 23퍼센트 향상시켰다.[58]

몬테카를로 시뮬레이션과 딥 러닝의 결합도 전략 평가에 혁신을 가져오고 있다. 이 접근법은 수천 개의 가능한 미래 시나리오를 생성하고, 각 시나리오에서 다양한 전략의 성과를 평가한다. 이를 통해 기업은 단일 예측에 의존하는 대신, 불확실성의 전체 스펙트럼을 고려한 의사 결정을 내릴 수 있다.

경영진 의사 결정 지원 시스템과 데이터 기반 전략

경영진 의사 결정 지원 시스템Executive Decision Support Systems은 복잡한 비즈니스 문제에 대한 데이터 기반 의사 결정을 지원하는 통합 플랫폼으로 진화하고 있다. 이러한 시스템은 과거 데이터 분석, 실시간 모니터링, 미래 예측 기능을 결합하여 경영진에게 종합적인 의사 결정 지원을 제공한다.

현대 의사 결정 지원 시스템의 핵심 특징은 다양한 데이터 소스의 통합이다. 내부 재무 데이터, 운영 지표, CRM 데이터뿐만 아니라 외부 시장 데이터, 소셜 미디어 트렌드, 경쟁사 정보까지 통합하여 포괄적인 비즈니스 인텔리전스를 제공한다. 자연어 처리 기술은 이러한 데이터에서 중요한 트렌드와 패턴을 추출하여 경영진이 쉽게 이해할 수 있는 형태로 제시한다.

P&G는 **의사 결정 조종석**Decision Cockpit이라는 AI 기반 의사 결정 지원 시스템을 개발했다. 이 시스템은 전 세계 70개국, 300개 이상의 브랜드에 대한 데이터를 실시간으로 통합하여 경영진에게 제공한다. 특히 주목할 만한 점은 이 플랫폼이 데이터 시각화, 자연어 질의 기능, 이상 징후 자동 감지, 예측적 분석을 결합하여 경영진이 복잡한 데이터 분석 없이도 핵심 인사이트에 접근할 수 있게 한다는 것이다. 이 시스템 도입 이후, P&G는 시장 변화에 대한 대응 시간을 67퍼센트 단축했으며, 마케팅 투자 수익률을 21퍼센트 향상시켰다.[59]

더욱 발전된 형태의 의사 결정 지원 시스템은 **처방적 분석**Prescriptive Analytics을 제공한다. 이는 단순히 〈무슨 일이 일어날 것인가?〉를 예측하는 것을 넘어, 〈어떤 행동을 취해야 최선의 결과를 얻을 수 있는가?)에 대한 구체적인 권장 사항을 제시한다. 이러한 시스템은 강화 학습 알고리즘을 활용하여 다양한 의사 결정 옵션의 잠재적 결과를 평가하고, 기업의 전략적 목표를 달성하는 데 최적인 행동 경로를 추천한다.

미래 지향적 기업들은 이러한 데이터 기반 의사 결정을 조직 문화로 정착시키고 있다. 이는 단순히 기술 도입을 넘어, 모든 주요 의사 결정이 직관이나 경험이 아닌 데이터와 분석에 기반하도록 하는 근본적인 사고방식의 변화를 의미한다. 이제 데이터 리터러시data literacy는 모든 수준의 관리자에게 필수 역량으로 요구되고 있다.

장기적 기업 가치 창출을 위한 AI 활용

AI는 단기적 재무 성과 최적화를 넘어, 장기적 기업 가치 창출의 핵심 동인으로 활용되고 있다. 기업들은 AI를 통해 재무적 자본뿐만 아니라 인적 자본, 지적 자본, 사회적 자본, 자연 자본 등 다양한 자본 형태의 가치를 향상시키는 방법을 모색하고 있다.

장기적 가치 평가 모델은 전통적인 재무 지표를 넘어 다양한 비재무적 성과 지표를 통합한다. AI 알고리즘은 고객 만족도, 직원 참여도, 혁신 역량, 브랜드 가치, 환경 영향 등의 요소가 장기적 재무 성과에 미치는 영향을 모델링한다. 이를 통해 기업은 단기적 수익 극대화와 장기적 가치 창출 사이의 균형을 더 효과적으로 관리할 수 있다.

유니레버는 **지속 가능한 생활 계획**Sustainable Living Plan의 일환으로 AI 기반 가치 창출 프레임워크를 개발했다. 이 시스템은 지속 가능성 이니셔티브의 재무적, 사회적, 환경적 영향을 통합적으로 평가한다. 머신 러닝 알고리즘은 지속 가능한 제품 혁신, 에너지 효율성 개선, 포용적 비즈니스 모델 등의 이니셔티브가 단기 비용을 증가시키더라도 장기적으로 매출 성장, 위험 감소, 브랜드 가치 향상을 통해 기업 가치를 높인다는 것을 정량적으로 입증했다. 이 접근법은 유니레버의 지속 가능 브랜드가 그렇지 않은 브랜드보다 69퍼센트 빠른 성장을 달성하는 데 기여했다.[60]

AI는 혁신 기획 및 R&D 포트폴리오 관리에도 중요한 역할을 한다. 머신 러닝 알고리즘은 특허 데이터, 학술 논문, 시장 트렌드를 분석하여 유망한 혁신 영역을 식별하고, R&D 투자의 최적 배분을 제안한다. 이를 통해 기업은 장기적 성장 잠재력이 높은 분야에 전략적으로 투자할 수 있다.

디지털 트윈Digital Twin 기술과 AI의 결합은 장기적 가치 창출을 위한 또 다른 강력한 도구다. 기업의 운영, 자산, 고객 관계 등의 디지털 시뮬레이션 모델을 구축함으로써, 다양한 장기 전략의 영향을 사전에 평가하고 최적화할 수 있다. 이는 특히 자본 집약적 산업에서 장기 투자 결정을 지원하는 데 중요하다.

가치 기반 경영과 재무 관리의 통합

가치 기반 경영Value-Based Management과 재무 관리의 통합은 기업의 모든 의사 결정이 가치 창출에 미치는 영향을 체계적으로 평가하고 최적화하는 접근법이다. AI는 이러한 통합을 더욱 심화하여, 전략, 운영, 투자 결정의 가치 창출 영향을 실시간으로 측정하고 최적화하는 것을 가능하게 한다.

현대적 가치 기반 경영의 핵심은 가치 동인value drivers의 식별과 관리이다. AI 알고리즘은 방대한 데이터를 분석하여 기업 가치에 가장 큰 영향을 미치는 요소들을 식별하고, 이러한 요소들 간의 복잡한 상호 작용을 모델링한다. 이를 통해 경영진은 제한된 자원을 가장 큰 가치 창출 효과를 가진 영역에 집중할 수 있다.

맥킨지와 협력한 글로벌 화학 기업 BASF는 **가치 기반 AI**Value-Based AI 프레임워크를 개발했다. 이 시스템은 전사적 가치 창출 모델을 구축하여 제품 포트폴리오, 고객 세그먼트, 지역 시장, 운영 프로세스 등 다양한 차원에서 가치 창출 기여도를 분석한다. 딥 러닝 알고리즘은 5만 개 이상의 제품과 수십만 고객 데이터를 분석하여 가치 창출 기회를 식별한다. 이 접근법을 통해 BASF는 제품 포트폴리오 재조정과 자원 재배치를 실행하여 3년간 에빗다EBITDA를 18퍼센트 증가시켰다.[61]

AI는 또한 가치 기반 성과 측정 시스템의 설계와 운영을 혁신하고 있다. 머신 러닝 알고리즘은 다양한 성과 지표와 장기적 가치 창출 간의 상관관계를 분석하여, 각 부서와 팀에 가장 적합한 KPI를 식별한다. 이는 조직 전체가 공통된 가치 창출 목표를 향해 정렬되도록 하는 데 중요하다.

가치 기반 의사 결정은 전략적 수준뿐만 아니라 일상적 운영 수준에서도 이루어져야 한다. AI 기반 의사 결정 지원 도구는 영업, 마케팅, 운영, 공급망 등 모든 기능 영역에서 가치 영향을 고려한 의사 결정을 지원한다. 예를 들어, 고객 프로파일링 알고리즘은 단순히 매출 가능성이 가장 높은 고객이 아니라, 장기적 고객 생애 가치Customer Lifetime Value가 가장 높은 고객을 식별하여 영업

리소스를 배분한다.

　가치 기반 경영과 재무 관리의 통합은 단기적 성과와 장기적 가치 창출 사이의 균형을 달성하는 데 핵심적이다. AI는 이러한 균형을 정량적으로 모델링하고, 다양한 이해관계자의 관점을 통합적으로 고려한 의사 결정을 지원함으로써, 지속 가능한 가치 창출의 새로운 패러다임을 열고 있다.

AI 재무 관리의 미래와 실무적 적용

AI 시대의 재무 관리자 역할 재정의와 필요 역량

　AI 기술의 발전은 재무 관리자의 역할과 필요 역량을 근본적으로 변화시키고 있다. 전통적으로 재무 관리자는 거래 처리, 보고서 작성, 규정 준수 등 기술적 재무 업무에 주력해왔으나, AI가 이러한 업무의 상당 부분을 자동화함에 따라 역할이 전략적 방향으로 진화하고 있다.

　현대 재무 관리자는 **데이터 번역가**Data Translator로서의 역할이 중요해지고 있다. 이는 복잡한 분석 결과를 비즈니스 통찰력으로 변환하고, 이를 비재무 부서 및 경영진이 이해할 수 있는 언어로 전달하는 능력을 의미한다. 단순히 숫자를 보고하는 것이 아니라, 그 숫자가 비즈니스에 의미하는 바를 해석하고 전략적 시사점을 도출하는 역할이 중요해진다.

　량 시한의 연구에 따르면, AI 시대의 재무 전문가는 네 가지 주요 역할로 진화할 것으로 예측된다. 비즈니스 통찰력 제공자

Business Insights Generator, 구조적 비용 관리자Structural Cost Manager, 전략적 자본 배분자Strategic Capital Allocator, 위험 관리자Risk Steward. 특히 주목할 점은 이러한 역할들이 모두 전통적인 회계 및 재무 기술을 넘어서는 전략적, 분석적 역량을 요구한다는 것이다.[62]

이러한 역할 변화에 대응하기 위해 재무 관리자에게 요구되는 핵심 역량도 진화하고 있다.

- 데이터 리터러시: 필수적인 역량이 되었다. 재무 관리자는 복잡한 데이터 세트를 이해하고, 분석 모델의 기본 원리를 파악하며, 결과의 타당성과 한계를 평가할 수 있어야 한다. SQL, 파이썬, R과 같은 프로그래밍 언어에 대한 기본적인 이해도 점차 중요해지고 있다.
- 기술적 이해Technological Fluency: AI, 블록체인, 클라우드 컴퓨팅 등 새로운 기술의 기본 원리와 비즈니스 적용에 대한 이해를 포함한다. 재무 관리자는 기술 전문가가 될 필요는 없지만, 이러한 기술이 재무 기능을 어떻게 변화시킬 수 있는지 이해하고 전략적으로 활용할 수 있어야 한다.
- 비즈니스 통찰력Business Acumen: 그 어느 때보다 중요해지고 있다. 재무 관리자는 단순한 **숫자 관리자**가 아닌, 비즈니스 모델, 시장 역학, 경쟁 환경에 대한 깊은 이해를 바탕으로 전략적 가치를 창출해야 한다.
- 변화 관리 역량Change Management Skills: 새로운 기술과 프로세스의 도입을 성공적으로 이끌기 위해 필수적이다. 인력의 재교육, 조직 구조 재설계, 문화적 변화 관리 등을 포함한다.

- 윤리적 판단력Ethical Judgment: AI 시대에 중요성이 더욱 부각되고 있다. 재무 관리자는 AI 시스템의 알고리즘 편향, 데이터 프라이버시, 투명성 등 윤리적 문제를 식별하고 해결할 수 있어야 한다.

세계 경제 포럼의 연구에 따르면, 2025년까지 재무 분야 직무의 약 40퍼센트가 자동화될 것으로 예상되지만, 동시에 새로운 역할도 창출될 것으로 전망된다. 특히 데이터 과학자, 재무 기술 전략가, AI 윤리 전문가 등 하이브리드 역할이 증가할 것으로 예측된다.[63]

재무 관리자의 교육과 개발도 이러한 변화를 반영하여 진화하고 있다. 전통적인 회계 및 재무 교육은 데이터 과학, 기술 관리, 변화 리더십 등의 요소로 보완되고 있다. 많은 전문 자격증 프로그램도 디지털 역량을 커리큘럼에 통합하고 있다. 예를 들어, CFA(국제 재무 분석사) 과정은 AI, 머신 러닝, 블록체인과 같은 주제를 포함하도록 업데이트되었다.

인간과 AI의 효과적 협업 모델

AI와 인간의 관계는 대체가 아닌 증강augmentation의 패러다임으로 발전하고 있다. 효과적인 협업 모델은 각자의 강점을 최대화하는 방향으로 설계된다. AI는 방대한 데이터 처리, 패턴 인식, 반복적 작업에서 뛰어나며, 인간은 맥락 이해, 창의적 사고, 윤리적 판단, 그리고 대인관계 측면에서 우월하다.

이러한 협업의 최적 형태는 분야와 작업에 따라 다양하게 나타난다. 딜로이트는 재무 영역에서 세 가지 주요 협업 모델을 식별했다.

- 인간 주도-AI 지원Human-led, AI-supported 모델에서는 인간이 의사 결정을 내리고 AI가 분석, 시나리오 계획, 데이터 시각화 등을 통해 이를 지원한다. 이 모델은 전략적 투자 결정, 자본 구조 최적화와 같이 높은 수준의 판단과 맥락적 이해가 필요한 영역에 적합하다.
- AI 주도-인간 검증AI-led, Human-verified 모델에서는 AI가 초기 분석과 권장 사항을 제공하고, 인간이 이를 검토, 조정, 승인한다. 이 접근법은 신용 승인, 이상 거래 탐지, 수요 예측과 같이 대량의 데이터 처리와 패턴 인식이 필요하지만 최종 판단이 중요한 영역에 효과적이다.
- 완전 자동화Fully Automated 모델에서는 특정 매개 변수 내에서 AI가 전체 프로세스를 실행한다. 인간의 역할은 시스템 설계, 매개 변수 설정, 성과 모니터링으로 제한된다. 이 모델은 청구서 처리, 비용 보고서 검증, 정기 재무 보고서 생성과 같은 고도로 정형화된 반복적 작업에 적합하다.[64]

JP모건 케이스의 COiN 플랫폼은 **AI 주도-인간 검증** 모델의 성공적인 사례다. 이 시스템은 금융 계약 분석을 자동화하여 수천 시간의 법률 검토 시간을 절약했다. AI는 계약서에서 핵심 조항을 추출하고 분석하지만, 인간 전문가가 복잡한 법적 해석과 최종 승인을 담당한다. 이 협업 모델은 계약 검토 시간을 95퍼센트 단축

하면서도 정확도를 향상시켰다.[65]

효과적인 인간-AI 협업을 위한 주요 원칙으로는 다음과 같은 요소가 있다.

- 명확한 역할 정의: AI와 인간의 역할과 책임을 명확히 정의하여 각자의 강점을 최대화한다.
- 지속적인 학습 루프: AI 시스템의 출력에 대한 인간의 피드백을 수집하여 시스템을 지속적으로 개선한다.
- 투명성과 설명 가능성: 사용자가 AI의 결정 과정을 이해할 수 있도록 **설명 가능한 AI** 기술을 적용한다.
- 상황 인식 디자인: 언제 AI가 결정을 내리고, 언제 인간에게 판단을 위임해야 하는지 명확한 기준을 설정한다.
- 역량 개발: 인간 사용자가 AI 시스템을 효과적으로 활용할 수 있도록 교육하고 역량을 개발한다.

가장 강력한 협업 모델은 단순히 작업을 분담하는 것이 아니라, 인간과 AI가 서로의 역량을 증폭시켜 시너지를 창출하는 것이다. 예를 들어, AI가 제공하는 데이터 기반 인사이트는 인간의 직관과 경험적 판단을 강화하고, 인간의 피드백은 AI 모델의 학습과 개선을 촉진한다.

윤리적 재무 의사 결정과 AI 거버넌스

AI의 재무 관리 적용이 확대됨에 따라, 윤리적 고려 사항과 적절한 거버넌스 체계의 중요성이 부각되고 있다. AI 시스템은 신용 평가, 투자 결정, 리스크 평가 등 개인과 조직의 재정적 복지에 중대한 영향을 미치는 영역에서 활용되고 있어, 공정성, 투명성, 책임성에 대한 우려가 증가하고 있다.

AI 윤리적 재무 의사 결정의 핵심 과제 중 하나는 알고리즘 편향algorithmic bias이다. AI 모델이 훈련 데이터에 존재하는 역사적 편향을 학습하여 특정 집단에 불리한 결정을 내릴 위험이 있다. 예를 들어, 신용 평가 알고리즘이 과거의 차별적 대출 관행을 학습하여 소수 집단에 대한 차별을 영속화할 수 있다.

이러한 문제에 대응하기 위해, 금융 기관들은 **책임 있는 AI** 프레임워크를 도입하고 있다. 이는 다음과 같은 요소를 포함한다.

- 편향 감지 및 완화: 훈련 데이터와 모델 결과에서 잠재적 편향을 식별하고 수정하는 방법론을 적용한다.
- 설명 가능성과 투명성: AI 모델의 의사 결정 과정을 이해하고 설명할 수 있는 능력을 확보한다.
- 견고성과 안전성: AI 시스템이 예상치 못한 입력이나 적대적 공격에도 안정적으로 작동하도록 보장한다.
- 데이터 프라이버시 보호: 개인 정보를 보호하고 데이터 사용에 대한 적절한 동의를 확보한다.
- 인간의 감독: 중요한 결정에 대한 인간의 검토와 개입 메커니즘을 마련한다.

영국 금융 감독청은 〈공정하고 윤리적인 AI 사용을 위한 가이드라인〉을 발표했으며, 이는 다음 원칙을 강조한다. 투명성, 책임성,

비례성proportionality, 안전성, 다양성diversity. 특히 주목할 만한 점은 FCA가 금융 서비스에서 AI 사용의 **설명 가능성**explainability을 강조한다는 것이다. 이는 AI 시스템이 재무 결정을 내리는 방식을 소비자와 규제 기관에게 명확히 설명할 수 있어야 함을 의미한다.[66]

글로벌 금융 기관 HSBC는 **AI 윤리 위원회**를 설립하여 AI 시스템의 개발과 배포를 감독한다. 이 위원회는 데이터 과학자, 윤리학자, 법률 전문가, 비즈니스 리더로 구성되어 있으며, 모든 주요 AI 이니셔티브를 평가하는 다단계 검토 프로세스를 실행한다. 특히 주목할 만한 것은 HSBC의 **AI 영향 평가**AI Impact Assessment 도구로, 이는 공정성, 설명 가능성, 보안, 데이터 프라이버시 측면에서 AI 애플리케이션을 평가한다.[67]

효과적인 AI 거버넌스는 단순한 규정 준수를 넘어 조직 문화와 프로세스에 윤리적 고려 사항을 통합하는 것을 의미한다. 이를 위한 주요 구성 요소는 다음과 같다.

- 명확한 AI 윤리 원칙과 가이드라인
- AI 시스템의 개발, 배포, 모니터링을 위한 구조화된 프로세스
- 다양한 이해관계자(기술, 비즈니스, 법률, 윤리 전문가)로 구성된 거버넌스 기구
- 정기적인 AI 시스템 감사 및 평가
- 윤리적 문제에 대한 조직 내 인식 제고 및 교육

규제 환경도 빠르게 진화하고 있다. EU의 「인공 지능법AI Act」은 금융 서비스를 포함한 **고위험**high-risk AI 애플리케이션에 대한

엄격한 요구 사항을 도입했다. 미국 연방 준비 제도 이사회는 금융 기관의 AI 사용에 대한 지침을 개발 중이며, 싱가포르 통화청은 **FEAT 원칙**(공정성Fairness, 윤리Ethics, 책임성Accountability, 투명성Transparency)을 발표했다.

재무 관리자는 이러한 규제 환경 변화를 이해하고, 조직 내 AI 시스템이 윤리적 기준과 규제 요구 사항을 충족하도록 보장하는 데 중요한 역할을 한다. 또한, 재무 의사 결정에서 윤리적 차원이 비용 절감이나 효율성만큼 중요한 고려 사항임을 인식하고 촉진해야 한다.

첨단 기술의 재무적 응용 전망

재무 관리는 현재 AI 기술의 응용을 넘어 퀀텀 컴퓨팅, 신경 형태 컴퓨팅neuromorphic computing, 고급 신경망 구조 등 첨단 기술의 적용을 탐색하는 새로운 단계로 진입하고 있다. 이러한 기술은 현재 AI 시스템의 한계를 극복하고, 재무 분석과 의사 결정의 패러다임을 근본적으로 변화시킬 잠재력을 가지고 있다.

퀀텀 컴퓨팅은 양자 역학 원리를 활용하여 기존 컴퓨터가 처리하기 어려운 복잡한 계산 문제를 해결할 수 있는 기술이다. 재무 분야에서 퀀텀 컴퓨팅의 잠재적 응용은 다음과 같다.

- 포트폴리오 최적화: 퀀텀 컴퓨팅은 수천 개의 자산으로 구성된 포트폴리오에서 최적의 자산 배분을 효율적으로 계산할 수 있다. 기존 포트폴리오 최적화는 자산 수가 증가함에 따라 계산 복잡성이 기하급수적으로 증가하는 엔피 하드NP-hard 문

제로, 퀀텀 알고리즘은 이러한 계산을 획기적으로 가속화할 수 있다.
- 리스크 분석과 시뮬레이션: 퀀텀 몬테카를로 시뮬레이션은 파생 상품 가격 책정, 밸류 엣 리스크Value at Risk, VaR(최대 손실 금액) 계산, 스트레스 테스트 등 복잡한 리스크 분석을 기존 방법보다 훨씬 빠르게 수행할 수 있다.
- 사기 탐지: 퀀텀 머신 러닝 알고리즘은 패턴 인식 능력이 뛰어나 복잡한 사기 패턴을 더 효과적으로 식별할 수 있다.
- 암호화와 보안: 퀀텀 암호화 기술은 재무 데이터 보호 영역에서 패러다임의 전환점을 제시한다. 이 기술은 기존 암호화 체계를 근본적으로 혁신하여 금융 정보의 보안성을 비약적으로 향상시키는 동시에, 퀀텀 컴퓨팅의 등장으로 야기될 수 있는 전통적 암호 체계의 취약성에 대한 선제적 대응 방안을 제공한다.

JP모건은 이미 퀀텀 컴퓨팅 연구에 상당한 투자를 하고 있으며, 특히 포트폴리오 최적화와 옵션 가격 책정에 초점을 맞추고 있다. 그들의 연구에 따르면, 옵션 가격 책정과 같은 특정 재무 계산에서 퀀텀 알고리즘은 이론적으로 기존 방법보다 1,000배 빠를 수 있다.[68]

고급 신경망 구조의 발전도 다음과 같이 재무 관리에 중요한 영향을 미칠 것으로 예상된다.

- 트랜스포머 아키텍처: GPT와 같은 대규모 언어 모델의 기반

기술인 트랜스포머는 재무 시계열 데이터 분석에도 혁신을 가져오고 있다. 긴 시퀀스에서 복잡한 패턴을 포착하는 능력은 시장 동향 예측, 이상 탐지, 거시 경제 변수 간의 관계 모델링에 특히 유용하다.
- 그래프 신경망: 금융 시스템은 본질적으로 상호 연결된 네트워크로, 그래프 신경망은 이러한 복잡한 관계를 모델링하는 데 적합하다. 이는 시스템적 리스크 평가, 자금 세탁 네트워크 탐지, 공급망 리스크 분석 등에 활용될 수 있다.
- 신경 형태 컴퓨팅: 인간 뇌의 작동 방식을 모방한 컴퓨팅 아키텍처는 저전력, 실시간 학습, 적응성 측면에서 장점을 가지며, 특히 에지 디바이스에서의 재무 분석(예: IoT 센서 데이터 기반 실시간 리스크 평가)에 활용될 수 있다.

이러한 첨단 기술의 실제 구현은 아직 초기 단계에 있지만, 재무 기관들은 미래 경쟁력 확보를 위해 이미 투자와 연구를 진행하고 있다. 골드만삭스, 모건 스탠리, HSBC 등 주요 금융 기관들은 퀀텀 컴퓨팅 벤더들과 협력하여 실험실 환경에서 개념 증명proof-of-concept 프로젝트를 진행 중이다. 첨단 기술의 재무적 응용에 있어 주요 도전 과제는 다음과 같다.

- 기술적 성숙도: 퀀텀 컴퓨팅은 아직 실용적 활용이 가능한 단계에 이르지 못했으며, 오류 수정과 큐비트(양자 비트) 안정성이 주요 과제로 남아있다.
- 인재 부족: 첨단 AI와 퀀텀 기술에 대한 전문 지식을 갖춘 재

무 전문가는 극히 드물다.
- 레거시 시스템 통합: 새로운 기술을 기존 재무 인프라와 통합하는 것은 상당한 과제를 제기한다.
- 규제 불확실성: 이러한 첨단 기술의 사용에 대한 규제 프레임워크는 아직 발전 중이다.

그럼에도 불구하고, 첨단 기술이 재무 관리에 가져올 잠재적 이점은 엄청나다. 퀀텀 컴퓨팅만으로도 글로벌 금융 산업에서 연간 수십억 달러의 가치를 창출할 잠재력이 있다. 특히 복잡한 최적화 문제, 대규모 시뮬레이션, 첨단 암호화가 필요한 영역에서 혁신적인 응용이 예상된다.

지속 가능한 재무 관리를 위한 AI의 발전 방향

AI 기술은 기업의 재무적 성과와 환경적, 사회적 지속 가능성 목표를 통합하는 새로운 패러다임을 구축하고 있다. 지속 가능한 재무 관리는 단기적 수익성만이 아닌, 장기적인 가치 창출과 리스크 관리를 위해 ESG 요소를 재무적 의사 결정에 통합하는 접근법이다. AI의 발전은 지속 가능한 재무 관리를 위한 몇 가지 주요 방향으로 전개되고 있다.

- ESG 데이터 분석과 인사이트 추출: AI는 방대하고 이질적인 ESG 데이터(기업 보고서, 뉴스 기사, 소셜 미디어, 위성 이미지 등)를 분석하여 의미 있는 인사이트를 추출한다. 자연어 처리와 컴퓨터 비전 기술은 비정형 데이터에서 ESG 리스크

와 기회를 식별하고 정량화한다.

- 기후 리스크 모델링: AI는 물리적 기후 리스크(홍수, 가뭄, 해수면 상승 등)와 전환 리스크(탄소세, 규제 변화, 소비자 선호도 변화 등)의 재무적 영향을 모델링한다. 이러한 모델은 다양한 기후 시나리오에서 기업의 자산, 공급망, 운영에 대한 리스크를 평가한다.
- 지속 가능한 투자 전략: AI 알고리즘은 ESG 성과와 재무적 수익의 연관성을 분석하여 최적의 지속 가능 투자 포트폴리오를 구성한다. **임팩트 투자**Impact Investing의 사회적, 환경적 영향을 측정하고 금전적 수익과 함께 최적화한다.
- 순환 경제 최적화: AI는 자원 활용, 폐기물 관리, 제품 수명 주기를 최적화하는 순환 경제 모델을 지원한다. 이는 비용 절감과 환경 영향 감소를 동시에 달성할 수 있는 방안을 제시한다.
- 지속 가능한 공급망 관리: AI는 공급망 전체의 환경 영향, 사회적 리스크, 탄소 발자국을 모니터링하고 최적화한다. 이는 비용 효율성과 지속 가능성을 동시에 고려한 공급자 선택과 물류 최적화를 가능하게 한다.

블랙록은 **알라딘 클라이밋**Aladdin Climate라는 AI 기반 플랫폼을 개발하여 기후 리스크를 투자 의사 결정에 통합했다. 이 시스템은 물리적 기후 리스크와 전환 리스크를 정량화하여 포트폴리오 수준의 기후 리스크 노출도를 분석한다. 알라딘 클라이밋은 기업별 탄소 배출량, 지역별 기후 변화 시나리오, 정책 변화 등의 데이터를 종합하여 투자자들이 기후 관련 위험과 기회를 사전에 파악할 수 있도록 돕는다. 이를 통해 블랙록은 ESG 투자 전략을 강화하고, 고객들에게 지속 가능한 투자 솔루션을 제공하고 있다.

이러한 AI 기반 지속 가능한 재무 관리의 진화는 단순한 기술적 혁신을 넘어 기업 경영과 투자 패러다임의 근본적 전환을 의미한다. 미래의 경쟁 우위는 재무적 성과와 지속 가능성을 통합적으로 최적화하는 능력에 달려 있으며, AI는 이러한 변화를 선도하는 핵심 동력으로 자리매김할 것이다.

8장 윤리적 AI 경영과 지속 가능성

AI 윤리적 도전과 ESG 경영 통합

AI의 윤리적 도전
데이터 편향의 함정

AI가 세상을 읽는 눈이라면, 그 눈은 때로 우리가 준 거울에 비친 왜곡된 상을 학습한다. 데이터 편향은 단순한 기술적 결함이 아니라, 인간의 편견이 디지털 DNA로 스며든 결과다. 예를 들어, 2018년 아마존은 AI 기반 채용 시스템이 남성 지원자를 선호한다는 사실을 발견하고 이를 폐기했다. 여성의 이력서를 낮게 평가한 이유는 훈련 데이터가 과거 남성 중심의 채용 기록에 뿌리를 두고 있었기 때문이다. 이처럼 AI는 과거의 그림자를 미래로 투사하며, 공정성을 가장한 불공정을 낳는다. 연구에 따르면, 얼굴 인식 기술은 백인 남성의 신원을 99퍼센트 정확도로 식별하지만, 흑인 여성의 경우 오류율이 35퍼센트에 달한다.[1] 이런 편향은 기술의 중립성을 의심하게 만들며, AI가 누구를 위한 도구인지 묻지 않을 수 없게 한다.

보이지 않는 손의 침입

AI의 탐욕스러운 데이터 수집은 개인의 내밀한 삶을 들여다보고 있다. 스마트폰이 우리의 대화를 엿듣고, 소셜 미디어가 우리의 취향을 해부하며, 알고리즘이 우리의 다음 행보를 예측하는 시대다. 2023년 『뉴욕 타임스』는 구글과 페이스북이 사용자의 위치 데이터를 실시간으로 추적해 광고주에게 판매했다는 사실을 폭로했는데, 이는 동의라는 허울 아래 프라이버시가 상품으로 전락했음을 보여 준다. 더 나아가, 중국의 사회 신용 시스템은 AI를 활용해 시민의 모든 행동을 점수화하며 감시의 극단을 달린다. 이 시스템은 2020년 기준 1억 7,000만 개의 CCTV와 AI 분석으로 개인의 일상을 샅샅이 파헤친다.[2] 프라이버시는 이제 더 이상 성역이 아니라, 데이터라는 이름으로 거래되는 자원일 뿐이다.

윤리적 딜레마의 심연

AI의 발전은 빛나는 혁신과 어두운 그림자를 동시에 드리운다. 데이터 편향은 소수자를 배제하고, 프라이버시 침해는 개인의 자율성을 갉아먹는다. 그런데 이 문제는 단순히 기술의 오작동이 아니라, 그 기술을 설계하고 운용하는 인간의 의지와 연결된다. 예컨대, 2021년 유럽 연합은 「인공 지능법」을 제안하며 고위험 AI 시스템의 투명성과 책임성을 요구했지만, 기업들은 여전히 이윤을 위해 윤리적 경계를 넘나든다.[3] 이 딜레마는 AI가 단순한 도구가 아니라, 권력과 책임의 거대한 무대 위에 선 배우임을 드러낸다. 누가 이 무대의 연출자일지, 그리고 그 끝에 무엇이 기다릴지는 여전히 안개 속이다.

ESG 경영 통합

기계의 눈으로 그린 푸른 꿈: AI와 환경의 공생

AI 경영에서 환경은 더 이상 먼 미래의 이야기가 아니라, 지금 손에 쥔 현실이다. 알고리즘이 탄소 배출을 계산하고, 예측 모델이 에너지 효율을 극대화하며, 기계 학습이 폐기물을 줄이는 시대다. 2022년 구글은 AI를 활용해 데이터 센터의 냉각 시스템을 최적화하며 에너지 사용량을 40퍼센트 줄였다. 이 기술은 연간 수십만 톤의 탄소 배출을 막아내며, 환경을 위한 기계의 약속을 증명했다.[4] AI는 단순한 도구를 넘어, 지구의 숨을 되살리는 조력자가 된다.

AI와 사회의 따뜻한 악수

AI 경영은 사회를 디지털 망원경으로 들여다보며 사람의 온기를 되찾는다. 챗봇이 직원의 스트레스를 감지하고, 빅 데이터가 지역 사회의 필요를 예측하며, 자연어 처리가 소외된 목소리를 증폭시킨다. 2023년 마이크로소프트는 AI 기반의 **직원 경험 플랫폼**을 통해 10만 명 이상의 직원에게 맞춤형 복지 솔루션을 제공했고, 이는 생산성을 18퍼센트 끌어올렸다.[5] AI는 숫자와 코드 속에서 인간성을 발견하며, 사회적 책임을 경영의 심장으로 만든다.

알고리즘의 칼날

지배 구조는 AI 경영에서 투명성과 책임의 날카로운 춤사위다. 블록체인으로 의사 결정을 기록하고, AI 감사가 윤리적 경계를 감시하며, 실시간 분석이 부패의 틈을 메운다. 2021년 IBM은 AI

를 활용한 거버넌스 시스템을 도입해 공급망의 투명성을 높였고, 불법 거래를 25퍼센트 줄이는 성과를 거뒀다.[6] 이 과정에서 AI는 기업의 뼈대를 단단히 세우고, 외부의 신뢰를 끌어올리는 거울이 된다. 기계의 눈은 결코 감추지 않고 드러낸다.

AI로 쓰는 지속 가능 경영

AI 경영은 ESG를 코드로 엮어 지속 가능한 성장을 그린다. 환경은 AI의 예측력으로 숨 쉬고, 사회는 데이터의 통찰로 따뜻해지며, 거버넌스는 알고리즘의 정밀함으로 빛난다. 2023년 맥킨지 보고서는 AI를 적극 활용한 기업이 ESG 목표 달성률에서 평균 15퍼센트 앞선다고 밝혔다.[7] 이는 AI가 단순한 혁신을 넘어, 경영의 지속 가능성을 재정의하는 동력임을 보여 준다. 기계와 인간이 손잡고 걷는 이 길은 끝이 아니라 시작이다.

사례 분석 1: 메드트로닉
숫자가 말하는 생명: 메드트로닉의 투명한 AI 예측

메드트로닉은 AI의 손끝에서 생명을 살리는 이야기를 써낸다. 그들의 투명한 예측 시스템은 단순한 알고리즘이 아니라, 데이터의 숨결을 통해 환자의 미래를 비추는 등불이다. 2019년 메드트로닉은 AI를 활용해 중환자실에서 환자의 상태 악화를 사전에 감지하며 사망률을 20퍼센트 줄였다는 놀라운 결과를 공개했다. 이는 기계가 심박수와 산소 포화도의 미세한 변화를 읽어 내고, 의료진에게 경고를 울리는 순간에서 비롯된다. 이런 투명성은 AI가 단지 숫자를 계산하는 것을 넘어, 생명을 구하는 의사 결정의 동반자가 될 수 있음을 보여 준다.[8] 여기서 AI는 불확실성을 걷어내고, 책임 있는 데이터 활용의 모범을 제시하며, 기술이 인간의 손에 쥐어질 때 어떤 기적이 일어나는지를 증명한다.

기계의 약속, 인간의 신뢰

메드트로닉의 사례는 AI 경영이 단순히 효율성을 높이는 도구를 넘어 신뢰의 다리를 놓는 과정임을 드러낸다. 투명한 예측은 의료진이 데이터의 흐름을 이해하고, 이를 바탕으로 환자에게 최적의 치료를 제공할 수 있게 한다. 예를 들어, AI는 실시간으로 환자의 데이터를 분석해 심정지 위험이 1시간 내에 발생할 확률을 80퍼센트 정확도로 예측했다.[9] 이처럼 AI는 어둠 속 위험을 밝히는 횃불이 되어, 의료 현장에서 긍정적 변화를 일으킨다. 메드트로닉은 데이터를 공개하고 그 분석 과정을 투명하게 공유함으로써, 기술이 인간의 판단을 보완하며 더 나은 결과를 낳을 수 있다는 희망을 심는다.

데이터의 무게

AI의 힘은 데이터라는 연료에서 나온다. 그러나 메드트로닉은 그 연료를 다루는 방식에서 책임의 무게를 잊지 않는다. 환자의 프라이버시를 지키고, 편향되지 않은 데이터를 선별하며, 알고리즘의 결정 과정을 설명 가능하게 유지하는 것은 단순한 윤리적 선택이 아니라, 기술의 지속 가능성을 위한 필수 조건이다. 2023년 연구에 따르면, 투명한 데이터 활용은 의료 AI의 신뢰도를 30퍼센트 이상 높이며, 환자와 의료진의 수용도를 끌어올린다.[10] 메드트로닉은 이 원칙을 실천하며, AI가 단지 기계적 예측에 그치지 않고, 인간 중심의 책임을 다하는 도구로 거듭나게 한다. 데이터는 무작정 쌓이는 숫자가 아니라, 생명을 살리는 이야기의 재료다.

미래를 여는 열쇠

메드트로닉의 투명한 예측 사례는 AI 경영이 나아갈 길을 제시한다. 이는 기술과 인간이 얽히며 만들어 내는 새로운 서사다. AI가 사망률을 줄이고, 의료진의 손을 더 정확하게 이끌며, 환자에게 희망을 돌려주는 이 과정은 단순한 성공 사례를 넘어선다. 2025년 기준, 글로벌 의료 AI 시장은 340억 달러에 이를 것으로 예상되며, 그 중심에 책임과 투명성을 갖춘 경영이 자리 잡고 있다.[11] 메드트로닉은 AI를 통해 긍정적 변화를 증명하며, 데이터의 책임 있는 활용이 경영의 경쟁력을 넘어 생명의 가치를 높이는 길임을 보여 준다. 기계의 눈이 인간의 마음과 만날 때, 미래는 더 밝아진다.

사례 분석 2: 유니레버
지구를 위한 코드, 유니레버의 탄소 감축 여정

유니레버는 ESG를 경영의 뿌리에 심으며, 지속 가능성을 단순한 약속이 아닌 실질적 행동으로 바꾼다. 그들의 전략은 AI와 데이터의 힘을 빌려 탄소라는 거대한 그림자를 줄이는 데 집중한다. 2022년 기준, 유니레버는 2015년 이후 운영에서의 온실가스 배출을 74퍼센트 줄였고, 이는 약 20만 톤의 탄소 감축으로 이어졌다. 이 성과는 재생 가능 에너지로의 전환과 AI 기반 공급망 최적화에서 비롯된다. 예를 들어, 그들은 AI를 활용해 물류 경로를 재설계하며 불필요한 배출을 줄였고, 공장에서는 스마트 센서로 에너지 낭비를 잡아냈다.[12] 유니레버의 사례는 기계와 인간의 협업이 지구를 위한 새로운 장을 열 수 있음을 보여 준다.

ESG와 경영의 융합

유니레버는 ESG를 경영의 무대 중앙에 세우며, 환경, 사회, 지배 구조를 단순한 체크 리스트가 아닌 성장의 엔진으로 만든다. 그들의 지속 가능 전략은 AI를 활용해 플라스틱 사용을 줄이고, 2025년까지 버진 플라스틱을 절반으로 줄이겠다는 목표를 향해 나아간다. 2023년에는 재활용 가능한 포장재를 확대하며 이미 10만 톤 이상의 플라스틱을 제거했다.[13] 동시에, AI 분석으로 농업 공급망에서 지속 가능한 원료를 확보하며 탄소 발자국을 줄인다. 이는 ESG가 단지 윤리적 제스처가 아니라, 기업의 생존과 경쟁력을 위한 필연적 선택임을 드러낸다.

기계의 눈으로 본 약속

유니레버의 탄소 감축은 AI 경영이 어떻게 구체적 성과로 이어지는지를 생생히 보여 준다. 그들은 2039년까지 넷제로를 달성하겠다는 야심 찬 목표 아래, AI를 동원해 공급망 전반의 배출을 추적한다. 예를 들어, 재생 가능 탄소 기반 세제를 개발하며 화석 연료 의존도를 낮췄고, 이는 제품 하나하나에서 배출량을 줄이는 혁신으로 이어졌다. 2020년 발표된 **클린 퓨처** 전략은 이런 접근의 정점으로, 세제와 청소 제품의 탄소 발자국을 50퍼센트 줄이는 데 성공했다.[14] 이 과정은 AI가 데이터를 넘어 실질적 변화를 창출하는 도구임을 입증하며, 책임 있는 경영의 새 지평을 열 것임을 보여 준다.

지속 가능성의 설계도

유니레버의 사례는 AI 경영과 ESG 통합이 단순한 이상이 아니라 실현 가능한 경로임을 증명한다. 그들은 탄소 감축을 넘어, 생태계 재생과 생계 개선까지 목표로 삼는다. 2023년 세계 경제 포럼은 유니레버와 같은 기업이 AI를 통해 ESG 성과를 높이면 평균 10퍼센트 이상의 비용 절감과 수익 증가를 이룰 수 있다고 분석했다.[15] 유니레버는 이 통찰을 현실로 바꾸며, 기업이 환경과 조화를 이루고 사회적 가치를 창출하는 방법을 제시한다. 기계의 정밀함과 인간의 비전이 만나는 이 무대에서, 지속 가능성은 더 이상 꿈이 아니라 실천이다.

책임 있는 리더십

관리자의 역할

관리자의 새로운 좌표

AI 경영의 시대에서 관리자는 단순한 감독자가 아니라, 기술과 인간의 교차점에서 길을 밝히는 등불이다. 그들은 알고리즘의 속삭임을 해석하고, 데이터의 흐름을 윤리적 방향으로 이끌며, 조직을 지속 가능성의 항로로 안내한다. 예를 들어, 2022년 엑센츄어의 조사에 따르면, AI를 도입한 기업 중 관리자가 윤리적 가이드라인을 설정한 곳은 데이터 위반 사례가 35퍼센트 적었다.[16] 관리자는 AI의 힘을 손에 쥐고 책임이라는 날개를 달아, 기계가 인간의 가치를 배반하지 않도록 보장한다. 이들은 기술의 주인이자, 미래의 설계자다.

윤리의 나침반: 책임 있는 리더십의 무게

AI 경영에서 관리자의 리더십은 윤리라는 나침반 없이는 방향을 잃는다. 데이터 편향이 소수자를 배제하고, 프라이버시 침해가 신뢰를 무너뜨릴 때, 관리자는 이를 바로잡는 손길이 되어야 한다. 2023년 딜로이트 연구는 윤리적 AI 사용을 우선시한 관리자가 이끄는 조직이 직원 신뢰도에서 28퍼센트 높은 점수를 기록했다고 밝혔다.[17] 예컨대, 관리자가 AI의 결정 과정을 투명하게 공개하고, 편향을 줄이기 위해 데이터를 재검토하면, 기술은 공정함의 도구로 거듭난다. 책임 있는 리더십은 AI가 조직의 이익을 넘어 사회적 선을 추구하게 만드는 불씨다.

긴 호흡

관리자는 AI 경영에서 지속 가능성을 그림으로 그리는 화가다. 단기 이익을 쫓는 대신, 환경과 사회를 위한 장기적 비전을 설계한다. 유니레버의 CEO 앨런 조프Alan Jope는 AI를 활용해 탄소 배출을 줄이는 전략을 주도하며, 2039년 넷제로 목표를 향한 발걸음을 내디뎠다. 그의 리더십은 AI가 공급망을 최적화하고, 재생 가능 자원을 확대하는 데 핵심 역할을 하게 했다.[18] 관리자는 AI의 예측력을 빌려 자원 낭비를 줄이고, 조직이 지구와 조화를 이루는 길을 연다. 이들은 순간을 넘어 세대를 잇는 다리를 놓는다.

써 내려가는 미래

AI 경영 시대에 관리자는 윤리와 지속 가능성을 엮어 새로운 서사를 창조한다. 그들은 기계의 냉정한 논리를 인간의 따뜻한 가치로 감싸고, 기술의 잠재력을 책임감으로 다듬는다. 2024년 『하버드 비즈니스 리뷰』는 AI 경영에서 관리자의 역할이 기업의 평판을 20퍼센트 이상 끌어올린다고 분석했다.[19] 이 리더십은 데이터의 투명성을 지키고, ESG 목표를 실현하며, 조직을 신뢰의 상징으로 만든다. 관리자가 AI와 손잡고 걷는 이 길은 단순한 경영을 넘어, 세상을 바꾸는 이야기로 이어진다.

장기적 가치 창출

순간을 넘어선 시계

AI 경영에서 장기적 가치 창출은 단기 이익이라는 얇은 껍질을 깨고 나오는 깊은 뿌리다. 관리자는 알고리즘의 속삭임을 미래의 나무로 키우며, 오늘의 숫자보다 내일의 신뢰를 택한다. 2023년 프라이스워터하우스쿠퍼스 보고서는 AI를 전략적으로 활용한 기업이 5년 이상의 장기 수익률에서 평균 14퍼센트 앞선다고 밝혔다.[20] 예컨대, AI가 고객 데이터를 분석해 단발성 판매 대신 맞춤형 경험을 제공하면, 충성도는 자연스레 뿌리를 내린다. 이 비전은 시간을 초월한 설계도로, 기업을 일시적 승자가 아닌 지속적 주역으로 만든다.

신뢰라는 성채

AI 경영에서 신뢰는 장기적 가치의 초석이다. 데이터의 투명성을 지키고, 윤리적 알고리즘을 설계하며, 고객과 사회의 믿음을 얻는 것은 단기적 이익의 달콤한 유혹을 뿌리치는 용기다. 2022년 세일즈포스는 AI 기반 고객 관리 시스템을 통해 개인 정보 사용을 명확히 공개하며, 사용자 신뢰도를 25퍼센트 끌어올렸다.[21] AI가 편향 없이 공정하게 작동하고, 그 과정을 설명할 수 있을 때, 기업은 단순한 이윤 추구자가 아니라 믿음의 상징이 된다. 신뢰는 보이지 않는 자산으로, 시간이 갈수록 단단해진다.

단기 이익의 유령

단기적 이익은 AI 경영에서 매혹적인 유령이다. 빠른 수익을 위해 데이터를 남용하고, 윤리를 무시하면 잠깐의 빛은 얻을지 모른다. 하지만 그 그림자는 금세 기업을 집어삼킨다. 2021년 페이스북(현 메타)의 데이터 스캔들은 단기 광고 수익을 극대화하려던 전략이 신뢰 붕괴로 이어진 전형적 사례다. 이 사건 이후 주가는 20퍼센트 하락했고, 회복에 수년이 걸렸다.[22] AI 경영은 이런 유령을 쫓는 대신, 장기적 가치를 위한 단단한 토대를 선택한다. 단기 이익은 달콤하지만, 그 끝은 텅 빈 메아리일 뿐이다.

AI로 그리는 영속의 비전

AI 경영에서 장기적 가치는 단순한 목표가 아니라, 기업의 영혼을 담은 설계도다. 구글은 AI를 활용해 2030년까지 탄소 중립을 달성하겠다는 비전을 세웠고, 이미 데이터 센터 에너지 효율을

40퍼센트 개선하며 그 길을 걷고 있다.[23] 이 과정에서 AI는 환경을 살리고, 고객 신뢰를 키우며, 기업 가치를 높이는 삼중주를 연주한다. 2024년 맥킨지 분석에 따르면, 장기적 가치를 우선시한 AI 경영은 기업 생존율을 18퍼센트 높인다.[24] 관리자가 AI와 손잡고 그리는 이 비전은 순간을 넘어 세기를 잇는다.

AI-윤리 경영의 확장 및 경쟁력 재정의

AI-윤리 경영의 새 지평

AI-윤리 경영은 기술의 차가운 논리와 인간의 뜨거운 도덕이 얽히는 춤이다. 이 확장은 단순히 규제를 따르는 차원을 넘어, 윤리를 경영의 심장으로 끌어올린다. AI가 데이터 편향을 줄이고, 프라이버시를 지키며, 투명성을 높일 때, 기업은 단순한 이윤 추구자가 아니라 사회의 신뢰를 받는 동반자로 거듭난다. 2023년 IBM의 연구는 윤리적 AI를 도입한 기업이 고객 충성도에서 22퍼센트 우위를 보인다고 밝혔다.[25] 윤리 경영은 AI의 날개를 넓히며, 기술이 세상과 조화를 이루는 무대를 연다.

윤리로 던지는 승부수

AI-윤리 경영은 경쟁력을 새롭게 정의한다. 과거의 승부수가 가격과 속도였다면, 이제는 신뢰와 책임이 그 자리를 차지한다. 예를 들어, 2022년 IBM은 AI 윤리 원칙을 공표하고, 편향 감지 시스템 AI 페어니스 360AI Fairness 360을 오픈소스로 공개하며 업계의 판을 흔들었다. 이 결과, IBM은 윤리적 AI 컨설팅 시장에서 선두를 달리며 매출 15퍼센트 성장을 이뤘다.[26] 윤리는 더 이상 부담이 아니라, 경쟁의 칼날을 날카롭게 벼리는 도구다. 기업이 AI를 통해 공정함을 증명할 때, 시장은 그 가치를 알아보고 보상한다.

윤리 경영의 확장된 시야

AI-윤리 경영의 확장은 기술의 어두운 그림자를 걷어내고 빛을 비추는 작업이다. 데이터 남용, 감시의 오용, 편향된 알고리즘은 기업의 발목을 잡는 함정이다. 이에 맞서, 마이크로소프트는 2023년 AI 윤리 위원회를 강화하고, 모든 AI 프로젝트에 윤리 검토를 의무화했다. 그 결과, 고객 신뢰도가 20퍼센트 상승하며 시장 점유율 확대에 성공했다.[27] 윤리 경영은 AI의 잠재력을 극대화하며, 단기적 위험을 피하고 장기적 가치를 창출한다. 이 확장은 기업을 기술의 주인이자 사회의 파수꾼으로 만든다.

경쟁력 재정의의 대서사

AI-윤리 경영은 경쟁력을 새롭게 정의하며 미래의 승자를 결정한다. 더 이상 빠르고 강한 자만이 아니라, 신뢰받고 지속 가능한 자가 생존한다. AI를 도구로 활용해 윤리와 지속 가능성을 융합하고, 기업을 사회적 가치를 창출하는 주체로 거듭나게 한다. 이제 경쟁의 무대는 숫자가 아닌 이야기로 채워지며, 그 중심에 AI-윤리 경영이 당당히 자리 잡는다.

맺음말

AI MBA, 그리고 그 너머

인류 문명의 거대한 캔버스에 전례 없는 필치로 새로운 역사가 그려지는 시점이다. 인간과 기계의 경계가 용해되는 이 혁명적 시대에, 우리는 지능과 알고리즘이 빚어내는 환상적 하모니의 서막을 경험하고 있다. 이는 단순한 기술 혁신이 아닌, 존재의 본질에 관한 근원적 질문을 던지는 철학적 변곡점이다. 마치 양자 역학의 중첩 상태처럼, 인간과 AI는 서로를 규정하며 끊임없는 상호 작용의 연속체를 구축한다.

　이 교향악은 때로는 지각을 흔드는 불협화음으로 충격을 주고, 때로는 영혼을 울리는 화음으로 승화되며, 무엇보다 선형적 예측을 거부하는 창발성을 품고 있다. 그러나 그 핵심에는 항상 인간성과 기술의 균형을 향한 근본적 열망이 맥동한다. 이제 우리에게는 이 복잡한 교향악을 지휘할 새로운 리더십, 즉 휴먼-AI 공생체적 리더십이 절실히 요구된다.

직업 불인의 미로에서 안성의 나침반으로

AI의 가속화된 발전은 사무직과 전문직 종사자들 사이에 실존적 불안의 그림자를 드리우고 있다. 이는 단순한 기술적 변화가 아닌, 정체성과 사회적 가치에 관한 깊은 질문을 제기한다. 그러나 AI MBA는 이러한 불안의 미로를 통과할 수 있는 안정의 나침반을 제공한다. 변화하는 직업 환경에서 자신의 위치를 재정립하고, AI를 위협이 아닌 동반자로 받아들이는 사무직과 기술직 종사자들에게 이 책은 직업 안정성을 위한 구체적 로드맵을 제시한다.

우리는 지금, 갈릴레오와 같은 심정으로 인식의 신세계를 탐구하는 중이다. AI라는 인지적 망원경과 빅 데이터라는 실험실을 활용하며, 인간 경험의 지평선 너머로 나아가고 있다. 이 여정은 인식론적 지진과 존재론적 낭떠러지를 마주하겠지만, 그 끝에는 인류가 한 번도 목격하지 못한 가능성의 신대륙이 기다리고 있다.

휴먼-AI 공생체 시대

AI는 인간을 대체하는 것이 아니라, 인간성의 새로운 차원을 개방한다. 그것은 우리의 인지적 한계를 초월하게 하고, 창의성의 미탐험 영역으로 안내한다. 이 책은 이러한 휴먼-AI 공생체의 가능성을 탐구하며, 그 잠재력을 온전히 개화시킬 수 있는 철학적 틀을 제시하고자 했다.

우리는 AI가 경영의 모든 차원을 어떻게 재구성하고 있는지 면밀히 살펴보았다. 전략적 사고에서 운영 효율성, 심리학적 마케팅에서 양자적 재무 분석, 조직 역학에서 디지털 윤리학까지, AI는 모든 영역에 편재하며 새로운 패러다임을 구축한다. 이제 AI는 단순한 도구가 아닌, 휴먼-AI 공생체의 한 축으로서 미래를 함께 설계할 것이다.

AI 시대의 핵심적 과제는 각 산업 분야에 미치는 영향을 정확히 분석하고, 효과적인 AI 활용 능력을 개발하며, 혁신적 비즈니스 모델을 창출하는 것이다. 동시에 AI 개발과 활용 과정에서 발생하는 윤리적 문제와 책임에 대한 깊은 성찰이 요구된다.

이 책의 한계를 인정하며

AI MBA는 미래를 조망하는 귀중한 나침반을 제공하지만, 우리는 그 본질적 한계를 겸허히 인정해야 한다. 이 책이 제시하는 AI 발전 궤적과 경영 패러다임의 변화는 비선형적 현실에서 편차를 보일 수 있다. AI 기술의 진화 속도와 방향은 정치적, 경제적, 사회적 요인들의 복잡한 상호 작용에 의해 결정되며, 그 예측은 본질적으로 불확실성을 내포한다.

더불어 이 책이 제시하는 전략과 방법론은 모든 개인과 조직에 균등하게 적용될 수 없다. 개인의 인지적 구조, 학습 스타일, 문화적 배경, 조직의 특수성에 따라 AI 적응력은 현저한 차이를 보일 수 있다. 하나의 보편적 해법이 아닌, 맥락에 따른 다양한 접근법이 요구된다.

또한 『AI MBA』는 현재의 기술적 지평 내에서 논의를 전개하고 있으나, 기술의 급진적 도약이나 예상치 못한 사회적 변동은 우리의 분석 틀을 근본적으로 재구성할 수 있다. 우리는 지식의 잠정성을 인정하고, 끊임없는 학습과 재평가의 자세를 유지해야 할 것이다.

문명의 새로운 인식론적 지층

우리는 지금, 역사의 분수령에 서 있다. AI는 인류에게 실존적 도전이자 기회를 동시에 제시한다. AI MBA는 이 도전의 복잡성을 받아들이고 기회의 다층적 양상을 포착할 인지적 도구를 제공한다. 특히 사무직과 기술직 종사자들에게 이 책은 불확실한 미래에서 직업적 안정을 찾을 수 있는 실질적 전략을 제시함으로써, 개인의 직업 안정성과 조직의 지속 가능한 혁신 사이의 균형점을 모색한다.

AI MBA, 그리고 그 너머의 세계는 우리의 상상력을 초월하는 복잡성과 아름다움을 간직하고 있을 것이다. 이 책이 휴먼-AI 공생체 시대의 다차원적 미래를 탐험하는 인식론적 등불이 되기를 바라며, 이 위대한 인지적 모험에 동참하는 모든 이에게 지적 호기심과 윤리적 용기를 기원한다. 불안의 그림자를 넘어, 우리는 휴먼-AI 공생체로서 새로운 존재 방식을 향한 위대한 여정을 시작했다.

주

머리말

1. Sam Ransbotham et al., "The Cultural Benefits of Artificial Intelligence in the Enterprise," MIT Sloan Management Review, November 2, 2021, sloanreview.mit.edu.
2. Harvard Business Review. (2022, July). What Great Hybrid Leaders Do Differently. https://hbr.org/2022/03/what-great-hybrid-cultures-do-differently.
3. McKinsey & Company. (2023). The state of AI in 2023: Generative AI's breakout year. https://www.mckinsey.com/capabilities/quantumblack/our-insights/the-state-of-ai-in-2023-generative-ais-breakout-year.
4. Deloitte: "Opportunity Marketplaces: Aligning Workforce Investment and Value Creation in the Digital Enterprise," MIT Sloan Management Review in collaboration with Deloitte, June 8, 2020, sloanreview.mit.edu.
5. https://mitsloan.mit.edu/master-of-business-analytics/introduce-yourself.
6. gsb.stanford.edu/programs/msx.
7. https://gsb.skku.edu/gsb/AIMBA/Overview.do.
8. Digital Transformation and Innovation Executive Education," insead.edu/executive-education/digital-transformation-innovation.
9. https://sbs.sogang.ac.kr/sbs/sbs08_1_1_1.html.
10. https://khmba.khu.ac.kr/khmba_kor/user/contents/view.do?menuNo=10800243.

1장 데이터 기반 경영

1. MIT Technology Review, "AI in Operations: Beyond Efficiency," 2023.
2. Harvard Business Review, "The Science of Customer Connections," 2023.
3. Checker, S. S. (2023/2024). Human-AI synergy: co-designing with AI (Master's thesis, Politecnico di Milano). Politecnico di Milano Institutional Repository. https://hdl.handle.net/10589/219342.
4. Klieger, B., Charitsis, C., Suzara, M., Wang, S., Haber, N., & Mitchell, J. C. (2024). ChatCollab: Exploring Collaboration Between Humans and AI Agents in Software Teams. arXiv preprint arXiv:2412.01992.
5. Accenture & Microsoft. (2024). Unlocking the Economic Potential of the US Generative AI Ecosystem.
6. Chesbrough, H. (2020). Open Innovation Results: Going Beyond the Hype and Getting Down to Business. Oxford University Press.
7. Jovanović, B. (2024). Challenges of Industry Portfolio Management with Artificial Intelligence. ENTRENOVA, 10(1), 1-10.
8. Dino Pedreschi, Luca Pappalardo, Emanuele Ferragina, Ricardo Baeza-Yates, Albert-László Barabási, Frank Dignum, Virginia Dignum, Tina Eliassi-Rad, Fosca Giannotti, János Kertész, Alistair Knott, Yannis Ioannidis, Paul Lukowicz, Andrea Passarella, Ale i, Human-AI coevolution, Artificial Intelligence, x Sandy Pentland, John Shawe-Taylor, Alessandro Vespignan Volume 339, 2025, 104244, ISSN 0004-3702, https://doi.org/10.1016/j.artint.2024.104244.
9. POSCO, "Safety is now made smart! [POSCO Smart Safety A to Z]," POSCO Newsroom, July 1, 2021. Available at: newsroom.posco.com/en/safety-is-now-made-smart/.
10. Tesla, "AI Day 2022," YouTube, September 30, 2022. Available at: https://www.youtube.com/watch?v=ODSJsviD_SU.
11. Zurich Insurance Group, "2023 Annual Report," Zurich Insurance Group, 2024. Available at: https://www.annualreports.com/Company/zurich.
12. Westerman, G., & Lundberg, A. "Making the Most of AI: The Latest Lessons from MIT Sloan Management Review." MIT Sloan Management Review, April 2, 2023. Available at: https: //mitsloan.mit.edu/ideas-made-to-matter/making-most-ai-latest-lessons-mit-sloan-management-review.

13 Ransbotham, S., Kiron, D., Gerbert, P., & Reeves, M. "The Cultural Benefits of Artificial Intelligence in the Enterprise." MIT Sloan Management Review, November 2, 2021. Available at: https://sloanreview.mit.edu/projects/the-cultural-benefits-of-artificial-intelligence-in-the-enterprise/.

14 Stanford Institute for Human-Centered Artificial Intelligence. (2022). HAI Annual Report 2020-2021.

15 McKinsey & Company, "The State of AI in 2023: Generative AI's Breakout Year," August 1, 2023. Available at: https://www.mckinsey.com/capabilities/quantumblack/our-insights/the-state-of-ai-in-2023-generative-ais-breakout-year.

16 Westerman, G., & Lundberg, A. "Making the Most of AI: The Latest Lessons from MIT Sloan Management Review." MIT Sloan Management Review, April 2, 2023. Available at: https://mitsloan.mit.edu/ideas-made-to-matter/making-most-ai-latest-lessons-mit-sloan-management-review.

17 McKinsey Digital survey 2023. "The organization of the future: Enabled by gen AI, driven by people." McKinsey & Company, September 19, 2023. https://www.mckinsey.com/capabilities/people-and-organizational-performance/our-insights/the-organization-of-the-future-enabled-by-gen-ai-driven-by-people.

18 Dell'Acqua, F., McFowland III, E., Mollick, E., Lifshitz-Assaf, H., Kellogg, K., Rajendran, S., Krayer, L., Candelon, F., & Lakhani, K. R. (2023). Navigating the Jagged Technological Frontier: Field Experimental Evidence of the Effects of AI on Knowledge Worker Productivity and Quality. Harvard Business School Working Paper, No. 24-013. https://papers.ssrn.com/sol3/papers.cfm?abstract_id=4573321.

19 Figueroa-Armijos, M., Clark, B.B. & da Motta Veiga, S.P. (2023). Ethical Perceptions of AI in Hiring and Organizational Trust: The Role of Performance Expectancy and Social Influence. Journal of Business Ethics, 186, 179-197

20 Kumar, P., Singh, S. & Dwivedi, Y.K. (2024). Generative AI as a catalyst for HRM practices: mediating effects of trust. Humanities and Social Sciences Communications, 11, 1618.

21. Floridi, Luciano. "Faultless responsibility: on the nature and allocation of moral responsibility for distributed moral actions." Philosophical Transactions of the Royal Society A, 2016
22. Medtronic, "AI and Predictive Analytics in Healthcare," medtronic.com/us-en/healthcare-professionals/therapies-procedures/diabetes/ai-predictive-analytics.html, Weissman, G. E., et al., "Predictive Analytics in Critical Care: A Systematic Review," Journal of Critical Care, Volume 45, 2018, pp. 1-8, doi:10.1016/j.jcrc.2018.01.006.
23. Mittelstadt, B., Russell, C., & Wachter, S., "Explaining Explanations in AI," Proceedings of the 2019 ACM Conference on Fairness, Accountability, and Transparency (FAT '19)*, January 29-31, 2019, Atlanta, GA, USA, doi:10.1145/3287560.3287574.
24. Unilever, "Utilising AI to redefine the future of customer connectivity," Unilever Newsroom, July 31, 2024. Available at: https://www.unilever.com/news/news-search/2024/utilising-ai-to-redefine-the-future-of-customer-connectivity/.
25. McKinsey & Company. "The State of AI in 2023: Generative AI's Breakout Year." August 1, 2023. Available at: https://www.mckinsey.com/capabilities/quantumblack/our-insights/the-state-of-ai-in-2023-generative-ais-breakout-year.
26. Microsoft, "Responsible AI Principles and Approach," www.microsoft.com/en-us/ai/responsible-ai.
27. McKinsey & Company. "The State of AI in 2023: Generative AI's Breakout Year." August 1, 2023. Available at: https://www.mckinsey.com/capabilities/quantumblack/our-insights/the-state-of-ai-in-2023-generative-ais-breakout-year.
28. Salesforce, "Trusted AI and Agents Impact Report," February 2025. Available at: https://compliance.salesforce.com/en/documents/a00Kd00000z7F9VIAU.
29. McKinsey & Company. "The State of AI in 2023: Generative AI's Breakout Year." August 1, 2023. Available at: https://www.mckinsey.com/capabilities/quantumblack/our-insights/the-state-of-ai-in-2023-generative-ais-breakout-year.

30　Norges Bank Investment Management, "Responsible Investment 2023," www.nbim.no/en/publications/reports/2023/responsible-investment-2023.

31　McKinsey & Company. "The State of AI in 2023: Generative AI's Breakout Year." August 1, 2023. Available at: https://www.mckinsey.com/capabilities/quantumblack/our-insights/the-state-of-ai-in-2023-generative-ais-breakout-year.

2장 경영 도구의 이해와 활용

1　McKinsey & Company. (2016). The age of analytics: Competing in a data-driven world. Retrieved from https://www.mckinsey.com/capabilities/quantumblack/our-insights/the-age-of-analytics-competing-in-a-data-driven-world.

2　Starbucks. (2023). 2023 Annual Report. Retrieved from https://investor.starbucks.com/financials/annual-reports/default.aspx.

3　Inditex. (2022). 2022 Annual Report. Retrieved from https://www.inditex.com/investors/investor-relations/annual-reports.

4　DHL Group. (2023). Sustainability Report 2023. Retrieved from https://www.dhl.com/global-en/home/about-us/sustainability.html.

5　Nike, Inc. (2023). 2023 Annual Report. Retrieved from https://investors.nike.com/investors/financials/annual-reports-and-proxy-information/default.aspx.

6　Unilever. (2023). Sustainability Report 2023. Retrieved from https://www.universal-robots.com/media/1829993/csr-report-2023.pdf.

7　McKinsey & Company. (2023). The state of AI in 2023: Generative AI's breakout year. Retrieved from https://www.mckinsey.com/capabilities/quantumblack/our-insights/the-state-of-ai-in-2023-generative-ais-breakout-year.

8　Nestlé. (2023). Creating Shared Value and Sustainability Report 2023. Retrieved from https://www.nestle.com/investors/annual-report.

9　Samsung Electronics. (2024). Galaxy S24 Technology Overview. Retrieved from https://www.samsung.com/global/galaxy/.

10　Universal Robots. (2023). Collaborative Robotics Report. Retrieved from https://www.universal-robots.com/about-universal-robots/press-room/.

11. Zendesk. (2023). Zendesk CX trends 2023 report: Retrieved from https://sweethawk.com/blog/zendesk-cx-trends-2023-report-sweethawk.

12. Walmart Inc. (2023). 2023 Annual Report. Retrieved from https://corporate.walmart.com/content/dam/corporate/documents/esgreport/reporting-data/tcfd/walmart-inc-2023-annual-report.pdf.

13. John Deere. (2023). 2023 Annual Report. Retrieved from https://investor.deere.com/financials/annual-reports/default.aspx.

14. McKinsey & Company. (2020). Agriculture's connected future: How technology can yield new growth. Retrieved from https://www.mckinsey.com/industries/agriculture/our-insights/agricultures-connected-future-how-technology-can-yield-new-growth.

15. IEEE Transactions on Machine Learning. (2022). Decision Trees for Predictive Analytics in Agriculture. 18(4), 2345-2356. doi:10.1109/TML.2022.3145678

16. IEEE Transactions on Neural Networks. (2022). RNN and CNN in Real-Time Applications. 33(5), 1567-1580. doi:10.1109/TNNLS.2022.3147890

17. DJI Agriculture. (2024). Agriculture Drone Industry Insight Report 2023/2024. Retrieved from https://www1.djicdn.com/cms_uploads/ckeditor/attachments/9171/03e81f9a23cf4df447b66c91c43d929a.pdf.

18. Apple Inc. (2023). Annual Report. Retrieved from https://investor.apple.com/investor-relations/default.aspx.

19. Waymo. (2023). Waymo Safety Report. Retrieved from https://waymo.com/safety/.

20. Amazon.com, Inc. (2023). Annual Report. Retrieved from https://ir.aboutamazon.com/annual-reports-proxies-and-shareholder-letters/default.aspx.

21. TikTok. (2023). Transparency Report. Retrieved from https://www.tiktok.com/transparency/en/reports/.

22. Medtronic. (2023). Annual Report. Retrieved from https://investorrelations.medtronic.com/annual-meeting-reports.

23. Medtronic. (2023). Clinical Evidence Library. Retrieved from https://

www.medtronic.com/us-en/healthcare-professionals/clinical-evidence.html

3장 AI 조직 관리

1. Brian Eastwood (2023). Making the Most of AI: The Latest Lessons from MIT Sloan Management Review. MIT Sloan Management Review. Retrieved from https://mitsloan.mit.edu/ideas-made-to-matter/making-most-ai-latest-lessons-mit-sloan-management-review.
2. McKinsey & Company. (2023). The State of AI in 2023: Generative AI's Breakout Year. Retrieved from https://www.mckinsey.com/capabilities/quantumblack/our-insights/the-state-of-ai-in-2023-generative-ais-breakout-year.
3. ING Group. (2022). Annual Report 2022. Retrieved from https://www.ing.com/Investor-relations/Annual-reports.htm.
4. McKinsey & Company, "ING's Agile Transformation," www.mckinsey.com/business-functions/organization/our-insights/ings-agile-transformation.
5. Pedreschi, D., et al., "Human-AI Coevolution," arXiv:2306.13723v2, May 3, 2024, arxiv.org/abs/2306.13723.
6. Telefónica, S.A. (2023). Consolidated Annual Accounts 2022. Retrieved from https://www.telefonica.com/en/wp-content/uploads/sites/5/2023/02/Consolidated-Annual-Accounts-2022.pdf.
7. McKinsey & Company. (2023). The State of AI in 2023: Generative AI's Breakout Year. Retrieved from https://www.mckinsey.com/capabilities/quantumblack/our-insights/the-state-of-ai-in-2023-generative-ais-breakout-year.
8. CyberArk. (2023). The CISO View: Protecting Privileged Access in a Zero Trust Model. Retrieved from https://www.cyberark.com/resources/white-papers/the-ciso-view-protecting-privileged-access-in-a-zero-trust-model.
9. Schrom, E., et al., "Challenges in Cybersecurity: Lessons from Biological Defense Systems," Mathematical Biosciences, Volume 362, 2023,
10. McKinsey & Company. (2023). The state of AI in 2023: Generative AI's

breakout year. Retrieved from https://www.mckinsey.com/capabilities/quantumblack/our-insights/the-state-of-ai-in-2023-generative-ais-breakout-year.

11. McKinsey & Company. (2023, August). The state of AI in 2023: Generative AI's breakout year. https://www.mckinsey.com/capabilities/quantumblack/our-insights/the-state-of-ai-in-2023-generative-ais-breakout-year.
12. https://clickup.com/ko/blog/182489/human-centric-ai.
13. Tesla, "AI Day 2022," www.tesla.com/AI, September 30, 2022.
14. McKinsey & Company. (2023). The state of AI in 2023: Generative AI's breakout year. Retrieved from https://www.mckinsey.com/capabilities/quantumblack/our-insights/the-state-of-ai-in-2023-generative-ais-breakout-year.
15. Pearce, C. L., & Conger, J. A., "Shared Leadership: Reframing the Hows and Whys of Leadership," The Leadership Quarterly, Volume 14, Issue 1, 2003, doi:10.1016/S1048-9843(02)00190-7.
16. Brian Eastwood (2023, April 2). Making the Most of AI: The Latest Lessons from MIT Sloan Management Review. MIT Sloan Management Review. Retrieved from https://mitsloan.mit.edu/ideas-made-to-matter/making-most-ai-latest-lessons-mit-sloan-management-review.
17. McKinsey Global Institute. (2023, June 14). The economic potential of generative AI: The next productivity frontier. Retrieved from https://www.mckinsey.com/capabilities/mckinsey-digital/our-insights/the-economic-potential-of-generative-ai-the-next-productivity-frontier.
18. Erik Brynjolfsson, Danielle Li, & Lindsey R. Raymond (2023). "Navigating the Jagged Technological Frontier: Field Experimental Evidence of the Effects of AI on Knowledge Worker Productivity". National Bureau of Economic Research. https://doi.org/10.3386/w31161.
19. Bandura, A., "Self-efficacy: Toward a unifying theory of behavioral change," Psychological Review, Volume 84, Issue 2, 1977, doi:10.1037/0033-295X.84.2.191.
20. McKinsey Global Institute. (2023, June 14). The economic potential of generative AI: The next productivity frontier. Retrieved from https://www.

mckinsey.com/capabilities/mckinsey-digital/our-insights/the-economic-potential-of-generative-ai-the-next-productivity-frontier.

21 Netflix, "Netflix Culture," jobs.netflix.com/culture, accessed March 3, 2025.
22 Brian Eastwood (2023, April 2). Making the Most of AI: The Latest Lessons from MIT Sloan Management Review. MIT Sloan Management Review. Retrieved from https://mitsloan.mit.edu/ideas-made-to-matter/making-most-ai-latest-lessons-mit-sloan-management-review.
23 Geertz, C., "Thick Description: Toward an Interpretive Theory of Culture," The Interpretation of Cultures, Basic Books, 1973, pp. 3-30.
24 Brian Eastwood (2023, April 2). Making the Most of AI: The Latest Lessons from MIT Sloan Management Review. MIT Sloan Management Review. Retrieved from https://mitsloan.mit.edu/ideas-made-to-matter/making-most-ai-latest-lessons-mit-sloan-management-review.
25 Salesforce. (2025). Trusted AI and Agents Impact Report. https://data-il.org/wp-content/uploads/2025/03/salesforce-trusted-ai-agents-impact-report-1-1.pdf.
26 Brian Eastwood (2023, April 2). Making the Most of AI: The Latest Lessons from MIT Sloan Management Review. MIT Sloan Management Review. Retrieved from https://mitsloan.mit.edu/ideas-made-to-matter/making-most-ai-latest-lessons-mit-sloan-management-review.
27 Amazon, "AWS Responsible AI," aws.amazon.com/machine-learning/responsible-ai.
28 Brian Eastwood (2023, April 2). Making the Most of AI: The Latest Lessons from MIT Sloan Management Review. MIT Sloan Management Review. Retrieved from https://mitsloan.mit.edu/ideas-made-to-matter/making-most-ai-latest-lessons-mit-sloan-management-review.
29 IBM, "IBM Responsible AI," www.ibm.com/artificial-intelligence/responsible-ai.
30 Campbell, J., The Hero with a Thousand Faces, Princeton University Press, 1949, pp. 23-37.
31 McKinsey & Company. (2023). The state of AI in 2023: Generative AI's breakout year. Retrieved from https://www.mckinsey.com/capabilities/quantumblack/our-insights/the-state-of-ai-in-2023-generative-ais-

breakout-year.

32 Microsoft, "Microsoft Viva Insights," www.microsoft.com/en-us/microsoft-viva/insights.

33 Google Research. (2023, April 6). How Project Starline improves remote communication. Retrieved from https://research.google/blog/how-project-starline-improves-remote-communication/.

34 Future of Work Research Consortium, "Organizational Evolution 2030", 2023.

4장 AI 마케팅

1 Mahmud & Hong, "A Study of Human-AI Symbiosis for Creative Work: Recent Developments and Future Directions in Deep Learning", ACM Transactions on Multimedia Computing, 2022.

2 Stitch Fix, "How We're Revolutionizing Personal Styling with Generative AI," newsroom.stitchfix.com, June 29, 2023.

3 Microsoft, "AI agents —what they are, and how they'll change the way we work," news.microsoft.com/source, November 19, 2024.

4 IBM, "IBM Responsible AI," www.ibm.com/artificial-intelligence/responsible-a.

5 Artsy, "How Artsy Uses Artificial Intelligence to Recommend Artworks," www.artsy.net/about.

6 Nike News. (2023, December 5). "Nike's Digital Community .SWOOSH Invites Members to Create Virtual Shoes." https://news.nike.com/news/nike-swoosh-create-with-swoosh.

7 Nike, Inc. (2024, March 21). Q3 2024 Earnings Call Transcript.

8 Beredjick, C. (2024, January 24). "How Nike's .SWOOSH is Reimagining the Future of Sport." Fast Company.

9 https://aiexpert.network/case-study-walmarts-ai-enhanced-supply-chain-operations/.

10 https://venturebeat.com/ai/how-capital-one-is-using-data-and-ai-to-level-up-customer-experiences/.

11 hopkinsmedicine.org.

12 clevelandclinic.org.

13 https://newsroom.spotify.com/2023-wrapped/.
14 https://www.coca-colacompany.com/media-center/coca-cola-harnesses-power-of-ai-to-deliver-holiday-magic.
15 Starbucks Corporation. (2024). 2023 Starbucks Global Impact Report. Retrieved from https://www.starbucks.fr/sites/starbucks-fr-pwa/files/2024-10/2023-Starbucks-Global-Impact-Report.pdf.
16 https://www.aboutamazon.com/news/devices/amazon-2025-devices-alexa-event-live-updates.
17 https://www.marketingdive.com/news/nike-summer-olympics-2024-ad-campaign-willem-dafoe/721973/.
18 Amazon, "Try these new, convenient ways to shop with Alexa," www.aboutamazon.com.

5장 AI CRM

1 Salesforce. (2023). State of the Connected Customer, 6th Edition. Retrieved February 24, 2025, from https://webinar.hbrturkiye.com/storage/uploads/state-of-the-connected-customer-655b114557dfa.pdf.
2 McKinsey & Company. (2024). The state of US consumer spending in 2024. Retrieved February 24, 2025, from https://www.mckinsey.com/industries/consumer-packaged-goods/our-insights/the-state-of-the-us-consumer.
3 Youvan, Douglas. (2023). Entangled Realities: Exploring Human-AI Symbiosis in a Quantum Framework. 10.13140/RG.2.2.27610.72641.
4 Yeomans, M., Shah, A., Mullainathan, S., & Kleinberg, J. (2019). Making sense of recommendations. Journal of Behavioral Decision Making, 32(4), 403-414.
5 Logg, J. M., Minson, J. A., & Moore, D. A. (2019). Algorithm appreciation: People prefer algorithmic to human judgment. Organizational Behavior and Human Decision Processes, 151, 90-103.
6 Hasan, Z., Vaz, D., Athota, V., Désiré, S. & Pereira, V. (2023). Can Artificial Intelligence (AI) Manage Behavioural Biases Among Financial Planners?. Journal of Global Information Management, 31, 1-18. https://doi.org/10.4018/JGIM.321728.

7   Harper, F. M., Xu, F., Karypis, G., & Konstan, J. A. (2015). An exploration of the effects of feedback in recommender systems. In Proceedings of the 2015 Conference on Human Factors in Computing Systems (CHI '15), 743-752.

8   Huang, J., & Rustogi, A. (2021). Personalized streaming at Netflix: Adaptive learning systems for user engagement. Netflix Technology Blog. Retrieved February 24, 2025.

9   Fournier, Susan & Alvarez, Claudio. (2011). Brands as Relationship Partners: Warmth, Competence, and In-Between. Journal of Consumer Psychology. 22. 10.2139/ssrn.1962508.

10 Pasquale, "The Black Box Society: The Secret Algorithms That Control Money and Information", Harvard University Press, 2015.

11 Ramaswamy & Ozcan, "The Co-Creation Paradigm", Stanford University Press, 2014.

12 Youvan, Douglas. (2025). The Prophetic Machine: AI as the Forerunner of Divine Intelligence. 10.13140/RG.2.2.13829.46562.

13 Gülmez, Mustafa & Kitapci, Olgun & Dortyol, Ibrahim. (2011). THE EFFECT OF ASTROLOGY ON YOUNG CUSTOMER BEHAVIORS. Studies in Business and Economics. 6. 97-109.

14 Kerenidis, I., & Prakash, A. (2016). Quantum Recommendation Systems. Information Technology Convergence and Services.

15 https://www.lantek.com/uk/blog/predictive-analytics-an-oracle-for-your-business.

16 https://business.adobe.com/blog/basics/customer-relationship-management-what-it-is-how-it-works-why-it-is-important.

17 Dayanna, Camila & Juan, Andrés & Gómez-Bayona, Ledy. (2023). Revolutionizing Marketing- Unveiling the Quantum Theory of Consumer Engagement. Journal of Business. 1. 10.21678/jb.2023.2236.

18 https://digitalamplification.com/insights/digital-amplification-explained/.

19 Song, L., Yu, M., Shang, X., Lu, Y., Liu, J., Zhang, Y., Li, Z.: A deep grouping fusion neural network for multimedia content understanding. IET Image Process. 16, 2398-2411 (2022). https://doi.org/10.1049/ipr2.12496.

20 Lake, K. (2018, May 6). How I Did It: 스티치픽스 CEO, 개인의 스타일을 대중에게 파는 법. Harvard Business Review Korea. Retrieved from https://www.hbrkorea.com/article/view/atype/ma/category_id/3_1/article_no/1144.

6장 혁신 관리

1 Emma, Lawrence. (2024). Digital Transformation and Business Model Innovation: A Comparative Analysis.
2 Matsunaga, Masaki. (2024). Uncertainty in the Age of Digital Transformation. 10.1007/978-981-99-8409-1_2.
3 McKinsey & Company. (2025, March 12). The state of AI: How organizations are rewiring to capture value. Retrieved from https://www.mckinsey.com/capabilities/quantumblack/our-insights/the-state-of-ai.
4 Vaswani, A., Shazeer, N., Parmar, N., Uszkoreit, J., Jones, L., Gomez, A. N., ... & Polosukhin, I. (2017). Attention is all you need. Advances in neural information processing systems, 30.
5 Reuters, "BMW taps humanoid startup Figure to take on Tesla's robot," www.reuters.com, January 18, 2024.
6 Reuters, "Musk's xAI unveils Grok-3 AI chatbot to rival ChatGPT, China's DeepSeek," www.reuters.com, February 18, 2025.
7 https://www.microsoft.com/ko-kr/microsoft-365/copilot/meet-copilot.
8 https://devocean.sk.com/blog/techBoardDetail.do?ID=167261&boardType=techBlog.
9 https://seo.goover.ai/report/202502/go-public-report-ko-c014d759-8082-4017-951b-612d9917880d-0-0.html.

7장 AI 재무 관리론

1 Gu, S., Kelly, B., & Xiu, D. (2020). Empirical Asset Pricing via Machine Learning. The Review of Financial Studies, 33(5), 2223-2273.
2 Fischer, T., & Krauss, C, (2018), Deep learning with long short-term memory networks for financial market predictions. European Journal of Operational Research, 270(2), 654-669.

3   Bollen, J., Mao, H., & Zeng, X. (2011). Twitter mood predicts the stock market. Journal of Computational Science, 2(1), 1-8.

4   Resta, M. (2016). Enhancing Self-Organizing Map Capabilities with Graph Clustering: An Application to Financial Markets. Intelligent Systems in Accounting, Finance and Management, 23(1-2), 21-46.

5   Dzieliiski, Michaa & Wagner, Alexander & Zeckhauser, Richard. (2017). Straight Talkers and Vague Talkers: The Effects of Managerial Style in Earnings Conference Calls. SSRN Electronic Journal. 10.2139/ssrn.2965108.

6   Caporin, Massimiliano & Poli, Francesco. (2017). Building News Measures from Textual Data and an Application to Volatility Forecasting. Econometrics. 5. 35. 10.3390/econometrics5030035.

7   Stephen Hansen, Michael McMahon, Shocking language: Understanding the macroeconomic effects of central bank communication, Journal of International Economics, Volume 99, Supplement 1, 2016, Pages S114-S133, ISSN 0022-1996, https://doi.org/10.1016/j.jinteco.2015.12.008.

8   Katona, Z., Painter, M., Patatoukas, P.N., & Zeng, J. (2018). On the Capital Market Consequences of Alternative Data: Evidence from Outer Space. Financial Accounting eJournal.

9   Jonathan Brogaard, Terrence Hendershott, Ryan Riordan, High-Frequency Trading and Price Discovery, The Review of Financial Studies, Volume 27, Issue 8, August 2014, Pages 2267-2306, https://doi.org/10.1093/rfs/hhu032.

10 Golstein, I., Yang, S. and Zuo, L. (2023), The Real Effects of Modern Information Technologies: Evidence from the EDGAR Implementation. Journal of Accounting Research, 61: 1699-1733. https://doi.org/10.1111/1475-679X.12496.

11 Karame, Ghassan. (2016). On the Security and Scalability of Bitcoin's Blockchain. 1861-1862. 10.1145/2976749.2976756.

12 McKinsey Global Institute. (2020). Connected World: An evolution in connectivity beyond the 5G revolution.

13 Adwan, Ehab. (2022). Cloud Computing adoption in the financial banking

sector- A systematic litreture review (2011-2021). International Journal of Advanced Science Computing and Engineering. Vol 4, No 1 (2022). 10.30630/ijasce.

14   Patel, Namira & Bhattacharjee, Itika & Jagli, Dhanamma. (2023). The Impact of Cloud Computing in the field of Finance: A Comprehensive Analysis. International Journal for Research in Applied Science and Engineering Technology. 11. 951-957. 10.22214/ijraset.2023.54730.

15   Ali, Hassan & Luqman, Saqib. (2023). Cloud-Based Financial Services: Innovations in Banking and Investment.

16   Mousavi, Seyedmajid & Mosavi, Amir & Varkonyi-Koczy, Annamaria & Fazekas, Gabor. (2017). Dynamic Resource Allocation in Cloud Computing. Acta Polytechnica Hungarica. 14.

17   Cortez, E., Bonde, A., Muzio, A., Russinovich, M., Fontoura, M., & Bianchini, R. (2017). Resource Central: Understanding and Predicting Workloads for Improved Resource Management in Large Cloud Platforms. Proceedings of the 26th Symposium on Operating Systems Principles, 153-167.

18   Channon, D.F., Jalland, M. (1978). Multinational Corporate Treasury Management. In: Multinational Strategic Planning. Palgrave Macmillan, London. https://doi.org/10.1007/978-1-349-02855-9_5.

19   Gong, Zean. (2024). Data Science Applications in Supply Chain Management Decision-making. Advances in Economics, Management and Political Sciences. 89. 121-128. 10.54254/2754-1169/89/20241920.

20   Weytjens, Hans & Lohmann, Enrico & Kleinsteuber, Martin. (2021). Cash flow prediction: MLP and LSTM compared to ARIMA and Prophet. Electronic Commerce Research. 21. 10.1007/s10660-019-09362-7.

21   Flunkert, V., Salinas, D., & Gasthaus, J. (2017). DeepAR: Probabilistic Forecasting with Autoregressive Recurrent Networks. ArXiv, abs/1704.04110.

22   Zhang, Peter & Patuwo, Eddy & Hu, Michael. (1998). Forecasting With Artificial Neural Networks: The State of the Art. International Journal of Forecasting. 14. 35-62. 10.1016/S0169-2070(97)00044-7.

23   Shuntaro Takahashi, Yu Chen, Kumiko Tanaka-Ishii, Modeling financial

time-series with generative adversarial networks, Physica A: Statistical Mechanics and its Applications, Volume 527, 2019, 121261, ISSN 0378-4371, https://doi.org/10.1016/j.physa.2019.121261.

24 Boute, Robert & Gijsbrechts, Joren & Jaarsveld, Willem & Vanvuchelen, Nathalie. (2021). Deep Reinforcement Learning for Inventory Control: A Roadmap. SSRN Electronic Journal. 10.2139/ssrn.3861821.

25 Burman, Vibhati & Vashishtha, Rajesh & Kumar, Rajan & Ramanan, Sharadha. (2021). Deep Reinforcement Learning for Dynamic Pricing of Perishable Products. 10.1007/978-3-030-85672-4_10.

26 James, Charles. (2022). Reinforcement Learning in Financial Forecasting Models.

27 Hofmann, Erik & Belin, Oliver. (2011). Supply Chain Finance Solutions. 10.1007/978-3-642-17566-4.

28 Harvey, Campbell & Liu, Yan. (2019). A Census of the Factor Zoo. SSRN Electronic Journal. 10.2139/ssrn.3341728.

29 de Prado, M. L. (2018). Advances in Financial Machine Learning. Wiley Finance.

30 Cont, Rama. (2011). Statistical Modeling of High-Frequency Financial Data. Signal Processing Magazine, IEEE. 28. 16 - 25. 10.1109/MSP.2011.941548.

31 Cartea, Álvaro & Jaimungal, Sebastian & Kinzebulatov, Damir. (2013). Algorithmic Trading with Learning. SSRN Electronic Journal. 10.2139/ssrn.2373196.

32 Vyetrenko, Svitlana & Byrd, David & Petosa, Nick & Mahfouz, Mahmoud & Dervovic, Danial & Veloso, Manuela & Balch, Tucker. (2019). Get Real: Realism Metrics for Robust Limit Order Book Market Simulations. 10.48550/arXiv.1912.04941.

33 Frankel, Richard M. and Johnson, Marilyn F. and Skinner, Douglas J., An Empirical Examination of Conference Calls as a Voluntary Disclosure Medium. Available at SSRN: https://ssrn.com/abstract=186130.

34 Eccles, Robert & Stroehle, Judith. (2018). Exploring Social Origins in the Construction of ESG Measures Working Paper.

35 Bolton, P., & Kacperczyk, M. (2021). Do Investors Care about Carbon

Risk? Journal of Financial Economics, 142(2), 517-549.
36 Berg, F., Kölbel, J. F., & Rigobon, R. (2022). Aggregate Confusion: The Divergence of ESG Ratings. Review of Finance, 26(6), 1315-1344.
37 Khan, M., Serafeim, G., & Yoon, A. (2016). Corporate Sustainability: First Evidence on Materiality. The Accounting Review, 91(6), 1697-1724.
38 Nagy, Zoltán & Kassam, Altaf & Lee, Linda-Eling. (2016). Can ESG Add Alpha? An Analysis of ESG Tilt and Momentum Strategies. The Journal of Investing. 25. 113-124. 10.3905/joi.2016.25.2.113.
39 Hoepner, Andreas & Oikonomou, Ioannis & Sautner, Zacharias & Starks, Laura & Zhou, Xiaoyan. (2016). ESG Shareholder Engagement and Downside Risk. SSRN Electronic Journal. 10.2139/ssrn.2874252.
40 Battiston, S., Mandel, A., Monasterolo, I., Schütze, F., & Visentin, G. (2017). A climate stress-test of the financial system. Nature Climate Change, 7(4), 283-288.
41 Krueger, P., Sautner, Z., & Starks, L. T. (2020). The Importance of Climate Risks for Institutional Investors. The Review of Financial Studies, 33(3), 1067-1111.
42 Butaru, F., Chen, Q., Clark, B., Das, S., Lo, A. W., & Siddique, A. (2016). Risk and Risk Management in the Credit Card Industry. Journal of Banking & Finance, 72, 218-239.
43 Jagtiani, Julapa & Lemieux, Catharine. (2019). The roles of alternative data and machine learning in fintech lending: Evidence from the LendingClub consumer platform. Financial Management. 48. 10.1111/fima.12295.
44 Björkegren, D., & Grissen, D. (2020). Behavior Revealed in Mobile Phone Usage Predicts Credit Repayment. The World Bank Economic Review, 34(3), 618-634.
45 Bracke, P., Datta, A., Jung, C., & Sen, S. (2019). Machine learning explainability in finance: an application to default risk analysis. Bank of England Staff Working Paper No. 816.
46 Adewumi, Aderemi & Akinyelu, Ayo. (2016). A survey of machine-learning and nature-inspired based credit card fraud detection techniques. International Journal of System Assurance Engineering and Management. 8. 10.1007/s13198-016-0551-y.

47. Wang, D., Lin, J., Cui, P., Jia, Q., Wang, Z., Fang, Y., Yu, Q., Zhou, J., Yang, S., & Qi, Y. (2019). A Semi-supervised Graph Attentive Network for Financial Fraud Detection. IEEE International Conference on Data Mining (ICDM), 598-607.
48. https://medium.com/@dhanisha.s/building-scalable-fraud-detection-using-pre-trained-models-and-generative-ai-5174cbf0a58b.
49. Calvet, L. E., & Fisher, A. J. (2018). Multifractal Volatility: Theory, Forecasting, and Pricing. Academic Press.
50. Cont, Rama & Gordy, Michael. (2017). Special Issue: Monitoring Systemic Risk: Data, Models and Metrics. Statistics & Risk Modeling. 34. 10.1515/strm-2016-0024.
51. Aziz, Saqib & Dowling, Michael & Hammami, Helmi & Piepenbrink, Anke. (2019). Machine Learning in Finance: A Topic Modeling Approach. SSRN Electronic Journal. 10.2139/ssrn.3327277.
52. Baptista, R., Farmer, J. D., Hinterschweiger, M., Low, K., Tang, D., & Uluc, A. (2016). Macroprudential policy in an agent-based model of the UK housing market. Bank of England Staff Working Paper No. 619.
53. Grundke, P., & Pliszka, K. (2018). A macroeconomic reverse stress test. Review of Quantitative Finance and Accounting, 50(4), 1093-1130.
54. Balamurugan, A & Vamsi, M & Bhattacharya, Rajib & Mohammed, Shariq & Kaushik, Priyanka & Haralayya, Dr. (2023). ROBOTIC PROCESS AUTOMATION (RPA) IN ACCOUNTING AND AUDITING OF BUSINESS AND FINANCIAL INFORMATION. Manager. 58. 127-142.
55. Julia Kokina, Thomas H. Davenport; The Emergence of Artificial Intelligence: How Automation is Changing Auditing. Journal of Emerging Technologies in Accounting 1 March 2017; 14 (1): 115-122. https://doi.org/10.2308/jeta-51730
56. Saberi, Sara & Kouhizadeh, Mahtab & Sarkis, Joseph & Shen, Lejia. (2018). Blockchain technology and its relationships to sustainable supply chain management. International Journal of Production Research. 57. 1-19. 10.1080/00207543.2018.1533261.
57. Liang, Pengjian. (2024). Leveraging artificial intelligence in

Regulatory Technology (RegTech) for financial compliance. Applied and Computational Engineering. 93. 166-171. 10.54254/2755-2721/93/20240964.

58 Stone, Merlin & Aravopoulou, Eleni & Ekinci, Yuksel & Evans, Geraint & Hobbs, Matt & Labib, Ashraf & Laughlin, Paul & Machtynger, Jon & Machtynger, Liz. (2020). Artificial intelligence (AI) in strategic marketing decision-making: a research agenda. The Bottom Line. ahead-of-print. 10.1108/BL-03-2020-0022.

59 Davenport, T. H., & Ronanki, R. (2018). Artificial Intelligence for the Real World. Harvard Business Review, 96(1), 108-116.

60 Unruh, G., & Kiron, D. (2017). Digital Transformation on Purpose. MIT Sloan Management Review, 60(1), 1-6.

61 Bradley, C., Hirt, M., & Smit, S. (2018). Strategy Beyond the Hockey Stick: People, Probabilities, and Big Moves to Beat the Odds. Wiley.

62 Liang, Shihan. (2023). The Future of Finance: Fintech and Digital Transformation. Highlights in Business, Economics and Management. 15. 20-26. 10.54097/hbem.v15i.9222.

63 World Economic Forum. (2020). The Future of Jobs Report 2020.

64 Dubrow, Samantha & Orvis, Kara. (2020). Human-Machine Teaming: What Skills do the Humans Need?.

65 Son, H. (2017). JPMorgan Software Does in Seconds What Took Lawyers 360,000 Hours. Bloomberg Technology.

66 Financial Conduct Authority. (2022). AI in Financial Services: Guiding Principles for Responsible Adoption.

67 Mehrotra, Anupam. (2019). Artificial Intelligence in Financial Services - Need to Blend Automation with Human Touch. 342-347. 10.1109/ICACTM.2019.8776741.

68 Herman, D., Googin, C., Liu, X. et al. Quantum computing for finance. Nat Rev Phys 5, 450-465 (2023). https://doi.org/10.1038/s42254-023-00603-1.

8장 윤리적 AI 경영과 지속 가능성

1 Gebru, T., & Buolamwini, J., "Gender Shades: Intersectional Accuracy

Disparities in Commercial Gender Classification," Proceedings of the 1st Conference on Fairness, Accountability and Transparency, 2018.

2. Backer, Larry. (2019). China's Social Credit System: Data-Driven Governance for a 'New Era'. Current History. 118. 209-214. 10.1525/curh.2019.118.809.209.

3. https://eur-lex.europa.eu/legal-content/EN/TXT/?uri=CELEX:52021PC0206.

4. https://mitsloan.mit.edu/ideas-made-to-matter/ai-has-high-data-center-energy-costs-there-are-solutions.

5. Microsoft, "2023 Work Trend Index," microsoft.com.

6. IBM, "AI-Powered Governance: Transforming Supply Chains," ibm.com, 2021.

7. McKinsey & Company, "AI and ESG: The Next Frontier," June 2023.

8. Medtronic, "AI in Critical Care: Early Detection Report," medtronic.com, 2019.

9. "Predictive Analytics in Critical Care," intel.com, 2020.

10. Kiseleva A, Kotzinos D, De Hert P. Transparency of AI in Healthcare as a Multilayered System of Accountabilities: Between Legal Requirements and Technical Limitations. Front Artif Intell. 2022 May 30;5:879603. doi: 10.3389/frai.2022.879603. PMID: 35707765; PMCID: PMC9189302.

11. MarketsandMarkets, "Healthcare AI Market Forecast," 2025.

12. Unilever, "2022 Sustainability Report," unilever.com.

13. Unilever, "Progress on Plastics," unilever.com, 2023.

14. Unilever, "Clean Future Initiative," unilever.com, 2020.

15. World Economic Forum, "ESG and AI: Driving Sustainable Growth," January 2023.

16. Accenture, "Responsible AI: The Leadership Imperative," accenture.com, 2022.

17. Deloitte, "The Ethical AI Leader," deloitte.com, 2023.

18. Unilever, "Leadership in Sustainability," unilever.com, 2023.

19. https://www.forbes.com/councils/forbesbusinesscouncil/2024/04/26/how-to-become-a-transformational-leader-in-the-ai-era/.

20. PwC, "AI for Long-Term Value," pwc.com, 2023.

21 Salesforce, "Trust in AI: 2022 Impact Report," salesforce.com.
22 https://www.terranovasecurity.com/blog/data-privacy-scandal-facebook.
23 Google, "Sustainability Goals: AI Impact," google.com/sustainability, 2023.
24 McKinsey, "The Long Game: AI and Value Creation," mckinsey.com, 2024.
25 https://www.ibm.com/blogs/southeast-europe/ethics-as-a-competitive-advantage-in-the-booming-artificial-intelligence-industry/.
26 IBM, "AI Ethics in Action," ibm.com, 2022.
27 Microsoft, "2023 Responsible AI Report," microsoft.com.

AI MBA

발행일	2025년 9월 15일 초판 1쇄
지은이	강시철, 곽영길
발행인	홍예빈
발행처	주식회사 열린책들

경기도 파주시 문발로 253 파주출판도시
전화 031-955-4000 팩스 031-955-4004
홈페이지 www.openbooks.co.kr 이메일 humanity@openbooks.co.kr

Copyright (C) 주식회사 열린책들, 2025, *Printed in Korea.*
ISBN 978-89-329-2532-5 03320